2.

Un Américain va travailler en France

JEAN: —Je vais commencer par vous poser des questions sur vos projets. Êtes-vous à Paris depuis longtemps?

PAUL: —Je suis à Paris depuis deux jours seulement. Mais demain, je serai à Chalon-sur-Saône.

JEAN: —Pourquoi irez-vous à Chalon?

PAUL: —Je serai guide touristique. Il faut vous dire que, moi, je ne suis pas ici en touriste. Je viens souvent, et mon cas est un peu spécial. Mes grands-parents sont Français et je passe l'été en France depuis ma plus tendre enfance. C'est ainsi que j'ai du travail à Chalon cet été. J'ai un oncle qui est directeur d'une agence de voyages et je vais faire visiter les vieilles églises et les musées de Bourgogne aux touristes anglophones, parce que je suis bilingue. Enfin, presque.

JEAN: —Mais serez-vous capable de le faire? Quand on vous posera des questions précises sur l'architecture romane, par exemple, saurez-vous répondre à ces questions?

PAUL: —Il le faudra bien.* Depuis plusieurs semaines, je me documente. Quand on me demandera de parler de Vézelay, je raconterai la vie édifiante de Saint Bernard qui y a prêché la deuxième croisade. Quand nous irons à Cluny, je parlerai des moines Bénédictins qui . . .

JEAN: —Bon, bon, ça va. Je connais la question. Dites, est-ce que je pourrai vous revoir à la fin de votre séjour? Je vous parlerai de nouveau. Je n'ai pas encore dans mes dossiers de récit d'Américain qui travaille en France et vous serez le premier. Aujourd'hui, lisez, si cela vous amuse, les

---

*Il le faudra bien: I'll have to.

11

récits de certains de vos compatriotes. En voici un certain nombre. Ils reflètent tous plus ou moins des aspects intéressants de la vie en France et tracent des portraits très ressemblants des Français chez eux.

PAUL: —Mais, Monsieur, votre livre parlera des Américains plutôt que des Français puisque vos interlocuteurs sont des Américains.

JEAN: —Pas du tout. Les vrais personnages de mon livre seront des Français. Vous les verrez aux prises avec des Américains, mais ils n'en seront pas changés pour autant. Vous savez, les Français traitent les Américains exactement comme ils traitent leurs propres compatriotes. Pour le meilleur ou pour le pire.

Allez! Lisez mes reportages. Commencez par la pauvre Miss Lamb.

EXPLICATIONS

2.1 Pronoms personnels

	SUJET	COMPLÉMENT D'OBJET			DISJOINT
		direct	*indirect*	*réfléchi*	
1ʳᵉ pers. sing.	je	me	me	me	moi
1ʳᵉ pers. plur.	nous	nous	nous	nous	nous
2ᵉ pers. sing.	tu	te	te	te	toi
2ᵉ pers. plur.	vous	vous	vous	vous	vous
3ᵉ pers. sing.	il, elle, on	le, la	lui	se	lui, elle, soi
3ᵉ pers. plur.	ils, elles	les	leur	se	eux, elles

A. *Pronoms compléments d'objet.*

1) Nous appelons compléments d'objet direct les compléments qui accompagnent le verbe sans préposition.

> Ils lisent les dossiers; ils les lisent.
> Elle pose une question; elle la pose.

2) Avec la préposition **à** le complément est indirect.

> Je réponds à mon père; je lui réponds.
> Il parle aux touristes; il leur parle.

NOTE: Le complément d'objet peut être direct en anglais et indirect en français, ou vice versa. Attention aux phrases suivantes:

> J'écoute le professeur; je l'écoute.
> Je regarde le tableau; je le regarde.
> J'obéis aux autorités; je leur obéis.

3) Les pronoms réfléchis accompagnent les verbes pronominaux, qui seront étudiés au Chapitre 6.

SITUATIONS

B. *Position.* En général, les pronoms objets précèdent les verbes sauf à la forme affirmative de l'impératif.

> Il les interroge. Il leur parle. Parlons-lui.
> *mais:* Ne lui parlons pas.

S'il y a deux pronoms objets, l'ordre est le suivant:

$$\left.\begin{array}{l} \text{me} \\ \text{te} \\ \text{se} \\ \text{nous} \\ \text{vous} \\ \text{se} \end{array}\right\} \textit{devant} \left\{\begin{array}{l} \text{le} \\ \text{la} \\ \text{les} \end{array}\right. \textit{devant} \left\{\begin{array}{l} \text{lui} \\ \text{leur} \end{array}\right.$$

Les exemples suivants illustrent l'ordre des pronoms objets dans une phrase.

> Il me parle. Il me le demande. Il le lui dit. Ils se le disent.
> Tu me le diras. Nous te la montrerons.

Avec un verbe suivi d'un infinitif, le pronom se met devant le verbe auquel il se rapporte, c'est-à-dire généralement devant l'infinitif.

> Je désire vous parler; je voudrais me présenter; il veut la leur raconter.

Si le verbe actif est l'un des suivants—*amener, emmener, écouter, entendre, envoyer, laisser, mener, regarder, sentir, voir*—le pronom objet se met devant ce verbe, car il se rapporte au premier verbe de la série.

> Il les mènera voir Vézelay.
> Elle s'écoute parler.

Avec *faire* plus l'infinitif, tous les pronoms précèdent *faire*. L'emploi de ce verbe sera traité dans la section 2.5.

2.2   Pronoms personnels disjoints

A.   On emploie les pronoms personnels disjoints (**moi, toi, lui, elle, soi, nous, vous, eux, elles**) dans les cas suivants.

1)   Seuls:

> —Qui est là? —Lui.

2)   Avec *c'est*:

> C'est moi, c'est lui, ce sont eux.

(Notez que le verbe n'est au pluriel que si le pronom est à la 3e personne du pluriel.)

3) Dans une comparaison avec *que*:

> Elle est plus gentille que toi.

4) Quand il y a plusieurs sujets:

> Lui et moi, nous irons à Cluny.

Quand les sujets sont à la 3ᵉ personne, il est inutile de répéter le pronom sujet.

> Fred et lui iront à Paris.

5) Pour renforcer un pronom sujet:

> Moi j'irai à Cluny; toi tu iras à Paris.

6) Avec une préposition:

> Il vient avec lui, mais sans elle.

B. On emploie les pronoms disjoints, et non les pronoms compléments d'objet indirect, après certains verbes comme *courir, faire attention, penser, se fier, tenir, venir*.

> Je penserai à lui.   Laissez-les venir à moi.
> *mais:* Je lui parlerai; laissez-les me répondre.

C. Pour se référer à un sujet indéfini exprimé par *chacun, on, tout le monde, quiconque,* . . . on emploie le pronom disjoint **soi.**

> On ne pense qu'à soi.
> *mais:* Cet homme-là ne pense qu'à lui-même.

2.3 Pronoms personnels et l'impératif

A. *Pronoms sujets.* Pour former l'impératif, on emploie les formes du présent, mais en supprimant le **-s** au singulier pour les verbes en **-er**, et on omet le pronom sujet.

> parle, parlons, parlez

B. *Pronoms compléments.* Ils précèdent l'impératif au négatif. Ils suivent l'impératif à l'affirmatif.

> Ne le regardez pas.
> Regardez-le; parlez-lui.

C. On remplace **me** et **te** par **moi** et **toi**, sauf quand ils sont suivis de **en.**

> Regardez-moi.
> Donnez-m'en.

2.4 Verbes au futur

A. Les trois conjugaisons des verbes réguliers sont:

1re CONJUGAISON	2e CONJUGAISON	3e CONJUGAISON

1re CONJUGAISON	2e CONJUGAISON	3e CONJUGAISON
retourner	choisir	attendre
je retourne**rai**	je choisi**rai**	j' attend**rai**
tu retourne**ras**	tu choisi**ras**	tu attend**ras**
il retourne**ra**	il choisi**ra**	il attend**ra**
nous retourne**rons**	nous choisi**rons**	nous attend**rons**
vous retourne**rez**	vous choisi**rez**	vous attend**rez**
ils retourne**ront**	ils choisi**ront**	ils attend**ront**

Pour le futur des verbes irréguliers, consultez l'appendice.

B. Avec **quand, lorsque, dès que, aussitôt que** et **tant que**, il faut mettre le verbe au futur si l'action indiquée se passe au futur.

Lorsque je serai à Cluny, je vous verrai.

Quand on me demandera de parler de Vézelay, je raconterai la vie de Saint Bernard.

REMARQUE: Le futur ne s'emploie jamais avec **si**.

Si on me demande de parler de Vézelay, je raconterai la vie de St Bernard.

C. Quand l'action future sera assez proche du présent, on emploie **aller** avec l'infinitif, comme en anglais.

Au lieu de: Je commencerai par vous poser des questions.

on peut dire: Je vais commencer par vous poser des questions.

Au lieu de: Vous travaillerez à Cluny.

on peut dire: Vous allez travailler à Cluny.

2.5 Le verbe *faire*

A. Vérifiez la conjugaison du verbe **faire** à l'appendice, puis apprenez les expressions suivantes:

1. *faire attention*
2. *faire une promenade*
3. *faire beau* (en parlant du temps, et toujours avec *il*): *Il fait beau.* *Il fait bon, chaud, frais, froid,* etc.
4. *faire du ski, de la natation, de l'escrime,* etc. (c'est-à-dire participer à ces sports).

5. *faire du français, du latin, des maths, de l'histoire,* etc. (c'est-à-dire étudier ces matières).

B. Faire *causatif.* Dans la phrase *Jean fait lire ses reportages à Paul,* le sujet de la phrase est Jean. Mais ce n'est pas Jean qui accomplit l'action de lire, c'est Paul. La même idée pourrait s'exprimer par *Jean demande à Paul de lire ses reportages, et Paul les lit.*

Le **faire** causatif ne peut avoir qu'un seul objet :

> Jean fait lire *ses reportages.* (Qui est-ce qui les lit ? Ce détail n'est pas exprimé dans la phrase.)
> Jean fait lire *Paul.* (Qu'est-ce que Paul lit ? Ce détail n'est pas exprimé dans la phrase.)

Si le faire causatif n'a qu'un seul objet, cet objet est un objet direct, exprimé sans préposition. Dans les exemples précédents, *ses reportages* puis *Paul* sont des objets directs.

Si l'on groupe les deux informations dans la même phrase—*Jean fait lire ses reportages à Paul*—Paul devient objet indirect. Autrement dit, l'objet direct de *faire* (Paul) devient objet indirect quand l'infinitif a aussi un objet (ses reportages).

Notez le jeu des pronoms compléments directs et indirects :

> Jean fait lire *ses reportages.* (Il *les* fait lire.)
> Jean fait lire *Paul.* (Il *le* fait lire.)
> Jean fait lire *ses reportages à Paul.* (Il *les lui* fait lire.)

Les pronoms objets précèdent *faire,* excepté en ce qui concerne l'impératif affirmatif :

> Faites-le lire.

La forme négative s'exprime de la façon suivante :

> Il **ne** fait **pas** lire ses reportages ; il **ne** les fait **pas** lire.
> Il **ne** fait **pas** lire Paul ; il **ne** le fait **pas** lire.
> Il **ne** fait **pas** lire ses reportages aux journalistes ; il **ne** les leur fait **pas** lire.

NOTE :   Pour éviter toute ambiguïté on peut employer la préposition **par.**

> *Au lieu de :*   Jean fait écrire une lettre **à** son secrétaire.
> *on peut dire :*   Jean fait écrire une lettre **par** son secrétaire.

2.6 Adjectifs qualificatifs

Les adjectifs qualificatifs s'accordent en genre et en nombre avec le nom qu'ils modifient. Le féminin ajoute **-e** si le masculin ne se termine pas par *-e.* Si la consonne finale est muette au masculin, elle se prononce au féminin.

> Il est grand ; elle est grande.
> Il est mauvais ; elle est mauvaise.

Un assez grand nombre d'adjectifs qualificatifs ont une forme exceptionnelle au féminin. Notez les adjectifs suivants et la façon dont ils se transforment au féminin.

masculin	*féminin*
bon	bonne
ancien	ancienne
rondelet	rondelette
entier	entière
frais	fraîche
affectueux	affectueuse
menteur	menteuse
public	publique
blanc	blanche
sec	sèche
long	longue
beau (bel)	belle
nouveau (nouvel)	nouvelle
vieux (vieil)	vieille

Les formes *bel, nouvel, vieil* sont utilisées devant un nom masculin qui commence par une voyelle ou un *h* muet.

En général, l'adjectif se place après le nom. Toutefois, quelques adjectifs très courants se placent avant le nom: *beau, bon, grand, jeune, joli, long, mauvais, même, nouveau, petit, vieux.*

La place des adjectifs varie aussi pour des raisons sur lesquelles nous reviendrons au Chapitre 9.

EXERCICES

Pronoms personnels [2.1]

Dans les phrases suivantes, remplacez les noms par des pronoms.

1. Jean parle à Paul.
2. Les journalistes connaissent la question.
3. Jean me lira ses reportages.
4. Marie lui écrira ses impressions.
5. Marie écrira ses impressions aux journalistes.
6. Paul me fera lire ses reportages.
7. Jean fera lire ses reportages à Paul.
8. Nous voulons vous faire lire ses reportages.
9. Il écrira une lettre à Denis.

10. Il demande à Denis de lire ses dossiers.
11. Il commence par lui poser la question.
12. Nous visitons les églises.
13. Il regarde partir les touristes.
14. Entends-tu parler les Américains?
15. Je vois venir les journalistes.
16. Je fais visiter les églises.
17. Il nous donne ses impressions.
18. Je voudrais donner mes impressions.
19. Je voudrais vous donner mes impressions.
20. Je voudrais donner mes impressions à Paul.

Pronoms personnels disjoints [2.2]

A. Dans les phrases suivantes, remplacez les noms par des pronoms disjoints.
MODÈLE: Ce sont nos amies qui descendront les premières.
Ce sont elles qui descendront les premières.

1. C'est Jean qui commencera.
2. Ce sont les touristes qui arrivent.
3. Ni Pierre ni Marie ne travailleront.
4. Ils sont plus gentils que les Français.
5. Marie et toi, vous viendrez souvent.
6. Pierre et vous, vous viendrez demain.
7. Marie et lui passeront l'été en France.
8. Les Américains prennent toujours l'avion.
9. Voulez-vous déjeuner chez Pierre?
10. Voulez-vous déjeuner chez Pierre avec Marie?

B. Répondez aux questions suivantes d'après le modèle.
MODÈLE: Feras-tu attention aux touristes américains?
Oui, je ferai attention à eux.

1. Penseras-tu à Paul?
2. Tiens-tu beaucoup à Marie?
3. Te fieras-tu à nous?
4. Fais-tu attention à ces petites filles?
5. Est-ce que vous vous fiez aux guides?

C. Répondez aux questions suivantes d'après le modèle.
MODÈLE: À qui chacun pense-t-il?
Chacun pense à soi.

1. Chez qui rentrera-t-on?
2. Où chacun restera-t-il?
3. Pour qui travaille-t-on?

4. Où est-ce que tout le monde dormira?
5. Pour qui chacun parle-t-il?

Pronoms personnels et l'impératif [2.3]

Transformez les phrases suivantes en imitant le modèle.
MODÈLE: Demandez à Paul de vous parler de Vézelay.
Parlez-moi de Vézelay.

1. Demandez à Paul de vous poser des questions.
2. Demandez à Paul de poser des questions à Fred.
3. Demandez-lui d'aller voir vos parents.
4. Demandez-lui de vous le dire.
5. Demandez-lui de le dire à Marie.
6. Demandez-lui de vous attendre.
   de les attendre / de leur parler / de penser à vous / de ne pas vous attendre / de ne pas leur parler / de lire vos reportages / de ne pas les lire

Verbes au futur [2.4]

A. Répondez aux questions suivantes d'après le texte.

1. Où Paul sera-t-il demain?
2. Que fera-t-il à Chalon?
3. Que fera-t-il visiter aux touristes?
4. Que dira-t-il quand il sera à Vézelay?
5. De qui parlera-t-il à Cluny?
6. Pourquoi Jean désire-t-il revoir Paul à la fin de son séjour?
7. De quoi le livre de Jean parlera-t-il?
8. Que verra-t-on dans ce livre?

B. Les phrases suivantes sont au présent. Mettez-les au futur. Vérifiez
votre réponse dans le texte, où les phrases sont données au futur.

1. Aujourd'hui, je suis à Chalon-sur-Saône.
2. Êtes-vous capable de le faire?
3. Savez-vous répondre à ces questions?
4. Il le faut bien.
5. On me demande de parler de Vézelay.
6. Je raconte la vie de St Bernard.
7. Nous allons à Cluny.
8. Je peux vous revoir.
9. Ce livre parle des Français.
10. Vous les voyez aux prises avec des Américains.

C.   Dans les phrases suivantes, mettez le futur avec **quand**.

MODÈLE: Si vous êtes bilingue, vous trouverez un poste de guide.
   Quand vous serez bilingue, vous trouverez un poste de guide.

1. Si vous parlez français, vous trouverez du travail.
2. Si vous travaillez à Chalon, venez me voir.
3. Si vous passez l'été en France, vous ferez des progrès.
4. Si vous connaissez l'architecture romane, on vous acceptera comme guide.
5. Si vous allez à Cluny, visitez le musée.
6. Si vous faites une demande, vous serez accepté.
7. Si vous savez la géographie, vous trouverez un emploi.

D.   Dans les phrases suivantes, remplacez le futur par le futur proche.

1. Vous serez bilingue.
2. Tu travailleras à Chalon.
3. Je passerai l'été en France.
4. Nous saurons la géographie.
5. Elle fera une demande.
6. Ils trouveront des situations à Paris.

Le verbe *faire* [2.5]

A.   Mettez les phrases suivantes au futur.

1. Il fait beau.
2. Il fait froid.
3. Elle fait une promenade.
4. Je fais du français.
5. Nous faisons du tennis tous les matins.
6. Ils font de l'histoire.

B.   Imitez le modèle.
MODÈLE: Les touristes entreront.   *to make enter . . .*
   Paul fera entrer les touristes.
1. Les touristes boiront.   *Paul fera boire les boelltz*
2. Jean lira.
3. Les Américains travailleront.
4. Le guide parlera.
5. Les enfants déjeuneront.

C.   Imitez le modèle.
MODÈLE: Les touristes visitent les cathédrales.
   Paul fait visiter les cathédrales aux touristes.

1. Les touristes achètent des souvenirs.

Paul fait faire des promenades aux étrangers.

2. Les étrangers font des promenades.
3. Les Américains prennent l'avion. *aux Am.*
4. Un ami lit ses reportages.   *Paul fait lire ses rep. à un ami*
5. Les voyageurs boivent du café.

D. Dans les phrases suivantes, remplacez les noms par des pronoms.
MODÈLE: Paul fera boire les voyageurs.
          Paul les fera boire.

1. Paul fera lire un ami.
2. Marie ne fera pas boire ses amis.
3. Faites manger les enfants.
4. Faites parler les Américains.
5. Ne faites pas parler les Américains.

E. Remplacez les noms par des pronoms.
MODÈLE: Il fera boire le café aux voyageurs.
          Il le leur fera boire.

1. Jean fera lire les reportages à un ami.
2. Il fait apprendre l'histoire aux journalistes.
3. Elle fait prendre l'avion à un ami.
4. Il ne fait pas prendre l'avion à Marie.
5. Ne fais pas prendre l'avion aux journalistes.

Adjectifs qualificatifs [2.6]

A. Dans les phrases suivantes, mettez l'adjectif au féminin.

1. Ces femmes sont (français). *es*
2. C'est une cathédrale (roman). *e*
3. Cette méthode est (précis). *e*
4. Cette mélodie est (tendre).
5. Cette église est (vieux). *vieille*
6. Cette petite fille est (bilingue).
7. Marie est (certain) qu'il viendra. *e*
8. Cette photo est très (ressemblant). *e*

B. Dans les phrases suivantes, ajoutez l'adjectif qui vous est donné en le mettant au bon endroit.
MODÈLE: (jeune) Cette fille prend l'avion de dix heures.
          Cette jeune fille prend l'avion de dix heures.

1. (grand) Jean écrit un *grand* reportage.
2. (belle) Vous verrez une *belle* église.
3. (intéressants) Nous verrons des musées. *intéressants*
4. (mauvais) Ne prenez pas l'avion. *mauvais*

5. (bon)   Nous allons boire un café.
6. (grande)   Je vais vous dire une nouvelle.
7. (nouveau, américain)   C'est un journal.
8. (jolie, jeune, blonde)   C'est une fille.

3.

À Montmartre en Cadillac

Je suis allée en France deux années de suite. La première fois, j'avais 16 ans. Mes parents voulaient réaliser un rêve qu'ils faisaient depuis des années : ils voulaient aller visiter la France pendant les vacances avec leurs trois enfants. Nous sommes donc partis tous les cinq, mon père, ma mère, mes deux frères de 21 et 22 ans et moi qui en avais 16. Comme nous étions cinq, il était plus simple d'engager des guides privés et nous faisions chaque excursion dans une voiture particulière.

Mes parents étaient ravis. Mes deux frères et moi, nous l'étions moins. Ma mère faisait des réflexions au chauffeur, des réflexions enthousiastes, d'ailleurs. Elle comparait Paris comme il est aujourd'hui avec Paris comme il était dans sa jeunesse, car elle l'avait visité autrefois. Nous, les trois jeunes, nous nous taisions, car nous avions honte d'elle.

Moi, ce n'était pas du tout ce que j'avais espéré. J'avais imaginé que j'allais rencontrer dans un Paris romantique un jeune homme qui allait tomber amoureux de moi. J'avais espéré des rendez-vous au bord de la Seine, des dîners à deux. . . . Mes frères avaient un carnet d'adresses de jeunes filles qui leur avaient été communiquées par des amis, mais ils ne sont jamais arrivés à se débrouiller avec le téléphone. Maussades, à l'arrière de la voiture qui nous emmenait de la rive droite à la rive gauche, de Neuilly à Vincennes, nous restions dans l'ombre de la famille.

Un jour, nous sommes allés à Montmartre pour visiter le Sacré-Cœur. Ce jour-là, notre agence nous avait gâtés. Figurez-vous que nous avons vu

---

Raconté par Carol Lamb, étudiante de première année.

arriver, conduite par un chauffeur en uniforme, une énorme Cadillac noire. C'était un superbe dimanche après-midi. Nous sommes montés dans la voiture et le chauffeur nous a fait admirer les avenues, les boulevards, puis des rues de plus en plus étroites. À côté des petites voitures européennes, notre Cadillac détonnait complètement. Les rues se sont encore rétrécies et nous avons commencé à monter la butte. Nous n'étions pas les seuls! Je crois que tout Paris et la banlieue avaient eu la même idée. Une multitude de voitures et de gens à pied gravissaient les rues en pente. Tout à coup, il est devenu presque impossible de rouler tant la foule était dense. Bientôt, la voiture a été entourée par un groupe de jeunes garçons d'environ mon âge qui, eux, montaient à pied, comme tout le monde, car les voitures européennes avaient fini par se garer. Ils nous regardaient en riant, nous interpellaient joyeusement; ils s'appuyaient sur la voiture qui maintenant allait au pas, et, c'est salués par les rires et les plaisanteries, que nous sommes entrés à Montmartre. Je ne comprenais pas très bien ce qu'ils disaient, ces garçons. Mais je devinais qu'ils comparaient la Cadillac tantôt à un éléphant, tantôt à une tortue, et moi, rouge de confusion, je me promettais de retourner à Paris l'année suivante dans des conditions moins ostentatoires.

EXPLICATIONS

3.1 Noms communs et noms propres

A. *Les noms communs.* Le féminin des noms communs se forme en ajoutant -e. Une consonne finale muette au masculin se prononce au féminin.

>un étudiant, une étudiante

EXCEPTIONS :

1) Noms qui se terminent par **-er** :

>un ouvrier, une ouvrière

2) Noms qui se terminent par **-eux** ou **-eur** :

>un amour**eux**, une amour**euse**; un vend**eur**, une vend**euse**

3) Certains noms qui se terminent par **-teur** :

>un ac**teur**, une ac**trice**; un direc**teur**, une direc**trice**
>(mais *auteur, docteur, professeur* n'ont pas de féminin)

4) Certains noms qui se terminent par une consonne :

>un chien, une chien**ne** (on double la consonne)

5) Certains noms ne changent pas :

>un enfant, une enfant
>un élève, une élève

Le pluriel des noms communs se forme en ajoutant **-s**. Cet **-s** est muet: on prononce le pluriel comme le singulier.

une émotion, des émotions

EXCEPTIONS:

1)   La plupart des noms qui se terminent par **-al** au singulier forment le pluriel en **-aux**.

un animal, des animaux

2)   Les noms qui se terminent par **-ou** forment le pluriel en ajoutant **-s**, sauf pour les sept noms suivants auxquels on ajoute **-x**: *bijou, caillou, chou, genou, hibou, joujou, pou.*

des sous, des choux

3)   Les noms qui se terminent par **-eu** ou par **-eau** forment le pluriel en ajoutant **-x**.

un cheveu, des cheveux
un jumeau, des jumeaux

B.   *Les noms propres.*   Deux exemples de nom propre sont les noms de famille et les noms géographiques.

1)   Il ne faut pas mettre **-s** au pluriel des noms de famille:

Les Dupont, les Martin

D'ailleurs, il est préférable de dire Monsieur et Madame Dupont, plutôt que les Dupont.

2)   Les noms qui sont des références géographiques sont précédés de la préposition **à** pour les villes.

Je suis à Paris. Je vais à Londres.

Ils sont précédés de la préposition **en** pour les pays féminins.

Je vais en France. Je suis en Italie.

Ils sont précédés de la préposition **au (aux)** pour les pays masculins.

Je vais au Canada. Je vais aux États-Unis.

Mais il faut dire je viens *de* Paris, *de* France, *du* Japon, *des* États-Unis.

En général, les pays dont le nom se termine par **-e** sont féminins. (Deux exceptions: *le* Mexique, *le* Cambodge.) Il n'y a que deux pays masculins en Europe: *le* Portugal et *le* Danemark.

3.2   Distinction entre l'imparfait et le passé composé

Relisez l'histoire que nous vous avons racontée au début de ce chapitre. C'est une histoire qui a lieu dans le passé, mais deux séries de verbes la décrivent. Les uns sont à l'imparfait, les autres sont au passé composé. Les verbes qui sont à l'imparfait décrivent une scène fixe qui reste stationnaire, alors que les verbes au passé composé décrivent des actions qui se passent, l'une après l'autre, sur cette scène fixe (tout ceci ayant lieu dans le passé, naturellement).

J'avais (*imparfait*) 16 ans quand je suis allée (*passé composé*) en France et j'ai visité (*passé composé*) Paris. Nous étions (*imparfait*) en France, il faisait (*imparfait*) beau, mes parents voulaient (*imparfait*) visiter Montmartre, alors nous avons commandé (*passé composé*) une voiture et nous sommes montés (*passé composé*) à Montmartre.

A. On emploie *l'imparfait :*

1) pour décrire une scène ou un état d'âme, dans le passé.

Il faisait beau et j'étais heureux.

2) pour décrire une action habituelle ou bien une action qui avait lieu un nombre indéterminé de fois.

Ma mère allait souvent à Paris quand elle était jeune.

B. On emploie *le passé composé:*

1) pour indiquer une action qui a eu lieu à un moment précis dans le passé.

Il faisait beau, j'étais heureux et Marie est arrivée à cinq heures.

2) pour décrire une action qui a eu lieu un nombre déterminé de fois.

Ma mère est allée trois fois à Paris.

3.3 Verbes à l'imparfait

A. Les trois conjugaisons des verbes réguliers sont:

1re CONJUGAISON		2e CONJUGAISON		3e CONJUGAISON	
	retourn**er**		chois**ir**		atten**dre**
je	retourn**ais**	je	chois**issais**	j'	attend**ais**
tu	retourn**ais**	tu	chois**issais**	tu	attend**ais**
il	retourn**ait**	il	chois**issait**	il	attend**ait**
nous	retourn**ions**	nous	chois**issions**	nous	attend**ions**
vous	retourn**iez**	vous	chois**issiez**	vous	attend**iez**
ils	retourn**aient**	ils	chois**issaient**	ils	attend**aient**

Pour les verbes irréguliers, consultez l'appendice.

B. L'imparfait avec **depuis**. Comparez les deux phrases suivantes.

1) Mes parents veulent réaliser un rêve qu'ils *font* depuis des années. (Mes parents font encore ce rêve: le verbe *faire* est au présent.)

2) Mes parents voulaient réaliser un rêve qu'ils *faisaient* depuis des

années. (Mes parents ne font plus ce rêve. Ce rêve est fini, mais il a duré des années : le verbe *faire* est à l'imparfait.)

3.4 Verbes au passé composé

A. Le passé composé se forme avec le présent de l'auxiliaire **être** ou **avoir** et le participe passé.

1re CONJUGAISON	2e CONJUGAISON	3e CONJUGAISON
terminaison **er**	terminaison **ir**	terminaison **re**
participe passé **é**	participe passé **i**	participe passé **u**
Je suis retourné	*J'ai choisi*	*J'ai attendu*

Pour les participes passés des verbes irréguliers, voyez l'appendice.

B. En général, l'auxiliaire est **avoir**. Mais pour les verbes intransitifs suivants, l'auxiliaire est **être** :

aller	entrer	partir	revenir
arriver	monter	rentrer	sortir
devenir	mourir	rester	tomber
descendre	naître	retourner	venir

C. *Accord du participe passé.* Quand le participe passé est employé avec **être**, il s'accorde avec le sujet de la phrase.

Son père est mort.   Sa mère est morte.
Ses amis sont morts.   Ses sœurs sont mortes.

NOTE : Avec les verbes pronominaux, la règle est un peu différente, comme nous le verrons à la section 6.3.

Quand le participe passé est employé avec **avoir**, il s'accorde avec le complément direct, si ce complément précède le verbe.

Elles ont fait trois visites.
Elles ont beaucoup aimé les trois **visites** qu'elles ont **faites**.
Elles **les** ont **faites** hier.

Mais dans l'exemple suivant, le complément précédant le verbe est indirect, par conséquent le participe passé reste invariable :

Elles **leur** ont **fait** des propositions intéressantes.

3.5 Le verbe *avoir*

A. On utilise le verbe **avoir** dans l'expression **il y a** dont le temps varie selon les cas :

il y avait, il y aura, il y a eu

B. On utilise le verbe **avoir** dans les expressions idiomatiques suivantes:

avoir froid, avoir faim, avoir chaud, avoir soif, avoir sommeil, avoir peur, avoir honte.

C. L'expression **avoir envie de** veut dire *désirer*.

J'ai envie d'acheter une Cadillac.

D. L'expression **avoir lieu** est synonyme de *se passer, arriver*.

L'examen n'aura pas lieu demain. (Il n'y aura pas d'examen demain.)

E. Avoir tort, avoir raison:

Vous avez tort d'aller à Paris en hiver, vous aurez froid.
Vous avez raison d'aller à Paris en été, il fera beau.

EXERCICES

Noms communs et noms propres [3.1]

A. Mettez les noms suivants au féminin.
MODÈLE: Voici un vendeur très aimable.
Voici une vendeuse très aimable.

1. C'est un Français patriote.
2. C'est un vrai saint.
3. Ce sont des ambitieux.
4. Les voyageurs sont ici.
5. Le petit chat est mort.
6. Un ouvrier ne gagne pas assez d'argent.
7. Un lion est sorti de sa cage.
8. Un acteur doit beaucoup travailler.
9. Je ne suis pas électeur dans cette ville.
10. Il faut plaire aux consommateurs.

B. Mettez les noms soulignés au pluriel.
MODÈLE: Posez-moi une question.
Posez-moi des questions.

1. Il nous a fait admirer l'avenue.
2. Donnez-moi un journal.
3. Achetez un cheval.
4. Elle a un amoureux.
5. Je vois la trace de son pas.
6. Il demande un sou.

7. Prenez un caillou.
8. Un Français est mort ici.
9. Il y a un cheveu dans ma soupe.
10. Mon bureau est au premier étage.

C. Imitez le modèle en remplaçant **aimer** par **aller**.
MODÈLE : J'aime Paris.
    Je vais à Paris.

1. Il aime le Canada.
2. Nous aimons la France.
3. J'aime Montmartre.
4. Aimes-tu l'Italie?
5. Ils aiment les États-Unis.

D. Imitez le modèle, en remplaçant **être** par **venir**.
MODÈLE : J'étais à Paris.
    Je viens de Paris.

1. J'étais au Canada.
2. J'étais en France.
3. J'étais à Montmartre.
4. J'étais en Italie.
5. J'étais aux États-Unis.

L'imparfait et le passé composé [3.2]

A. D'après le récit répondez aux questions suivantes en essayant de comprendre pourquoi vous employez l'imparfait ou le passé composé.

1. Où Carol est-elle allée, deux années de suite?
2. Qu'est-ce que ses parents voulaient faire?
3. Depuis quand ses parents faisaient-ils ce rêve?
4. Combien d'adultes ont participé au voyage?
5. Quelle comparaison la mère de Carol faisait-elle sans cesse?
6. Pourquoi les trois jeunes se taisaient-ils?
7. Pourquoi les trois jeunes gens étaient-ils maussades?
8. Où la famille est-elle allée dans une énorme voiture?
9. Quand la voiture est arrivée, qu'ont fait les voyageurs?
10. Que faisaient les jeunes Français en voyant les Américains dans leur Cadillac?
11. A quoi comparaient-ils la grosse voiture?
12. Les voyageurs sont-ils finalement entrés à Montmartre?
13. En entrant à Montmartre, qu'est-ce que Carol se promettait?

B. *Exercice de substitution.* Dans la phrase suivante, substituez les expressions indiquées.

Comme il faisait très beau, <u>nous sommes allés à Montmartre.</u>
mes frères sont allés avec nous / nous avons fait une longue promenade /
nous sommes allés à pied / nous avons renoncé à commander une voiture

C. *Exercice de substitution.* Dans la phrase suivante, substituez les
expressions indiquées. Comparez avec l'exercice précédent.

Quand il faisait beau, <u>nous allions à Montmartre.</u>
mes frères allaient avec nous / nous faisions une longue promenade /
nous allions à pied / nous renoncions à commander une voiture

Verbes à l'imparfait [3.3]

A. Mettez les phrases suivantes à l'imparfait.
1. Je vais en France.
2. J'ai 16 ans.
3. Ils veulent visiter la France.
4. Nous sommes cinq adultes.
5. Nous avons honte d'elle.
6. Ils nous emmènent de la rive droite à la rive gauche.
7. Ils nous regardent en riant.
8. Ils comparent la voiture à un éléphant.
9. Je ne comprends pas ce qu'ils disent.
10. Je me promets de retourner à Paris.

B. Imitez le modèle.
MODÈLE: Je lis depuis une heure.
         Je lisais depuis une heure quand vous avez téléphoné.

1. Nous parlons depuis dix minutes.
2. Nous nous taisons depuis longtemps.
3. Nous sommes dans ce restaurant depuis vingt minutes.
4. Ils nous regardent depuis quelques instants.
5. Mes parents sont ici depuis cinq minutes.

Verbes au passé composé [3.4]

A. Mettez les verbes des phrases suivantes au passé composé.
1. Je suis ravi.
2. J'ai honte d'elle, j'ai peur.
3. Ils finissent par se garer.
4. Nous voyons arriver une Cadillac.
5. Elle fait le tour de la France.
6. Elle compare Paris à New York.
7. Nous voyons arriver un chauffeur en uniforme.
8. Ils regardent la voiture en riant.

B. Mettez les verbes des phrases suivantes au passé composé.

1. Carol va en France.
2. Elle part en avion.
3. Nous allons à Montmartre.
4. Nous montons dans la voiture.
5. Il devient impossible de rouler.
6. Je meurs de honte.
7. Il monte à pied.
8. Il arrive à se débrouiller.

C. Dans le paragraphe suivant, remplacez Frank par Carol et mettez les participes passés au féminin s'il y a lieu.

Frank est allé en France deux années de suite. La première fois, il est parti avec ses parents. Il avait déjà visité Paris quand il était petit. Il avait espéré trouver des amis à Paris, mais il est resté dans l'ombre de sa famille et il n'a pas trouvé les amis qu'il cherchait. Un jour, il est monté dans une Cadillac et il est allé à Montmartre. Les jeunes Français qui l'ont vu dans cette grande voiture lui ont proposé de descendre pour aller à pied avec eux. Il n'a pas voulu, et c'est salué par les rires qu'il est entré à Montmartre.

Le verbe *avoir* [3.5]

A. Imaginez les raisons qui ont provoqué les réactions suivantes:
MODÈLE: Carol va au restaurant.
C'est parce qu'elle a faim.

1. Paul va au café. (*C'est parce qu'il. . .*)
2. Je ferme la fenêtre.
3. Jean ferme les yeux.
4. Ces enfants sont rouges.
5. Cette petite fille tremble.

B. Réagissez aux phrases suivantes d'après le modèle.
MODÈLE: Carol refuse d'aller à Paris. *Elle a tort.*
Carol accepte d'aller à Paris. *Elle a raison.*

1. Carol visite Montmartre dans une Cadillac.
2. Ses frères sont allés avec elle.
3. Les jeunes Français montent la butte à pied.
4. Ils rient en voyant l'énorme voiture.
5. Ma mère allait souvent à Paris quand elle était jeune.
6. Ses parents ont insisté pour engager des guides privés.

4.

Un voyage économique

Ce que je voulais, c'était de retourner seule à Paris. Je voulais retrouver les garçons de Montmartre ou d'autres garçons comme eux et monter la butte à pied, avec eux. Naturellement, mes parents n'ont pas voulu. "Voyons! Tu n'as que 17 ans! Que ferais-tu si tu tombais malade?" Ils ne me défendaient pas de retourner en France, mais ils m'ont forcée à m'inscrire à un groupe. Nous avons fait un compromis et ils ont accepté de m'envoyer avec un groupe très bon marché, absolument sans Cadillac. Après bien des recherches, j'ai choisi le groupe le moins cher que j'aie pu trouver. Ce qui me plaisait, c'était que nous irions d'abord en Angleterre, et ensuite nous atteindrions Paris en traversant la Manche puis en prenant un autobus.

Tout a fort mal commencé. Tout d'abord, la traversée de la Manche a été plus pénible que tout ce que j'avais imaginé. La mer était houleuse et devinez qui a eu le mal de mer? Quand je suis arrivée à Calais, j'étais verte.

Le groupe se composait de vingt filles et huit garçons et le chef de groupe était une vieille dame anglaise qui ne parlait pas un mot de français. J'étais la plus jeune du groupe et la seule à savoir me débrouiller dans la langue. Le conducteur de l'autobus (qu'on appelle d'ailleurs le car en français) était un Irlandais assez bourru qui ne desserrait pas les dents. Tout à coup, sans que nous comprenions pourquoi, ce conducteur s'est mis à appuyer sur l'accélérateur et à poursuivre dans une course échevelée le camion livreur d'un blanchisseur. Comme nous arrivions à l'entrée d'un village, il a fait une "queue de poisson" au camion en question et a forcé le conducteur à descendre. Ce qui en est résulté, c'est l'altercation la plus bruyante que j'aie jamais

---

Deuxième partie du récit de Carol Lamb.

entendue. Les deux hommes poussaient des hurlements, chacun dans sa langue. Comme j'avais la réputation de parler assez bien le français, voilà notre conducteur irlandais qui m'appelle et qui me charge d'expliquer au blanchisseur qu'il conduisait comme un malpropre et qu'il avait égratigné son car en nous dépassant. Naturellement, le vocabulaire dont j'avais besoin pour cette discussion me manquait totalement. Au lycée, on nous avait surtout parlé de Voltaire et de Racine. Enfin, les gendarmes sont arrivés et ils ont tranché la question. Ce qu'ils ont dit n'a pas été du goût de notre Irlandais et son humeur n'a fait que de se détériorer.

Il faut dire qu'il avait bien des ennuis avec son car. Entre St-Quentin et Paris, il est tombé deux fois en panne. La première fois, il a réparé son car et nous sommes repartis. La seconde fois, la panne était plus grave. Il faisait nuit et nous mourions de faim. Heureusement, nous étions près d'un village. Nous avons trouvé un garagiste qui voulait bien essayer de nous dépanner. C'est encore moi qui ai été chargée de parlementer avec les gens du village. Ils ont accepté d'ouvrir leurs magasins et nous avons dévalisé la boulangerie, l'épicerie et la charcuterie.

Mais c'est à Paris que j'ai vraiment accompli mon vœu de pauvreté. Quel contraste entre l'hôtel innommable où nous sommes descendus et l'hôtel que mes parents avaient choisi l'année précédente. Imaginez des couloirs sombres, au mur du papier humide et décoloré, des lits défoncés avec des draps déchirés, des lavabos cassés, pas d'eau chaude. Dans les escaliers, on rencontrait des femmes qui faisaient des avances aux garçons et qui se moquaient de nous, les filles. Si mes parents avaient vu ça! Miss Smith, notre chef de groupe, était écœurée. Naturellement, par la suite, elle s'est plainte à l'organisation qui lui avait indiqué cet hôtel et voilà les explications qu'on lui a données: Cet hôtel était beaucoup plus confortable les années précédentes. Mais le patron était mort. Maintenant, c'était la veuve qui essayait de faire marcher l'hôtel avec l'aide du gérant. Ce gérant était un personnage peu sympathique qui faisait exprès de laisser tomber l'établissement. Il attendait qu'il perde presque toute sa valeur avant de le racheter à bas prix à la pauvre propriétaire. Cette histoire m'a attristée et j'en ai conclu qu'on rencontrait des gens malhonnêtes un peu partout.

Une fois encore, mon séjour n'a pas répondu à mon attente. Mais je n'ai pas dit mon dernier mot. Je retournerai à Paris, peut-être seule, peut-être avec une amie. Pour le choix d'un hôtel, j'adopterai un juste milieu: ni trop luxueux, ni trop minable. La prochaine fois, je me débrouillerai mieux.

QUESTIONS

Elle voulait retourner seule à Paris.

1. Que voulait faire Carol? 2. Qu'est-ce que ses parents lui disaient?
3. Quel a été leur compromis? 4. Qu'est-ce qui plaisait à Carol dans

le programme de son groupe? 5. Pourquoi Carol était-elle verte quand elle est arrivée à Calais? 6. Pourquoi l'Irlandais a-t-il poursuivi le camion d'un blanchisseur? 7. Qu'est-ce qui est résulté de cette poursuite? 8. Qu'ont fait les gendarmes? 9. Pourquoi l'humeur de l'Irlandais s'est-elle détériorée? 10. Racontez la première panne. 11. Pendant la seconde panne, comment Carol a-t-elle montré qu'elle avait bien appris le français au lycée? ˋ12. À Paris, comment a-t-elle accompli son vœu de pauvreté? 13. Décrivez les chambres de son hôtel. 14. Pourquoi le gérant de l'hôtel faisait-il exprès de laisser tomber l'établissement? 15. Que fera Carol quand elle retournera à Paris?

EXPLICATIONS

4.1 Pronoms relatifs

A. Les pronoms relatifs ont les formes et les emplois suivants.

Pronom sujet:	**qui**
Pronom complément d'objet direct:	**que**
Pronoms compléments introduits par une préposition	
—si l'antécédent est une chose:	**lequel, lesquels** **laquelle, lesquelles**
—si l'antécédent est une personne:	**qui** ou **lequel**, etc.
—si l'antécédent n'est pas défini:	**quoi** _
—si l'antécédent désigne le temps ou l'espace, *auquel, dans lequel*, etc., peuvent être remplacés par:	**où**
—*duquel, de qui* sont remplacés le plus souvent par:	**dont**

B. Les pronoms relatifs servent à relier deux propositions entre elles.

Elle s'est plainte à l'organisation **qui** lui avait indiqué cet hôtel.
Carol avait honte des remarques **que** faisait sa mère.
C'est le moment **où** nous sommes partis.

1) Le pronom **qui** peut être sujet, remplaçant une personne ou plusieurs personnes.

C'est encore moi **qui** ai été chargé de parlementer.
J'ai appelé les gendarmes **qui** ont tranché la question.

Qui peut être sujet, remplaçant une chose ou plusieurs choses.

C'est une altercation bruyante **qui** a fait venir les gendarmes.

Je ne voulais pas descendre dans les hôtels **qui** étaient recommandés par mes parents.

Qui, désignant une personne, peut être objet d'une préposition.

C'est le voyageur avec **qui** j'ai parlé pendant tout le trajet.

Dans ce dernier cas, on peut employer le pronom **lequel**:

C'est le voyageur avec **lequel** j'ai parlé pendant tout le trajet.

Qui est invariable et la lettre **-i** n'est pas remplacée par une apostrophe devant une voyelle.

2) Le pronom **que** peut être complément direct, remplaçant une personne ou plusieurs personnes.

Que pensez-vous du conducteur **que** nous avons choisi?
Je n'aime guère les gens **que** nous rencontrons dans cet hôtel.

Que peut être complément direct, remplaçant une ou plusieurs choses.

Le car **qu'**il conduisait est tombé deux fois en panne.
À ta place, ce ne sont pas les hôtels **que** je choisirais.

Que est invariable en genre et en nombre, mais la lettre **-e** est remplacée par une apostrophe devant une voyelle.

3) Le pronom **dont** est généralement employé si la préposition qui introduit le complément indirect est **de**.

Il a besoin **d'**un nouveau camion. (C'est le camion **dont** il a besoin.)

Je vous ai parlé **de** ces commerçants. (Ce sont les commerçants **dont** je vous ai parlé.)

4) Les pronoms variables, comme **lequel**, etc. s'accordent en genre et en nombre avec l'antécédent. Ils suivent le plus souvent une préposition.

Ce sont les étudiants avec **lesquels** je suis allé en Angleterre.
Que pensez-vous de l'hôtel dans **lequel** ils sont descendus?

Les contractions des pronoms variables sont:

	AVEC **à**	AVEC **de**
lequel	auquel	duquel
lesquels	auxquels	desquels
lesquelles	auxquelles	desquelles

L'homme **auquel** il s'adressait ne parlait pas français. (s'adresser *à*)
L'Irlandais dans le car **duquel** nous sommes venus était assez bourru.
(le car *de* l'Irlandais)

NOTE: **Dont** et **duquel** (**desquels, de laquelle, desquelles**) sont souvent interchangeables.

Au lieu de dire: C'est l'autobus **dont** je vous ai parlé.
on peut dire: C'est l'autobus **duquel** je vous ai parlé.

Toutefois, on ne peut pas employer **dont** après des prépositions complexes telles que *près de, auprès de, à côté de, en face de,* etc.

Voilà les gens à côté **desquels** nous étions assis.

5)   Le pronom invariable **quoi** s'emploie comme complément indirect, désignant une chose, avec une préposition si l'antécédent n'est pas défini.

Il ne m'a pas dit de **quoi** il va parler.
Je ne sais pas à **quoi** il pense.

Notez l'emploi très utile de l'expression **avoir de quoi** (avoir assez d'argent pour) dans les exemples suivants:

Nous n'**avions** pas **de quoi payer** l'autobus / prendre le train / acheter à manger / descendre dans un meilleur hôtel / traverser la Manche / rentrer.

6)   Le pronom invariable **où** s'emploie quand l'antécédent désigne le temps ou l'espace.

Calais est la ville **où** j'ai été malade.
C'est le moment **où** les gendarmes sont arrivés.

Où est invariable et remplace des pronoms variables que l'on peut d'ailleurs employer aussi.

C'est la ville **où** j'ai passé le plus de temps. (C'est la ville **dans laquelle** j'ai passé le plus de temps.)
Je me rappelle une minute **où** j'ai eu très peur. (Je me rappelle une minute **pendant laquelle** j'ai eu très peur.)

C.   **Ce que, ce qui, ce dont, ce à quoi** sont des pronoms relatifs neutres. Ils remplacent dans la phrase le mot *chose,* qu'on n'aime pas beaucoup en français.

Au lieu de	la chose que,	*dites*	**ce que**
″	la chose qui,	*″*	**ce qui**
″	la chose dont,	*″*	**ce dont**
″	la chose à quoi,	*″*	**ce à quoi**

Dans une phrase, **ce qui** est sujet, **ce que** est complément d'objet direct, **ce dont** s'emploie avec la préposition *de,* **ce ... quoi** s'emploie avec les autres prépositions.

Ce que j'aime, c'est votre honnêteté.
Ce qui me plaît, c'est de voyager.
Voilà **ce dont** vous avez besoin. (*avoir besoin de*)
Voici **ce à quoi** il faut répondre. (*répondre à*)

4.2   Le conditionnel

A.   Le conditionnel se forme en ajoutant au radical du futur les terminaisons de l'imparfait.

1re CONJUGAISON		2e CONJUGAISON		3e CONJUGAISON	
	retourner		choisir		attendre
je	retournerais	je	choisirais	j'	attendrais
tu	retournerais	tu	choisirais	tu	attendrais
il	retournerait	il	choisirait	il	attendrait
nous	retournerions	nous	choisirions	nous	attendrions
vous	retourneriez	vous	choisiriez	vous	attendriez
ils	retourneraient	ils	choisiraient	ils	attendraient

B.   Le conditionnel s'emploie dans les cas suivants:

1)   Pour exprimer un désir poli ou vague.

(Chez un commerçant)   —Madame, je voudrais du fromage. J'ai faim. Je mangerais bien un morceau de pain.

2)   Pour exprimer le futur dans le passé.

Ce qui m'a décidé à choisir ce groupe, c'était que nous irions d'abord en Angleterre, et ensuite, nous atteindrions Paris.

3)   Dans une phrase où l'action principale est subordonnée à une condition exprimée par **si** et l'imparfait.

Que ferais-tu si tu tombais malade? Reviendrais-tu à New York si je te le demandais?

4.3   Le participe présent

A.   On forme le participe présent en ajoutant **-ant** au radical de l'imparfait.

1re CONJUGAISON	2e CONJUGAISON	3e CONJUGAISON
retournant	choisissant	attendant

B.   On emploie le participe présent pour exprimer la cause ou la simultanéité quand les deux propositions ont le même sujet.

Au lieu de: On réussit **lorsqu**'on travaille.
dites: On réussit **en** travaillant.
Au lieu de: **Pendant que** je traversais la Manche, j'ai eu le mal de mer.
dites: **En** traversant la Manche, j'ai eu le mal de mer.

Le participe présent s'emploie avec **en**. Quelquefois, il s'emploie avec **tout en**, qui ne change pas le sens fondamental de la phrase.

Tout en parlant, nous avons terminé notre travail.
Tout en réparant son car, il prononçait des paroles amères.

Quelquefois, **tout en** remplace **bien que**. — *although*

Bien que je sois Américain, je me débrouille très bien à Paris.
Tout en étant Américain, je me débrouille très bien à Paris.

Enfin, avec certains verbes, on omet souvent **en**. Les plus importants sont: *connaître, croire, désirer, penser, pouvoir, savoir, voir, vouloir.*

Voyant cela, le conducteur lui a fait une queue de poisson.
Croyant qu'il y avait eu un accident, les gendarmes sont arrivés.

4.4 Adjectifs possessifs

Les adjectifs possessifs s'accordent avec les noms qu'ils modifient.

SINGULIER		PLURIEL
masculin	*féminin*	*masculin et féminin*
mon	ma	mes
ton	ta	tes
son	sa	ses
notre	notre	nos
votre	votre	vos
leur	leur	leurs

L'adjectif possessif s'accorde avec le possédé et non pas avec le possesseur, comme en anglais.

mon père, ma mère, mes amis et mes amies.

Devant un nom féminin singulier commençant par une voyelle ou un *h* muet, on emploie l'adjectif possessif à la forme du masculin singulier.

mon amie, son humeur

4.5 Adjectifs démonstratifs

Les adjectifs démonstratifs s'accordent avec les noms qu'ils modifient.

SINGULIER		PLURIEL
masculin	*féminin*	*masculin et féminin*
ce (cet)	cette	ces

On emploie **cet** devant un nom masculin qui commence par une voyelle ou un *h* muet.

cet hôtel

On ajoute **-ci** ou **-là** au nom si l'on veut éviter une confusion possible :
-ci indique ce qui est proche, **-là** indique ce qui est plus éloigné.

Veux-tu monter dans ce camion-ci ou bien dans ce camion-là ?
Ce groupe-ci est meilleur marché que ce groupe-là.

EXERCICES

Pronoms relatifs [4.1]

A.   Reliez les phrases suivantes à l'aide du pronom relatif **qui**.
MODÈLE :   Cette dame nous guide. Elle est anglaise.
La dame qui nous guide est anglaise.

1. Ces étudiants s'inscrivent à notre groupe. Ils viennent avec nous.
2. Ces gendarmes sont arrivés rapidement. Ils ont tranché la question.
3. Cet autobus est arrêté devant l'église. Il nous conduira à Paris.
4. Ces voyageurs sont rentrés très tard. Ils sont morts de fatigue.
5. Ces couloirs mènent aux chambres à coucher. Ils sont très sombres.

B.   Reliez les phrases suivantes à l'aide du pronom relatif **que**.
MODÈLE :   J'ai choisi un groupe. Mes parents préféraient ce groupe.
J'ai choisi le groupe que mes parents préféraient.

1. Nous avons fait un voyage. Cette agence a organisé ce voyage.
2. J'ai pris un autobus. Le chef de groupe m'a montré cet autobus.
3. Nous sommes descendus dans des hôtels. Vous nous avez indiqué ces hôtels.
4. Il conduisait un camion. Vous voyez ce camion là-bas.
5. Nous sommes allés dans des magasins. Les gens du village avaient ouvert ces magasins.

C.   Transformez les phrases suivantes en employant le pronom **dont**.
MODÈLE :   J'ai envie de cette voiture.
Voici la voiture dont j'ai envie.

1. Vous avez besoin de ce vocabulaire.
2. Je vous ai parlé de ce garagiste.
3. Nous nous sommes plaints de cet hôtel.
4. Ils ont eu peur de ces gendarmes.
5. Elle a eu honte de cette conversation.

D.   Refaites les phrases suivantes en employant l'un des pronoms variables : **lequel, laquelle, lesquels** ou **lesquelles**.
MODÈLE :   J'ai voyagé avec un groupe. Il était très bon marché.
Le groupe avec lequel j'ai voyagé était très bon marché.

1. J'ai pensé à une solution. Elle était très simple. (*La solution à laquelle . . .*)
2. Nous sommes montés dans un autobus. Il était très rapide.
3. Il se prépare pour un long voyage. Il lui fera beaucoup de bien.
4. Nous avons pris part à des altercations. Elles étaient fort bruyantes.
5. Il a répondu à un questionnaire. Il était très long.

E.   Refaites les phrases suivantes en remplaçant le pronom relatif **qui** par l'un des pronoms variables.
MODÈLE: C'est la dame avec qui nous avons visité l'Angleterre.
C'est la dame avec laquelle nous avons visité l'Angleterre.

1. Ce sont les habitants chez qui nous avons couché.
2. Voilà les gendarmes à qui nous avons parlé.
3. C'est le guide sans qui nous nous serions perdus.
4. Voici les commerçants pour qui j'ai fait de la publicité.
5. Ce sont les amis à qui il m'a recommandé.

F.   Transformez les phrases suivantes en employant le pronom **où**.
MODÈLE: Il parlera à 10 heures.
C'est l'heure où il parlera.

1. Il se lèvera dans cinq minutes. (*C'est la minute où . . .*)
2. Vous partirez dans quatre jours.
3. Il est mort l'année dernière.
4. L'horloge sonnera dans un instant.
5. Il nous recevra dans un moment.

G.   Répondez aux questions suivantes en utilisant l'un des pronoms relatifs neutres (**ce que, ce qui, ce dont, ce à quoi**).
MODÈLE: Qu'est-ce qu'elle voulait? (retourner seule à Paris)
Ce qu'elle voulait, c'était de retourner seule à Paris.

1. Qu'est-ce que Carol désirait? (s'inscrire à un groupe)
2. Qu'est-ce qui lui a plu? (camper en Angleterre)
3. Qu'est-ce que la mère de Carol voulait retrouver? (le Paris de sa jeunesse)
4. Qu'est-ce qui a fait peur à Carol? (la colère de l'Irlandais)
5. De quoi Carol avait-elle honte? (des remarques de sa mère)
6. De quoi avions-nous besoin pour cette discussion? (d'un vocabulaire très étendu)
7. À quoi Carol a-t-elle pensé en rentrant? (à la malhonnêteté de certaines personnes)

Le conditionnel [4.2]

A.   Répondez aux questions suivantes en mettant le verbe au conditionnel pour exprimer un désir poli.

MODÈLE :   Veux-tu goûter un morceau de fromage ?
            Oui, je goûterais bien un morceau de fromage.

1. Veux-tu parler aux gendarmes ?
2. Veux-tu choisir un groupe bon marché ?
3. Veux-tu aller en Angleterre ?
4. Veux-tu dévaliser cette charcuterie ?
5. Veux-tu traverser la Manche sur ce bateau ?

B.   Refaites les phrases suivantes d'après le modèle.

MODÈLE :   Si mes parents le veulent, je retournerai à Paris.
            Si mes parents le voulaient, je retournerais à Paris.

1. Si elle trouve un groupe bon marché, elle s'y inscrira.
2. Si le blanchisseur le dépasse, il égratignera son car.
3. Si les gendarmes arrivent, ils trancheront la question.
4. Si les magasins sont fermés, nous mourrons.
5. Si mes parents voient cela, ils se plaindront.

Le participe présent [4.3]

A.   Remplacez les verbes de la proposition subordonnée par le participe présent.

MODÈLE :   Comme je suis allée avec un groupe très bon marché, j'ai eu beaucoup de plaisir.
            En allant avec un groupe très bon marché, j'ai eu beaucoup de plaisir.

1. Pendant que nous attendions, nous avons dévalisé les magasins.
2. Lorsqu'il a vu les gendarmes, il s'est arrêté.
3. Comme je suis descendue dans un hôtel innommable, j'ai accompli mon vœu de pauvreté.
4. Pendant que nous mangions, nous avons parlé avec les gens du village.
5. Comme il a racheté l'hôtel à bas prix, il a fait fortune.

B.   Refaites les phrases suivantes en les commençant par **pendant que**, **parce que** ou **bien que**, suivant le sens de la phrase.

MODÈLE :   En cherchant bien, je trouverai un groupe bon marché.
            Parce que je chercherai bien, je trouverai un groupe bon marché.

1. Tout en mangeant, nous avons parlé avec les gens du village.
2. Tout en aimant le confort, je préfère les groupes bon marché.

[handwritten: Parce que je connais les]

3. Connaissant les dangers de la capitale, je te défends d'aller à Paris. *[handwritten: Pendant qu'il a appuyé]*
4. En appuyant sur l'accélérateur, il a rattrapé le blanchisseur.
5. En lui faisant une queue de poisson, il l'a forcé à descendre.

[handwritten: Parce que lui]

Adjectifs possessifs [4.4]

Dans les phrases suivantes, servez-vous de l'adjectif possessif.
MODÈLE: Le groupe de Carol se composait de 28 étudiants.
Son groupe se composait de 28 étudiants.

[handwritten: leur] 1. Le guide de ces touristes connaît très bien son travail.
[handwritten: leurs] 2. Les parents des étudiants se sont plaints.
[handwritten: ses] 3. Les parents de Carol sont allés avec elle.
[handwritten: votre] 4. L'hôtel où vous êtes descendus est-il propre?
[handwritten: vos] 5. Les hôtels que vous recommandez sont-ils chers?
[handwritten: votre] 6. Le fromage que vous vendez est-il bon?
[handwritten: son] 7. L'amie de Carol est-elle descendue dans le même hôtel?
[handwritten: ta] 8. La voiture que tu conduis marche-t-elle bien?
[handwritten: son] 9. L'ami de Carol voyage-t-il avec elle?
[handwritten: ton] 10. L'avion dans lequel tu es venu avait-il du retard?

Adjectifs démonstratifs [4.5]

Imitez le modèle.
MODÈLE: Allez dans une boulangerie.
Faut-il aller dans cette boulangerie-ci ou dans cette boulangerie-là?

1. Allez dans un hôtel.
2. Choisissez un groupe.
3. Prenez un avion.
4. Montez dans une voiture.
5. Emportez des valises.

5.

Un gangster à Paris

Je n'avais que 16 ans quand je suis allée en France avec un groupe de jeunes. Nous devions loger à Reims dans un des locaux scolaires, mais, ce printemps-là, alors que nous faisions nos projets de voyage, l'Université était occupée par les étudiants qui venaient de se révolter. Alors, on nous a envoyés à Villard-de-Lans, une petite ville près de Grenoble. Cette ville est très connue pour ses sports d'hiver et très bien organisée pour recevoir des touristes. Nous n'y étions pas pendant la saison touristique mais pendant ce que les commerçants de la ville considèrent comme la morte-saison, alors nous avons été très bien accueillis par la population car nous étions très nombreux et nous faisions marcher le commerce.

Nous logions dans une école pour enfants qui était vide à cause des vacances. C'est une école d'un genre spécial car, pendant l'année scolaire, elle héberge des enfants asthmatiques. Ces enfants suivent des cours et respirent le bon air de la montagne, puisque Villard-de-Lans se trouve à plus de 1000 mètres d'altitude.

Quant à nous, nous suivions des cours le matin; l'après-midi, nous faisions des promenades dans les environs et nous faisions la connaissance des gens du village qui ont été absolument charmants avec nous. Ils nous ont souvent invités à dîner chez eux et nous ont vraiment reçus à bras ouverts. Ces gens-là ne parlaient pas un mot d'anglais et nous étions absolument obligés de parler français avec eux. Mes camarades et moi, nous avons fait des progrès fulgurants.

J'ai passé la fin de mon séjour à Paris où je suis allée retrouver mes

---

Raconté par Linda Bird, étudiante de première année.

parents qui voyageaient eux-mêmes en Europe. Évidemment, mes parents n'avaient pas le même genre de distractions que nous avions quand nous étions entre jeunes. Eux, ce qui les intéressait surtout, c'était les expériences gastronomiques. Qu'est-ce que nous avons fait comme restaurants! Nous allions dans des endroits très chers et c'est dans un de ces endroits que nous avons fait la connaissance de Harvey.

C'était dans un restaurant pas très loin de la Seine. À une table voisine de la nôtre se trouvait un jeune homme seul qui avait commandé un bon repas très fin, avec des vins généreux. À un certain moment, il nous a même adressé la parole et nous avons appris ainsi qu'il était Américain et qu'il se prénommait Harvey. Nous n'avions pas fait grande attention à son nom de famille, mais nous avions retenu le prénom de Harvey. Harvey était arrivé bien avant nous, et il en était déjà au dessert quand on a commencé à nous servir. Après le dessert, il a siroté longuement son café, puis il a commandé une liqueur qu'il a bu avec gourmandise. C'est alors qu'on lui a apporté l'addition. Il l'a retournée dans tous les sens et il a fini par avouer qu'il n'avait pas d'argent pour payer son repas, tout au moins, pas assez d'argent. Un autre garçon est arrivé, puis le patron du restaurant qui n'était autre que le cuisinier, dans la tradition française où la cuisine a assez d'importance pour que ce soit le patron qui s'en charge. Celui-ci s'est alors mis à pousser des cris indignés. "Ah! on m'en* avait bien parlé des gangsters américains! J'en avais d'ailleurs déjà vu, mais c'était au cinéma. Crapule, gangster, voleur...." C'est ce moment-là que nous avons choisi pour partir, mes parents et moi!

Eh! bien, deux ou trois jours après, nous dînions dans un autre restaurant, à l'autre bout de Paris. Celui-là était divisé en plusieurs petites salles séparées les unes des autres. Tout à coup, dans une salle voisine de la nôtre, nous avons entendu une altercation qui nous a rappelé quelque chose. Des mots comme "voleur, gangster" arrivaient à nos oreilles, et, poussés par la curiosité, nous avons jeté un coup d'œil dans la pièce voisine, et quelle n'a pas été notre surprise de voir Harvey aux prises avec un autre cuisinier-patron qui l'injuriait de toutes ses forces. J'avais souvent entendu parler de touristes qui se font voler par les habitants des pays qu'ils visitent, mais là, j'ai compris que l'inverse peut très bien se produire.

QUESTIONS

1. Pourquoi Linda n'a-t-elle pas pu loger à Reims? 2. Pourquoi la ville de Villars-de-Lans est-elle connue? 3. Quelle a été l'attitude de la population envers les étudiants? 4. Que faisaient les étudiants le matin

---

*Le cuisinier parle un langage familier sans élégance. Le mot *en* ne se traduit pas: il sert à renforcer le mot *gangsters* en utilisant à la fois le nom et le pronom.

et l'après-midi? 5. Pourquoi ont-ils fait beaucoup de progrès dans la langue? 6. Qu'est-ce qui intéressait surtout les parents de Linda? 7. Quand Linda a retrouvé ses parents à Paris, qu'est-ce qu'elle a fait avec eux? 8. Comment les parents de Linda ont-ils appris que le jeune homme du restaurant s'appelait Harvey? 9. Qu'a fait Harvey quand on lui a apporté l'addition? 10. Pourquoi le cuisinier est-il venu en personne parler à Harvey? 11. Comment le patron-cuisinier a-t-il exprimé son indignation? 12. Où Linda et ses parents ont-ils dîné deux ou trois jours après? 13. Comment la scène décrite précédemment s'est-elle répétée? 14. De quoi Linda avait-elle souvent entendu parler? 15. À l'inverse de ce que Linda a toujours entendu dire, qu'est-ce qui peut très bien se produire?

EXPLICATIONS

5.1 Formes négatives

A. On forme le négatif en mettant **ne** devant le verbe et **pas** après le verbe.

Nous **ne** logeons **pas** à l'Université.

Voici quelques négations importantes:

Il **ne** neige **jamais** en Afrique du Nord.
Il **ne** neigera **plus** car nous sommes en avril.
Il **ne** neige **pas encore** car nous sommes en octobre.
Je **ne** vois **personne** dans cette classe car les étudiants sont partis.
Je **ne** vois **rien** car la nuit est tombée.
Nous **n'**allons **ni** à Paris **ni** à Reims.

B. Aux temps composés, c'est l'auxiliaire qui est considéré comme le verbe.

Nous **n'**avons **pas** logé à l'université.
Je **n'**ai **rien** vu.
Je **ne** l'ai **jamais** vu.

EXCEPTION: Il faut mettre **personne** après le participe passé.

Je **n'**ai vu **personne**.

C. **Ne . . . que** n'est pas une négation. C'est une expression qui veut généralement dire *seulement*.

Je **n'**avais **que** 16 ans quand nous sommes partis.
(J'avais *seulement* 16 ans quand nous sommes partis.)

Ne . . . guère n'est pas une négation. C'est une expression qui veut dire *peu*.

Je n'ai **guère** de pitié pour Harvey.
(Il m'inspire *peu* de pitié.)

5.2 Distinction entre les formes active, passive et pronominale des verbes

Forme active:

Paul Dupont **présente** son ami François Vatel. Il dit: "Je vous présente François Vatel."

Forme passive:

François Vatel **est présenté** par son ami Paul Dupont. (François Vatel ne dit rien. **Il est présenté**. Il est passif.)

Forme pronominale:

François Vatel **se présente** lui-même. Il dit: "**Je me présente. Je m'appelle François Vatel.**"

Voici les formes active, passive et pronominale au passé composé:

Forme active	Paul **a présenté** François.
Forme passive	François **a été présenté** par Paul.
Forme pronominale	François **s'est présenté**.

5.3 Le passif

A. Le passif se forme avec le verbe **être** et le participe passé qui s'accorde avec le sujet.

Harvey est insult**é**.   Ses amis sont insult**és** aussi.
Joséphine est insult**ée**.   Ses amies sont insult**ées** aussi.

Voici quelques formes du passif. Remarquez que vous conjuguez le verbe **être** au temps indiqué et que vous le faites suivre du participe passé. (En somme, c'est comme en anglais.)

Présent	Je suis invité.
Futur	Je serai invité.
Imparfait	J'étais invité.
Passé composé	J'ai été invité.
Conditionnel	Je serais invité.

B. En français, on préfère la forme active à la forme passive. Quand le sujet est connu, employez la forme active. (Il vaut mieux dire *Harvey a bu le vin* que *Le vin a été bu par Harvey.*) Si le sujet est inconnu, employez **on**.

Au lieu de: Tout le vin a été bu.
dites: On a bu tout le vin.

NOTE: Le complément direct d'une phrase active peut devenir sujet d'une phrase passive, mais le complément indirect n'est jamais sujet de passif, sauf avec *obéir, désobéir* et *pardonner*.

> On a posé des questions; des questions ont été posées.
> *mais:* On a répondu aux questions. (On ne peut pas faire de phrase passive commençant par "les questions....")

5.4 L'article partitif

A. Les articles partitifs sont:

Masculin singulier	**du**
Masculin pluriel	**des**
Féminin singulier	**de la**
Féminin pluriel	**des**
Masculin et féminin singulier	
devant une voyelle et un h muet	**de l'**

B. On emploie l'article partitif lorsqu'on désigne une partie d'un tout.

> J'aime beaucoup l'air pur et il y a **de** l'air pur à la montagne.
> Je ne savais pas que **les** Français restaient à Paris au mois d'août, pourtant j'ai parlé à **des** Français pendant tout mon séjour.

Dans chacune des deux phrases précédentes, le premier article souligné (**l', les**) est un article défini qui désigne l'air pur en général ou les Français en général. Dans ces mêmes phrases, le deuxième article souligné (**de l', des**) est un article partitif qui désigne une certaine quantité d'air pur, un certain nombre de Français.

C. Au lieu des articles partitifs **du, de la, des, de l'**, on emploie **de** dans les cas suivants.

1) Au négatif:

> Il n'y a pas **d'**air pur ici.
> Il n'y a pas **de** Français à Paris au mois d'août.
> *Mais avec le verbe* **être**: Ce n'est pas **du** vin, c'est **de** l'eau.

2) Devant un adjectif qui précède un nom pluriel:

> Y a-t-il **de** vrais Français à Paris au mois d'août?

3) Après les adverbes de quantité comme *beaucoup, pas, peu, trop, assez* (lorsqu'ils sont employés dans un sens partitif), et après d'autres expressions de quantité telles que *une tasse de, un verre de,* etc.

> Il n'y a pas beaucoup **d'**enfants ici. Je trouve qu'il y a trop **d'**adultes. C'est que j'aime beaucoup **les** enfants!
> Je ne vois pas **les** touristes dont vous m'avez parlé; à vrai dire, je ne vois pas **de** touristes dans ce restaurant.

Je voudrais **du** vin et **des** œufs. Donnez-moi un litre **de** vin et une douzaine d'œufs.

✗ NOTE :   On omet généralement le partitif avec **ne . . . ni . . . ni.**

Je **ne** bois **ni** bière **ni** vin.

EXERCICES

Formes négatives [5.1]

A.   Mettez les phrases suivantes à la forme négative.

1. Cette ville est très connue pour ses sports.
2. Nous y étions pendant la saison touristique.
3. Nous y avons suivi des cours le matin.
4. Ils vont toujours dans des endroits très chers. (ne . . . jamais)
5. Il nous a même adressé la parole.
6. Il en était déjà au dessert quand on nous a servi. (n' . . . pas encore)
7. Il y a quelqu'un dans la petite salle. (n' . . . personne)
8. J'en avais déjà vu. (n' . . . pas encore)
9. Il neigera certainement encore. (ne . . . plus)
10. J'ai vu quelque chose d'intéressant. (n' . . . rien)

B.   Répondez négativement aux questions suivantes en vous servant des mots négatifs qui vous sont suggérés.

MODÈLE :   Linda avait-elle 18 ans quand elle est allée à Villars ? (ne . . . pas encore)

Linda n'avait pas encore 18 ans quand elle est allée à Villars.

1. Ses parents avaient-ils les mêmes distractions qu'elle ? (ne . . . pas)
2. Y avait-il des étudiants et des professeurs à Reims ce printemps-là ? (ne . . . ni . . . ni)
3. Êtes-vous déjà allé à Villars-de-Lans ? (ne . . . jamais)
4. Voulez-vous encore du vin ? (ne . . . plus de)
5. Avez-vous déjà rencontré un touriste comme Harvey ? (ne . . . jamais)
6. Connaissez-vous Reims, Grenoble et Villars-de-Lans ? (ne . . . ni . . .ni)
7. Avez-vous mangé quelque chose de bon dans ce restaurant ? (ne . . . rien)
8. Avez-vous rencontré quelqu'un d'honnête dans ce village ? (ne . . . personne)
9. Le patron du restaurant a-t-il beaucoup de patience ? (ne . . . guère)

La forme active [5.2] et la forme passive [5.3]

A.   Mettez les phrases suivantes à la forme passive.

MODÈLE: Un mur divise la salle en deux parties.
La salle est divisée en deux parties par un mur.

1. Les étudiants occupent l'université.
2. Le patron a insulté Harvey.
3. Les habitants avertissent les Américains.
4. Les journalistes interrogent les jeunes gens.
5. Le président et le secrétaire invitent les membres de l'organisation.

B. Les phrases suivantes sont au passé composé. Mettez-les à la forme passive.

MODÈLE: Mes parents ont envoyé l'argent de mes inscriptions.
L'argent de mes inscriptions a été envoyé par mes parents.

1. La population a très bien accueilli les voyageurs. *les voyageurs ont été très bien accueillis par la population*
2. Les étudiants ont occupé les locaux.
3. Les habitants ont hébergé les enfants.
4. Les nouveaux membres ont organisé l'expédition.
5. Le patron a chassé Harvey immédiatement.

C. Mettez les phrases suivantes à la forme active.

MODÈLE: L'anglais n'est guère parlé à Villars-de-Lans.
On ne parle guère l'anglais à Villars-de-Lans.

1. Une altercation a été entendue.
2. Nos bagages ont été volés.
3. L'université est occupée par les étudiants.
4. Cette université a été fondée par un philanthrope.
5. Les enfants asthmatiques étaient hébergés par les habitants.
6. Tout le dîner sera mangé par Harvey.
7. Ces cours sont suivis par les enfants.
8. Les expériences gastronomiques sont appréciées.

L'article partitif [5.4]

A. Imitez le modèle.

MODÈLE: J'apprécie le vin.
Tu veux du vin?

1. J'apprécie le café et le thé.
2. J'apprécie l'eau minérale.
3. J'apprécie la bière d'Alsace.
4. J'apprécie les expériences gastronomiques.
5. J'apprécie les fleurs sauvages.

B. Employez **beaucoup** au sens partitif d'après le modèle.

MODÈLE: Il aime beaucoup les enfants.
Y a-t-il beaucoup d'enfants dans cet hôtel?

Y-a-t-il beaucoup de vin dans cet hôtel.

d'alsace

1. Il aime beaucoup le vin d'Alsace.
2. Il aime beaucoup les meubles anciens.
3. Il aime beaucoup l'eau de Vichy.
4. Il aime beaucoup les femmes élégantes.
5. Il aime beaucoup l'animation.

C. Transformez les phrases suivantes d'après le modèle.
MODÈLE :   J'estime peu les gens coléreux.
            Il y a peu de gens coléreux.

1. Il admire trop les étudiants. (Il y a trop . . .)   *peu d'étudiants*
2. Je vois peu les touristes américains.   *Il y a peu de touristes*
3. J'aime assez les chambres claires.   *Il y a assez de*
4. Nous n'aimons pas la contestation estudiantine.
5. Je n'aime guère la neige.

Il n'y a guère de neige

D. Observez les articles définis employés au sens général :

> Voici les qualités que nous aimons chez les gens qui nous reçoivent :
> l'honnêteté, la bonté, la politesse, la bonne humeur, l'humour, le courage,
> le savoir-faire, le bon sens, les attentions, les services.

1. Employez ces noms au sens partitif :

> Chez les gens qui nous ont reçus, nous avons trouvé de l'honnêteté, de la . . .

2. Transformez la phrase au négatif.

> Au contraire, dans cet autre village, nous n'avons pas trouvé d'honnêteté,
> pas de . . .

3. Puisqu'il s'agit d'une énumération, vous pouvez aussi employer ne
. . . ni . . . ni. Relisez ainsi la phrase précédente :

> Nous n'avons trouvé ni honnêteté, ni bonté, ni . . .

6.

Une cure à Vichy

Ma toute première impression de la France n'a pas été très bonne. Ma sœur et moi, nous avions commencé l'été comme monitrices dans une colonie de vacances pour enfants en Suisse. Nous nous y étions très bien amusées. Mais nous ne voulions pas retourner aux États-Unis sans avoir visité la France. Trois années auparavant, une jeune Française avait vécu chez nous pendant toute une année, suivant les cours au lycée de ma ville. Nous étions restées de très bonnes amies. Depuis, elle s'était mariée avec un Anglais et elle vivait en Angleterre avec son mari. Mais nous avions conservé de bonnes relations avec ses parents, et ils nous avaient invitées à aller leur rendre visite à Vichy où Monsieur V. faisait une cure.

Il faut vous dire que Monsieur V. a le foie très fatigué. Tous les ans, il se soigne à Vichy. Il y reste trois semaines, au cours desquelles il fait sa cure: il se rend plusieurs fois par jour à une sorte d'établissement thermal où l'on distribue aux curistes de grands verres d'eau minérale. Il en boit plusieurs par jour et il s'en trouve très bien. Il s'abstient de boire du vin, de manger des matières grasses; autrement dit, il suit un régime sévère. De plus, on lui fait des massages. Il respire le bon air des montagnes du Massif Central, et il s'en trouve rajeuni. Ensuite, il retourne à Bordeaux où il reprend sa vie d'homme d'affaires surmené.

Bref, nous allions retrouver ces gens charmants dans cette ville dont j'avais tant entendu parler. Je me réjouissais d'y aller. On nous avait dit de ne pas faire d'auto-stop en France. Les gens ne s'arrêtent pas volontiers pour

---

Raconté par Liz Flowers, étudiante de troisième année.

prendre des passagers. Nous y avons donc renoncé et nous avons pris le train à la frontière franco-suisse, en direction de Lyon et Vichy. Nous voyagions dans des conditions assez rudimentaires car nous n'avions pas beaucoup d'argent et nous transportions toutes nos possessions chacune dans un énorme sac à dos. Dans le train, ma sœur, qui avait fait des études de français très approfondies, a immédiatement fait la connaissance d'un jeune homme très gentil avec lequel nous avions une conversation animée quand le train s'est arrêté à Lyon. On n'avait pas passé de rafraîchissements au cours du voyage et le jeune homme nous a proposé d'aller en chercher au buffet. Quelle bonne idée! Nous y avons couru, laissant nos sacs à dos dans le compartiment. Au bout d'une vingtaine de minutes, nous sommes retournées dans le train que nous venions de quitter. Auparavant, nous avions pris congé du jeune Français qui était arrivé à sa destination, puisqu'il habitait Lyon.

Eh! bien, nous avons retrouvé sans peine notre compartiment, mais pas de sac à dos. Imaginez notre affolement! Toutes nos affaires perdues! Tous nos vêtements! Nous avons couru tout le long du train, heurtant les gens qui montaient, bousculant les voyageurs déjà installés, tout cela sans aucun succès. Nous avons fini par trouver le contrôleur qui nous a dit que ce train n'allait pas à Vichy mais à Marseille. Nous avions bien pris le bon train à la frontière mais il n'était pas direct pour Vichy. Il fallait changer à Lyon où nous avions une demi-heure d'arrêt justement pour cela.

—Dépêchez-vous de descendre, nous dit le contrôleur, si vous ne voulez pas aller jusqu'à Marseille. Il vous reste trois minutes! Si vous courez vite jusqu'au quai numéro 4, vous attraperez le train de Vichy.

Que faire? Descendre vers Marseille avec l'espoir de retrouver nos bagages sous une banquette? Nous rendre à Vichy où l'on nous attendait en abandonnant pour toujours nos pauvres trésors? Nous étions désespérées.

(*À suivre*)

QUESTIONS

1. Comment Liz et sa sœur avaient-elles commencé l'été? 2. Comment ont-elles trouvé la Suisse? 3. Trois années auparavant, comment avaient-elles fait la connaissance d'une Française? 4. Qu'est-il arrivé depuis à cette Française? 5. Pourquoi Liz et sa sœur désirent-elles se rendre à Vichy? 6. Pourquoi Monsieur V. va-t-il à Vichy tous les ans? 7. En quoi sa cure consiste-t-elle? 8. Qu'est-ce qu'il doit s'abstenir de faire? 9. Dans quelle région de la France se trouve Vichy? 10. Pourquoi vaut-il mieux ne pas faire d'auto-stop en France? 11. Quand le train s'est arrêté à Lyon, qu'est-ce que le jeune homme a proposé de faire? 12. Quelle imprudence les deux sœurs ont-elles commise?

Elles n'ont pas retrouvé leurs sacs à dos

13. Pourquoi ont-elles été affolées quand elles sont remontées dans leur compartiment? 14. Qu'est-ce que le contrôleur leur a dit? 15. Que fallait-il faire à Lyon? 16. Quelle est l'alternative devant laquelle se trouvent les deux sœurs? *→ Descendre vers Marseille avec l'espoir de retrouver leurs bagages, ou rendre à Vichy où l'on les attendait*

que leur train n'allait pas à Vichy mais à Marseille.

changer les trains

EXPLICATIONS

en abandonnant pour toujours leurs pauvres trésors

6.1 Les pronoms y et *en*

A. **Y** et **en** peuvent désigner un endroit déjà mentionné.

1) On emploie **y** pour remplacer une expression introduite par une préposition de lieu, sauf **de**: *à, à côté de, dans,* etc.

—Vous arrêtez-vous **à Vichy**? —Oui, je m'**y** arrête.
—Est-il **sous la banquette**? —Oui, il **y** est.

2) On emploie **en** pour remplacer une expression introduite par la préposition de lieu **de**.

—Venez-vous **de Suisse**? —Oui, j'**en** viens.
—Arrive-t-il directement **des** États-Unis? —Oui, il **en** arrive directement.

B. **Y** peut aussi être employé pour remplacer un complément d'objet indirect introduit par **à** si le complément d'objet *ne se rapporte pas à une personne*.

—Pensez-vous **à vos bagages**? —Oui j'**y** pense.
—Avez-vous renoncé **à les retrouver**? —Oui, j'**y** ai renoncé.

Si le complément d'objet indirect *se rapporte à une personne*, on emploie **lui** ou **leur**.

—Avez-vous parlé **à l'employé**? —Oui, je **lui** ai parlé.
—As-tu raconté ton aventure **au contrôleur**? —Oui, je **lui** ai raconté mon aventure.
—Avez-vous répondu **aux voyageurs**? —Oui, nous **leur** avons répondu.
—Avez-vous répondu **à toutes les questions qu'ils vous ont posées**? —Oui, nous **y** avons répondu.

NOTE: Rappelez-vous qu'après quelques verbes (*courir, faire attention, penser, se fier, tenir, venir*) on emploie les pronoms disjoints pour les personnes, et **y** pour les choses.

—Pensez-vous **aux** bagages que vous avez laissés dans le train? —Mais oui, j'**y** pense souvent. —Et **aux** voyageurs de ce train? —Je pense **à eux** aussi. Je **leur** ai raconté mes mésaventures mais je ne me fie guère **à eux**!

C. **En** peut remplacer un nom et un article partitif.

—Boit-il **de l'eau minérale**? —Il **en** boit tous les jours.

—Voulez-vous **des rafraîchissements**? —Oui, allez m'**en** chercher au buffet.

NOTE: N'oubliez pas d'exprimer le pronom **en** lorsque la phrase est complétée par un chiffre ou par un adverbe de quantité.

—Boit-il **beaucoup d'eau minérale**? —Il **en** boit **beaucoup**. Je crois même qu'il **en** boit **trop**. Il **en** boit **cinq** ou **six** verres par jour. —Et vous? Oh! moi je n'**en** bois que **deux**.

6.2 Verbes pronominaux

Au Chapitre 5 (section 5.2), nous vous avons rappelé la distinction entre la forme active d'un verbe (*elle admire le paysage*) la forme passive (*elle est admirée par les spectateurs*) et la forme pronominale (*elle s'admire dans un miroir*). Sauf à l'impératif, les verbes pronominaux se conjuguent avec les pronoms sujets et objets suivants:

je	me
tu	te
il, elle, on	se
nous	nous
vous	vous
ils, elles	se

A. Le sens des verbes pronominaux est déterminé par l'usage.

1) Un verbe peut être pronominal au sens réfléchi.

Elle se regarde dans un miroir.
Les gens ne s'arrêtent pas volontiers.

2) Un verbe peut être pronominal au sens réciproque.

Ils s'écrivent régulièrement.
Nous nous reverrons dimanche.

3) Souvent, un verbe pronominal n'a ni le sens réfléchi ni le sens réciproque mais a le même sens qu'un verbe actif.

Monsieur V. **se rend** à Vichy. (Monsieur V. **va** à Vichy.)
Vichy **se trouve** dans le Massif Central. (Vichy **est** dans le Massif Central.)

NOTE: Dans les exemples ci-dessus, le verbe *se rendre* qui veut dire *aller* n'a pas le même sens que le verbe *rendre* qui veut dire *redonner, rapporter*. Le verbe *se trouver* qui veut dire *être* n'a pas le même sens que le verbe *trouver* qui veut dire *découvrir*.

Beaucoup d'autres verbes changent de sens lorsqu'ils sont employés à la forme pronominale. En voici quelques-uns:

attendre

J'attends mes clients. Ils viendront à cinq heures.
Je m'attends à en avoir beaucoup. (*S'attendre à* veut dire espérer, supposer, craindre.)

douter

Je doute qu'il fasse un effort. (Je ne le crois pas.)
Je me doute qu'il fera un effort. (Je crois qu'il fera un effort.)   *I suspect*
Ici, les deux verbes ont un sens opposé.

passer

Le temps **passe**. Elle **passe** sa vie à voyager.
Qu'est-ce qui se **passe**? (Qu'est-ce qui arrive?)
Monsieur V. est obligé de se **passer** de vin. (Il doit s'abstenir d'en boire.)
J'ai perdu mes affaires dans le train. **Je m'en passerai.**

demander

Demandez-lui s'il aime l'eau minérale.
Je me demande s'il viendra. (*Se demander* veut dire se poser la question à soi-même.)

B. Les verbes pronominaux se conjuguent comme les verbes actifs. Aux temps composés ils se conjuguent avec **être**.

Je me retirerai; nous nous retrouverions; elles se parlaient.
Je me suis bien amusé.

Le participe passé s'accorde avec le complément direct. En général, le complément direct et le sujet sont à la même personne.

Les deux jeunes filles se sont bien amusées.

Mais il arrive que le complément direct et le sujet soient différents.

Elle s'est acheté des provisions.

À la forme interrogative avec inversion, l'ordre des mots est comme suit:

T'amuses-tu?
S'amuse-t-il?
Nous amusons-nous?
Vous amusez-vous?
S'amusent-ils?

Pour la première personne du singulier, on emploie *est-ce que* (*Est-ce que je m'amuse?*).

À la forme négative, l'ordre des mots est comme suit:

Je ne m'amuse pas.
Tu ne t'amuses pas.
Il ne s'amuse pas.
Nous ne nous amusons pas.

Vous ne vous amusez pas.
Ils ne s'amusent pas.

Pour l'interrogation négative avec inversion, l'ordre est:

Ne t'amuses-tu pas?
Ne s'amuse-t-il pas?
Ne nous amusons-nous pas?
Ne vous amusez-vous pas?
Ne s'amusent-ils pas?

Pour la première personne du singulier on emploie *est-ce que* (*Est-ce que je ne me dépêche pas?*).

À l'impératif, on omet le pronom sujet, mais le pronom objet reste exprimé:

Dépêche-toi.
Dépêchons-nous.
Dépêchez-vous.

L'impératif négatif s'exprime comme suit:

Ne te dépêche pas.
Ne nous dépêchons pas.
Ne vous dépêchez pas.

(Rappelez-vous qu'à la deuxième personne du singulier des verbes en -**er**, il n'y a pas de -**s** à la terminaison de l'impératif.)

6.3   Les emplois de *tout*

A.   **Tout** peut être un adjectif. Il s'accorde alors avec le nom qu'il modifie.

masculin	tout	tous
féminin	toute	toutes

Tous les passagers descendent.
Elle a vécu chez nous **toute** l'année.

B.   **Tout** peut être un pronom. Il s'accorde avec le nom qu'il remplace et ses formes sont les mêmes que pour l'adjectif. Mais le -**s** de **tous** est alors prononcé.

J'avais des bagages mais je les ai **tous** perdus.
Sont-elles **toutes** ici?

C.   **Tout** peut être un adverbe. Il reste alors invariable, sauf devant un adjectif féminin qui commence par une consonne ou un *h* aspiré.

Nous avons parcouru le train **tout** entier.
J'ai visité la France **tout** entière.
J'étais **toute** contente d'être ainsi admirée.

EXERCICES

Les pronoms *y* et *en* [6.1]

A. Répondez aux questions suivantes d'après le modèle.
MODÈLE: Est-il descendu à Lyon?
          Oui, il y est descendu.

1. Est-elle montée dans ce train?
2. A-t-il trouvé ses bagages sous la banquette?
3. Vos bagages sont-ils restés en Suisse?
4. Reste-t-il à Vichy pendant trois semaines?
5. Me retrouverez-vous devant l'église à huit heures?

B. Répondez aux questions suivantes d'après le modèle.
MODÈLE: Le train vient-il de Marseille?
          Oui, il en vient.

1. Partirons-nous de Vichy demain?
2. Reviendras-tu de Paris avant moi?
3. Sont-ils descendus du train à Lyon?
4. Est-il revenu de l'aéroport avec toi?
5. Venez-vous des États-Unis?

C. Dans les phrases suivantes remplacez les noms soulignés par des pronoms.

1. Elles n'ont pas parlé aux employés de la gare.
2. Nous ne pensons guère aux curistes.
3. J'ai renoncé aux voyages que j'avais projetés.
4. Avez-vous parlé de vos bagages perdus aux voyageurs?
5. J'ai couru au contrôleur pour lui raconter mes malheurs.
6. Je ne me fie pas à ces employés.
7. Je ne me fie pas aux règlements de cette administration.
8. Je ne pense plus à mon sac à dos.
9. Ne répondez pas à toutes ces questions.
10. Il y a longtemps qu'il ne pense plus à ces deux sœurs.

D. Répondez aux questions suivantes en remplaçant les noms soulignés par des pronoms.

MODÈLE :   S'abstient-il de boire du vin ?
 Oui, il s'abstient d'en boire.

1. Boit-il du vin tous les jours ?
2. Trouves-tu qu'il boit trop de vin ?
3. Est-il allé chercher des rafraîchissements ?
4. Avez-vous perdu deux sacs à dos ?
5. Y a-t-il plusieurs trains pour Vichy ?
6. Y a-t-il quatre trains qui vont directement à Marseille ?
7. As-tu assez d'argent pour acheter d'autres vêtements ?

E.   Dans les phrases suivantes, remplacez les noms par des pronoms.

1. Il a bu de l'eau minérale.
2. Il ne mange pas de matières grasses.
3. L'avez-vous retrouvé dans votre compartiment ?
4. Nous aurions dû changer de train.
5. Le train est-il à la frontière ?
6. Nous parlions de nos bagages quand nous sommes arrivés à Lyon.
7. Pensiez-vous à vos valises en descendant ?
8. Avez-vous répondu aux questions ?

Verbes pronominaux [6.2]

A.   Mettez les phrases suivantes au passé composé.

1. Elle se marie avec Henri.
2. Ils se soignent à Vichy.
3. Il s'abstient de boire du vin.
4. Il s'en trouve rajeuni.
5. Je me rends à Paris.
6. Je me réjouis de la voir.
7. Vous vous retrouvez sans peine.
8. Nous nous dépêchons.
9. Ils s'amusent bien à Vichy.
10. Les voyageurs s'installent dans le train.

B.   Mettez les phrases précédentes à la forme interrogative (avec l'inversion, sauf à la première personne).

C.   Mettez les phrases suivantes à la forme négative.

1. Je m'y suis très bien amusée.
2. Nous nous reverrons souvent.
3. Je me suis abstenu de boire du vin.
4. Monsieur V. s'est soigné à Vichy.
5. Il se rendait souvent à Lyon.

D.   Réagissez aux ordres suivants.

MODÈLE: Dites à Monsieur V. de se soigner.
Soignez-vous.

1. Dites à Liz de se lever.
2. Dites-lui de s'abstenir de boire du vin.
3. Dites-lui de ne pas s'abstenir d'en boire.
4. Demandez-lui si elle se limite à trois semaines de séjour.
5. Demandez-lui si elle s'en trouve bien.
6. Dites à Monsieur V. de ne pas se rendre si souvent à cet établissement thermal.
7. Demandez à Liz si elle s'est bien amusée à Vichy.
8. Dites aux deux sœurs de se dépêcher de descendre.
9. Dites-leur de ne pas se dépêcher.

E.   Refaites les phrases suivantes d'après le modèle.

MODÈLE: Dépêchez-vous de descendre.
Il m'a dit de me dépêcher de descendre.

1. Rendez-vous à Bordeaux.
2. Abstenez-vous de boire du vin.
3. Soigne-toi à Vichy.
4. Dépêche-toi de monter dans le train.
5. Arrête-toi à Vichy.

F.   Refaites les phrases précédentes suivant le modèle.

MODÈLE: Ne vous dépêchez pas de descendre.
Il m'a dit de ne pas me dépêcher de descendre.

G.   Dans les phrases suivantes, remplacez **espérer** par **s'attendre à**.

MODÈLE: Elles espèrent retrouver leurs valises.
Elles s'attendent à retrouver leurs valises.

1. Il espérait voir le contrôleur.
2. Espérez-vous devenir bilingue?
3. N'espérez pas vous arrêter dans tous les cafés.
4. Si je laissais mes bagages dans mon compartiment, j'espérerais les retrouver.
5. Vous pouvez toujours l'espérer.

H.   Dans les phrases suivantes, remplacez **croire** par **se douter**.

MODÈLE: Je crois qu'ils auront beaucoup de clients.
Je me doute qu'ils auront beaucoup de clients.

1. Nous croyions que les valises étaient perdues.
2. Nous avons cru que ce jeune homme était un gangster.
3. Dans leur cas, je le croirais. *en*
4. Moi, je ne l'ai pas cru.   *se douter de*

5. Croyiez-vous que ses études de français lui seraient utiles au cours de son voyage?

I. Dans les phrases suivantes, remplacez les mots en italique par les expressions qui vous sont données.
1. Il a été obligé de se passer de *vin.*   *s'en passer*
   sa famille / matières grasses / ses vêtements / tout / en
2. Qu'est-ce qui s'est passé *hier?*
   chez lui / lundi dernier / samedi soir / pendant notre absence
3. Je me demandais si *nous allions retrouver notre sac.*
   ce jeune homme était un gangster / on allait apporter des rafraîchissements / elle avait des connaissances approfondies

Les emplois de *tout* [6.3]

A. Dans les phrases suivantes, ajoutez l'adjectif **tout** aux noms soulignés.
MODÈLE: Les passagers sont descendus.
   Tous les passagers sont descendus.

1. L'eau est distribuée à l'établissement thermal.
2. Il a bu le vin.
3. Nous avons perdu nos possessions.
4. Les voyageurs sont installés.
5. Notre année à Marseille a été très agréable.

B. Refaites les phrases suivantes en remplaçant l'adjectif **tout** par le pronom correspondant.
MODÈLE: Tous les passagers sont descendus.
   Ils sont tous descendus.

1. Toutes nos possessions sont perdues.
2. Tous mes amis sont mariés.
3. Tout le vin est bu.
4. Toute la ville est sous la pluie.
5. Tous les voyageurs se bousculaient.

C. Dans les phrases suivantes, ajoutez l'adverbe **tout** aux adjectifs soulignés.
MODÈLE: C'est une fille simple.
   C'est une fille toute simple.

1. La ville entière était sous la pluie.
2. Il était content de parler anglais avec nous.
3. Elles s'en trouvent rajeunies.
4. Elle est rentrée débraillée et hagarde.
5. Nous sommes contents de vous savoir heureuse.

7.

Les fonctionnaires de la S.N.C.F.*

Nous imaginions tout un complot: le jeune Français que nous avions rencontré dans le train faisait partie d'une bande de voleurs qui dévalisaient les voyageurs. Probablement, à l'heure actuelle, lui et le reste de la bande se partageaient nos affaires! Toutefois, nous n'avions rien à faire à Marseille alors que nous connaissions une famille à Vichy. À toute vitesse, nous avons couru à l'autre train que nous avons attrapé au vol et nous avons fini par arriver à Vichy où nos amis nous attendaient et où ils ont réussi à nous calmer. Monsieur V. a téléphoné à la consigne de la gare de Lyon, et, le croiriez-vous? Après une assez longue conversation, il a fini par nous annoncer que nos sacs se trouvaient en lieu sûr. Un employé avait parcouru le train qui s'était vidé de ses voyageurs, avant que ceux qui devaient descendre sur le midi ne soient admis. Il avait trouvé nos sacs, et les avait tout bonnement mis à la consigne. D'après la description faite par Monsieur V., le préposé à la consigne les avait reconnus et tout était pour le mieux.

Nous avons donc passé trois jours à Vichy, mais sans pouvoir nous changer car, bien entendu, tous nos vêtements étaient restés à Lyon. J'espère que nous n'avons pas fait honte aux V. Nous portions des vêtements innommables: chemises froissées, pantalons délavés, sandales usées, nous étions affreuses. Enfin! ils n'ont pas eu l'air de nous en tenir rigueur. Au contraire, ils nous ont invitées dans des restaurants formidables où nous avons fait honneur aux repas plantureux tandis que Monsieur V. qui était au régime

---

Suite du récit de Liz Flowers.
S.N.C.F.: Société Nationale des Chemins de fer Français.

mangeait ses carottes et buvait son eau de Vichy. Les gens nous regardaient un peu, mais il m'a semblé que c'était avec indulgence.

Trois jours plus tard, nous avons repris le même train pour nous rendre à Lyon d'abord afin de récupérer nos sacs, puis à Paris, en route pour les États-Unis. Arrivées à Lyon, nous nous sommes précipitées à la consigne où, sur une sorte de banquette, trônaient nos sacs. Nous les avons vus tout de suite. Ils étaient gardés à vue par un employé coiffé de la casquette bien connue de la S.N.C.F.

— Nos sacs, Monsieur, s'il vous plaît. Ces sacs sont à nous, donnez-les-nous vite, il faut que nous prenions le train dans quelques minutes.

— Vos sacs? Mais qu'est-ce qui me dit que ces sacs sont à vous? Vous avez des papiers d'identité?

— Voici nos passeports américains.

— Bon. D'accord. Mais il n'y a rien d'écrit sur ces passeports qui indique que vous avez perdu des sacs comme ceux-ci.

— Monsieur V. vous a téléphoné de Vichy pour vous dire que nous viendrions aujourd'hui les chercher.

— Je suppose qu'il a parlé à mon patron, mais il n'est pas là. C'est aujourd'hui samedi et il ne revient pas avant lundi. Vous repasserez. D'ailleurs il est 6 heures et la consigne va fermer.

Sur ce, il nous ferme la porte au nez.

Eh! bien oui. Il a fallu que nous restions à Lyon jusqu'au lundi suivant, toujours avec les mêmes vêtements que nous portions depuis six jours. Nous avons trouvé une auberge de la jeunesse qui a bien voulu nous héberger et, le lundi matin, une des directrices est venue à la consigne avec nous. Nous avons pu parler à l'employé auquel Monsieur V. avait téléphoné. Il nous a rendu nos sacs à dos.

Pendant tout le voyage de Lyon à Paris, nous avons raconté notre aventure aux gens qui voyageaient avec nous. Ces braves Français étaient indignés. "Ah! là, là! disaient-ils. C'est bien ça, l'administration! Ces fonctionnaires se croient tout permis. Et encore quand ils ne sont pas en grève!" Moi, j'étais d'accord. Il me semblait qu'aux États-Unis, tout aurait été plus simple. Nous aurions retrouvé nos sacs sans peine. La bureaucratie est moins rigide. Mais ma sœur qui est plus francophile que moi me disait au contraire: "Ma pauvre fille, si tu avais laissé des bagages dans un train entre New York et Washington, tu aurais toujours pu courir pour les retrouver! On te les aurait volés et puis bonsoir!"

QUESTIONS

1. Quel complot les deux sœurs imaginaient-elles? 2. Dans le doute, quelle décision ont-elles prise? 3. Qu'est-ce que Monsieur V. a fait pour retrouver les bagages? 4. Comment les sacs des deux sœurs ont-ils fini par

arriver à la consigne? 5. Pourquoi les jeunes filles avaient-elles peur de faire honte à leurs hôtes? 6. Comment le régime des deux Américaines contrastait-il avec celui de Monsieur V.? 7. Quelle a été l'attitude des gens envers elles? 8. Pourquoi les deux sœurs sont-elles retournées à Lyon? 9. Pourquoi l'employé de la S.N.C.F. ne voulait-il pas leur rendre leurs sacs? 10. Comment cet employé a-t-il abrégé le dialogue? 11. Comment les jeunes filles ont-elles passé le week-end qui a suivi? 12. Comment ont-elles fini par rentrer en possession de leurs bagages? 13. Qu'ont dit les Français à qui elles ont raconté leur mésaventure? 14. Pourquoi Liz pensait-elle que tout aurait été plus simple aux États-Unis? 15. Comment l'opinion de sa sœur différait-elle de la sienne?

EXPLICATIONS

7.1 Pronoms démonstratifs

A. Les formes des pronoms démonstratifs sont:

	SINGULIER	PLURIEL
masculin	celui-ci	ceux-ci
	celui-là	ceux-là
féminin	celle-ci	celles-ci
	celle-là	celles-là

Voici deux sacs. *Celui-ci* est rouge, *celui-là* est bleu.
Voici des valises. *Celles-ci* sont pratiques. *Celles-là* le sont moins.

NOTE: Ne confondez pas les adjectifs démonstratifs avec les pronoms démonstratifs. Remarquez que chaque adjectif démonstratif a un pronom correspondant:

ce livre-*ci* (*ce* livre-*là*) → *celui-ci* (*celui-là*)
cette grammaire-*ci* (*cette* grammaire-*là*) → *celle-ci* (*celle-là*)
ces livres-*ci* (*ces* livres-*là*) → *ceux-ci* (*ceux-là*)
ces grammaires-*ci* (*ces* grammaires-*là*) → *celles-ci* (*celles-là*)

On emploie **ceci** ou **cela** (familièrement **ça**) pour indiquer quelque chose qui n'est pas mentionné exactement:

Voulez-vous **ceci** ou **cela**? (c'est-à-dire cette chose-ci ou cette chose-là)
Qu'est-ce que c'est que **ça**?

B. Avant une proposition introduite par **qui, que, dont, auquel**, etc, il faut omettre les particules **-ci** et **-là**.

Voici deux livres. **Celui qui** est neuf est à moi, **celui qui** est usé est à toi.

Tu vois ces livres? **Ceux que** j'ai pris à la bibliothèque sont déchirés.
Voici **celui auquel** je faisais allusion. Est-ce que c'est **celui dont** tu as besoin?

C. Il faut aussi omettre **-ci** et **-là** devant une préposition.

C'est **celle chez** qui nous avons déjeuné.
Voici **celle avec** qui il est sorti ce soir.

NOTE: Faites particulièrement attention à la préposition **de** qui exprime la possession. Ces phrases qui sont traduites en anglais par le cas possessif peuvent causer des erreurs.

Voici deux valises. **Celle de** Marie est rouge, **celle de** Paul est bleue.

7.2 Pronoms possessifs

À la différence de l'anglais, les pronoms possessifs s'accordent en genre et en nombre non pas avec le possesseur mais avec le possédé.

	SINGULIER	PLURIEL
masculin	le mien	les miens
	le tien	les tiens
	le sien	les siens
	le nôtre	les nôtres
	le vôtre	les vôtres
	le leur	les leurs
féminin	la mienne	les miennes
	la tienne	les tiennes
	la sienne	les siennes
	la nôtre	les nôtres
	la vôtre	les vôtres
	la leur	les leurs

Son père est en Amérique, **le mien** est en France.
Sa mère est à Vichy, **la mienne** est à Paris.
Ses parents sont en Suisse, **les miens** sont en Angleterre.

Pour exprimer que quelque chose *appartient à*, on emploie en général **être à** avec le pronom disjoint, plutôt que le pronom possessif.

Au lieu de dire "ce sac est le mien," on dit "ce sac est **à moi.**" (On établit ainsi qu'il m'appartient.)
Ce sac est **à toi.** (Il t'appartient.) **Le mien** est rouge.
Celui de Liz a été perdu dans le train. Celui-ci n'est pas **à elle.**

7.3 Le subjonctif présent

A. Les trois conjugaisons des verbes réguliers sont:

1re CONJUGAISON	2e CONJUGAISON	3e CONJUGAISON
(ils **retourn**ent)	(ils **choisiss**ent)	(ils **attend**ent)
que je retourne	que je choisisse	que j' attende
que tu retournes	que tu choisisses	que tu attendes
qu'il retourne	qu'il choisisse	qu'il attende
que nous retournions	que nous choisissions	que nous attendions
que vous retourniez	que vous choisissiez	que vous attendiez
qu'ils retournent	qu'ils choisissent	qu'ils attendent

Le subjonctif se forme à partir de la troisième personne du pluriel du présent de l'indicatif. On ajoute au radical les terminaisons -e, -es, -e, pour les première, deuxième, et troisième personnes du singulier, et -ent pour la troisième personne du pluriel. Les formes de la première personne (nous) et de la deuxième personne (vous) du pluriel sont identiques à l'imparfait.

Cette règle s'applique même à la plupart des verbes irréguliers, par exemple, les verbes **boire, prendre, venir**:

(ils **boiv**ent)	(ils **prenn**ent)	(ils **vienn**ent)
que je boive	que je prenne	que je vienne
que nous buvions	que nous prenions	que nous venions

Toujours en fonction des règles énoncées ci-dessus, il n'existe que huit verbes irréguliers au subjonctif: *avoir, être, faire, savoir, pouvoir, aller, vouloir,* et *valoir.*

Les verbes **avoir** et **être** au subjonctif présent:

avoir		être	
que j'	**aie**	que je	**sois**
que tu	**aies**	que tu	**sois**
qu'il	**ait**	qu'il	**soit**
que nous	**ayons**	que nous	**soyons**
que vous	**ayez**	que vous	**soyez**
qu'ils	**aient**	qu'ils	**soient**

Consultez l'appendice et apprenez la conjugaison des six autres verbes qui sont irréguliers au subjonctif.

B. Le subjonctif s'emploie dans une proposition subordonnée introduite par certains verbes.

Observez la phrase suivante: *Il dit que tu viendras*. Cette phrase contient une proposition principale (*il dit*) et une proposition subordonnée (*tu viendras*).

La proposition principale indique une certitude, un fait. La proposition subordonnée est donc à l'indicatif: ici, au futur de l'indicatif.

Autre exemple: *Il sait que tu es venu. Il sait* indique une certitude, *tu es venu* exprime un fait certain. La proposition subordonnée est au passé composé de l'indicatif.

Par contre, observez la phrase suivante: *Il doute que tu viennes.* La proposition principale (*il doute*) exprime une incertitude. La proposition subordonnée (*que tu viennes*) est au subjonctif.

C'est donc le verbe de la proposition principale qui détermine si la proposition subordonnée sera au subjonctif: si le verbe de la proposition principale indique un doute, un désir, une émotion, le verbe de la proposition subordonnée est au subjonctif.

Notez que le sujet de la proposition subordonnée au subjonctif n'est pas le même que celui de la proposition principale.

Il veut que **tu** viennes demain.

Si le sujet est le même dans les deux propositions, on emploie l'infinitif.

Il veut venir demain.

Les verbes suivants employés dans une proposition principale déterminent le subjonctif dans la proposition subordonnée:

Verbes exprimant le doute:
douter
croire (négatif et interrogatif)
penser (négatif et interrogatif)

NOTE: Les verbes **croire, penser,** (de même que **être sûr, espérer, trouver**) déterminent toujours l'indicatif lorsqu'ils sont employés à la forme affirmative. Ils sont souvent mais *pas toujours* suivis du subjonctif lorsqu'ils sont employés à la forme négative ou à la forme interrogative, d'après le degré de doute que l'on veut exprimer.

Verbes exprimant un désir ou un ordre:

aimer	insister	souhaiter	vouloir
exiger	désirer	se réjouir	tenir (à ce que)

Verbes exprimant une émotion:

être désolé	être content	regretter
être enchanté	être heureux	avoir peur
être fâché	être surpris	craindre

Expressions impersonnelles exprimant la possibilité, la probabilité, le caractère désirable et l'obligation:

il faut	il est essentiel	il semble	il suffit
il vaut mieux	il est (im)possible	il est regrettable	
il est nécessaire	il est important	il est rare	
il est dommage	il est naturel	il est étrange	

Le subjonctif présent s'emploie pour une idée présente ou future. Les autres temps du subjonctif seront étudiés au Chapitre 7 (passé composé du subjonctif) et au Chapitre 10 (imparfait et plus-que-parfait du subjonctif).

C. Le subjonctif s'emploie dans une proposition subordonnée introduite par certaines conjonctions.

Conjonctions déterminant le subjonctif:

afin que	de crainte que	pour que
à moins que	de peur que	pourvu que
avant que	jusqu'à ce que	quoique
bien que	malgré que	sans que

Conjonctions déterminant l'indicatif:

après que	pendant que
aussitôt que	tandis que
dès que	

Je le verrai à condition qu'il le veuille.
Je le verrai dès qu'il le voudra.

D. Le subjonctif s'emploie si la proposition principale est au superlatif.

C'est le train le plus rapide que nous **ayons** pris.
Ma sœur est la fille la plus francophile que je **connaisse**.

E. Les adjectifs **seul, premier, dernier** déterminent généralement le subjonctif dans la proposition subordonnée.

C'est le seul employé qui **fasse** bien son travail.
C'est le premier train qui **soit** parti à l'heure.

F. Les expressions **il est probable** et **il me semble** déterminent le subjonctif à la forme négative.

Il est probable que Monsieur V. **viendra** à la gare de Vichy.
Il n'est pas probable qu'il **vienne** jusqu'à Lyon avec nous.

EXERCICES

Pronoms démonstratifs [7.1]

A. Refaites les phrases suivantes en remplaçant les noms et les adjectifs démonstratifs par des pronoms démonstratifs.

MODÈLE: Cet homme-ci est honnête, cet homme-là est un voleur.
Celui-ci est honnête, celui-là est un voleur.

1. Cette fille-ci est Française, cette fille-là est Américaine.

2. Vous pouvez suivre votre régime dans ce restaurant-ci mais pas dans ce restaurant-là.
3. Ces voyageurs-ci descendent à Lyon, ces voyageurs-là descendent à Marseille.
4. Ne parlez pas à cet employé-ci, parlez à cet employé-là.
5. Montrez-moi ces papiers-ci, je n'ai pas besoin de ces papiers-là.

B. Dans les phrases suivantes, employez le pronom démonstratif.
MODÈLE: C'est l'employé qui nous a reçus.
C'est celui qui nous a reçus.

1. Ce sont les employés qui nous ont parlé.
2. Où sont les gens dont vous m'avez parlé?
3. Où sont les valises que vous avez apportées?
4. Où sont les gens auxquels vous deviez me présenter?
5. Voici l'employé à qui Monsieur V. a téléphoné.
6. Montrez votre passeport à l'employé qui est à la consigne.
7. Venez voir la voiture que j'ai achetée.
8. Il m'a apporté l'aide dont j'avais besoin.
9. C'est un voyage auquel je pense depuis longtemps.
10. C'est le séjour qui m'a été le plus profitable.

C. Dans les phrases suivantes, employez le pronom relatif avec la préposition **de**.
MODÈLE: Voici le sac à dos de ma sœur.
Voici celui de ma sœur.

1. Il est à la consigne de la Gare de Lyon.
2. Avez-vous parlé aux employés de la Gare de Lyon?
3. Que pensez-vous des règlements de la S.N.C.F.?
4. Apportez les bagages des passagers.
5. Où est l'entrée de la consigne?
6. Croyez-vous que l'employé du train était honnête?
7. Mettez les valises des voyageurs à la consigne.
8. Il porte la casquette des employés de la S.N.C.F.

Pronoms possessifs [7.2]

A. Refaites les phrases suivantes selon le modèle en employant des pronoms possessifs.
MODÈLE: Nos sacs sont à la consigne.
Les nôtres sont à la consigne.

1. Mon régime est très sévère.
2. Mes chemises sont froissées.
3. Ses sandales sont usées.

4. Dans notre pays, la bureaucratie est moins rigide.
5. C'est écrit sur nos passeports.

B. Remplacez les noms par des pronoms possessifs.

1. Si tu viens à mon auberge, je viendrai à ton auberge.
2. Si tu téléphones à mes amis, je téléphonerai à tes amis.
3. Nous leur avons parlé de nos voyages et ils nous ont parlé de leurs voyages.
4. Nous pensions à nos parents et elles pensaient à leurs parents.
5. Ils parleront à leurs employés et tu parleras à tes employés.

Le subjonctif présent [7.3]

A. Mettez les phrases suivantes au pluriel d'après le modèle.
MODÈLE: Il faut que je parle avec lui.
Il faut que nous parlions avec lui.

1. Il faut que tu descendes du train.
2. Il faut qu'il demande des renseignements.
3. Il faut que je retourne à Lyon.
4. Il faut que tu réussisses à retrouver les sacs.
5. Il faut qu'il se réjouisse d'avoir retrouvé son sac.

B. Dans les phrases suivantes, remplacez l'impératif par le subjonctif d'après le modèle.
MODÈLE: Imaginez un complot.
Je voudrais que vous imaginiez un complot.

1. Attrapez ce train.
2. Parlez plus lentement.
3. Finissez votre travail.
4. Suivez ce régime.
5. Racontez-nous vos aventures.
6. Rentrons rapidement.
7. Précipitons-nous à la consigne.
8. Levons-nous de bonne heure.

C. Refaites les phrases suivantes en les mettant au subjonctif d'après le modèle.
MODÈLE: Je cours à l'autre train.
Il faut que je coure à l'autre train.

1. Je suis admis.
2. Il nous reconnaît.
3. Nous faisons honneur au déjeuner.
4. Vous savez où se trouve la consigne.
5. Je prends ce train.

D.   Refaites les phrases suivantes en employant **croire** au négatif d'après le modèle.

MODÈLE: Il viendra souvent.
Je ne crois pas qu'il vienne souvent.

1. Cela vaudra très cher.
2. Tous nos vêtements seront perdus.
3. Ils les verront sur la banquette.
4. Ils seront gardés à vue par l'employé.
5. Nous irons à Vichy l'année prochaine.

E.   Aux verbes soulignées, substituez les verbes indiqués et mettez la proposition subordonnée soit à l'indicatif, soit au subjonctif.

1. Il dit que tu viendras demain. (*Proposition subordonnée à l'indicatif*)
2. Il veut que tu viennes demain. (*Proposition subordonnée au subjonctif*)
   il pense / il désire / il regrette / il est content / il sait / il espère / il croit / il ne croit pas / il doute / il est sûr

F.   Faites le même exercice avec les phrases suivantes:

1. Il dit que tu fais tout le travail.
2. Il veut que tu fasses tout le travail.
   il doute / il croit / il est sûr / il ne croit pas / il espère / il pense / il regrette / il sait / il désire / il est content

G.   Changez le sens des phrases suivantes d'après le modèle.
MODÈLE: Je voudrais qu'il fasse partie d'un groupe de voyageurs.
Je voudrais faire partie d'un groupe de voyageurs.

1. Je voudrais qu'il connaisse une famille à Vichy.
2. Je voudrais qu'il ait quelque chose à faire à Marseille.
3. Je voudrais qu'il prenne le train à la Gare de Lyon.
4. Je voudrais qu'il revienne souvent.
5. Je voudrais qu'il boive de l'eau de Vichy.

H.   Dans les phrases suivantes, remplacez **dès que** par **avant que**.
MODÈLE: Je le verrai dès qu'il viendra.
Je le verrai avant qu'il vienne.

1. Venez me voir dès que vous serez inscrit.
2. Partez dès qu'il fera jour.
3. Rentrez dès que le soleil se couchera.
4. Nous partirons dès qu'il recevra l'argent.
5. Prévenez-moi dès qu'il ira plus mal.

I.   Changez les phrases suivantes d'après le modèle.
MODÈLE: Il fait bien son travail.
C'est le seul qui fasse bien son travail.

1. Il suit un régime.
2. Il part toujours à l'heure.
3. Il sait ouvrir cette valise.
4. Il peut venir nous accompagner.
5. Il veut bien aller à la consigne avec nous.

J. Mettez les phrases suivantes à la forme négative.

MODÈLE: Il me semble qu'il pleut souvent ici.
    Il ne me semble pas qu'il pleuve souvent ici.

1. Je suis sûr qu'il fait très chaud chez eux.
2. Je crois qu'il tiendra sa promesse.
3. Je pense qu'il viendra dîner.
4. Je trouve qu'ils sont très gentils.
5. Je crois qu'il peut travailler dans sa chambre.

8.

Le tour de France en auto-stop

On nous avait dit que c'était impossible, mais nous y avons réussi, mon copain et moi: nous avons fait le tour de France en auto-stop, le sac au dos. Nous venions d'Allemagne où nous avions passé quelques jours chez des amis de mon camarade et ils nous avaient dit que nous aurions bien de la chance si des automobilistes s'arrêtaient pour nous prendre, car les Français n'aiment pas être retardés par des arrêts et des détours quand ils conduisent. De plus, ils sont méfiants et ils n'ont aucune confiance dans les étrangers.

Nous avons passé la frontière franco-allemande un peu avant Strasbourg, et nous nous sommes mis au bord de la route du Sud. Nous avons attendu quelques minutes seulement et un monsieur et une dame se sont arrêtés pour nous faire monter. La façon dont ils parlaient nous a un peu étonnés, et ce n'est qu'après quelques minutes que nous avons compris que leur langue n'était ni le français ni l'allemand, mais l'alsacien, qui est un dialecte encore très vivant dans l'est de la France.

Ils nous ont laissés à Dijon et nous n'avons pas attendu très longtemps avant qu'un camion nous prenne. Nous avons roulé des heures, étendus à l'arrière, et nous nous sommes endormis profondément. Ce camion a roulé toute la nuit et nous étions dégoûtants et affamés quand nous sommes arrivés dans le Midi et qu'il nous a laissés à Toulon. Mais là, il y avait la mer, le soleil et la plage. Nous avons dévoré du pain, du saucisson, du fromage, et nous nous sommes lavés aux douches publiques qui se trouvent sur les plages et qui sont gratuites. Nous avons passé plusieurs jours dans le Midi, en allant de plage en plage, et c'était merveilleux. Nous avons fait la connais-

Raconté par Peter Scott, étudiant de quatrième année.

sance de beaucoup de jeunes de notre âge qui partageaient avec nous leurs provisions, et quelquefois leurs tentes, car beaucoup d'entre eux faisaient du camping.

C'est ainsi que nous sommes arrivés à Marseille. De là, nous avons voulu nous rendre à la frontière espagnole. On nous avait dit d'arborer un petit drapeau américain, en nous tenant au bord de la route, pour indiquer que nous venions des États-Unis, et c'est ce que nous avons fait. Eh! bien, malgré cela, nous avons attendu des heures et des heures. Nous commencions à désespérer. Mais tout à coup, vers 5 heures du soir, voilà que nous entendons un bruit sec, et que nous voyons arriver sur nous une voiture qui fait des embardées dans tous les sens. La voiture finit par s'arrêter à quelques pas de nous. Il en descend un petit homme jurant et gesticulant. Il enlève sa veste, ouvre le coffre de la voiture, en sort des outils et se met à changer un pneu éclaté. Naturellement, nous saisissons l'occasion et nous offrons de l'aider. Le pneu une fois remplacé, il n'a pas pu faire moins que de nous laisser monter dans sa voiture. Il n'était pas plutôt au volant qu'il nous a dit que notre petit drapeau ne l'impressionnait guère: "Moi, voyez-vous, je suis communiste." Il nous a dit tout le mal qu'il pensait des "impérialistes américains." Nous avons essayé de défendre notre pays, mais je ne sais pas si nous l'avons convaincu. Il nous a dit d'ailleurs que ses critiques n'avaient rien de personnel et il nous a invités à dîner dans un restaurant de Montpellier où nous avons fait un repas excellent pendant qu'on réparait son pneu. Ensuite, il nous a conduits jusqu'à Carcassonne.

La partie suivante de notre périple a été moins intéressante. Des touristes espagnols nous ont conduits dès le lendemain de Carcassonne à Bordeaux, mais nous n'avons pas pu parler avec eux: ils ne parlaient ni anglais ni français et nous ne connaissions pas l'espagnol. Ces difficultés de langage nous ont fait comprendre les problèmes des Européens quand il leur faut s'entendre! Mais à Bordeaux ces Espagnols nous ont conduits chez un prêtre de leurs amis qui nous a gardés deux jours chez lui.

Les discussions avec le prêtre en question ont été fascinantes. C'était un homme très cultivé qui voyageait beaucoup et qui avait visité le monde entier à l'occasion de congrès internationaux. Il nous a semblé très progressiste, et très souvent en contradiction avec le Vatican. Justement, il devait se rendre en Hollande pour un congrès avec des prêtres hollandais qui comptent parmi eux des contestataires très engagés. Il aurait pu nous conduire jusqu'en Hollande mais il nous a laissés à Paris car nous devions rentrer aux États-Unis et il nous fallait prendre l'avion. Toutefois, nous lui avons donné notre adresse aux États-Unis et j'espère qu'il viendra nous rendre visite au cours de l'un de ses prochains voyages sur notre continent.

En somme, je ne conseillerais pas à tout le monde de faire de l'autostop. Mais nous, nous avons eu de la chance. Nous sommes tombés sur des gens gentils, serviables et intéressants.

QUESTIONS

le tour de France en auto-stop

1. Qu'est-ce que Peter et son copain ont réussi à faire? 2. Quelles remarques pessimistes leur avait-on faites sur l'auto-stop en France? 3. Depuis combien de temps attendaient-ils quand, près de Strasbourg, des gens se sont arrêtés? 4. Pourquoi la façon dont ils parlaient a-t-elle étonné les deux garçons? 5. Qu'est-ce que c'est que l'alsacien? 6. Que s'est-il passé à Dijon? 7. Dans quel état les deux amis sont-ils arrivés dans le Midi? 8. Comment se sont-ils réconfortés? 9. Pendant combien de temps sont-ils restés dans le Midi? 10. Pourquoi leur séjour dans le Midi a-t-il été merveilleux? 11. À Marseille, comment ont-ils indiqué qu'ils étaient américains? 12. Qu'est-ce qui a causé le bruit sec qu'ils ont entendu tout à coup? 13. Comment les deux amis ont-ils réussi à monter dans la voiture? 14. Quelle conversation ont-ils eue dans la voiture? 15. Comment le conducteur de l'auto leur a-t-il prouvé que ses critiques n'avaient rien de personnel? 16. Quel obstacle ont-ils rencontré au cours de la partie suivante de leur périple? 17. Pourquoi les discussions avec le prêtre ont-elles été fascinantes? 18. Pourquoi le prêtre devait-il aller en Hollande? 19. Pourquoi ont-ils donné à ce prêtre leur adresse aux États-Unis? 20. Quelle est la conclusion des deux garçons en ce qui concerne l'auto-stop en France?

EXPLICATIONS

8.1 Temps composés

À chaque temps simple correspond un temps composé.

A. Indicatif.

1) Au *présent* correspond le *passé composé*. Le passé composé se forme avec le présent de l'auxiliaire et le participe passé.

PRÉSENT	PASSÉ COMPOSÉ
nous choisissons	nous avons choisi

2) À l'*imparfait* correspond le *plus-que-parfait*. Le plus-que-parfait se forme avec l'imparfait de l'auxiliaire et le participe passé.

IMPARFAIT	PLUS-QUE-PARFAIT
nous choisissions	nous avions choisi

3) Au *futur* correspond le *futur antérieur*. Le futur antérieur se forme avec le futur de l'auxiliaire et le participe passé.

FUTUR
nous choisirons

FUTUR ANTÉRIEUR
nous aurons choisi

4) Au *conditionnel* correspond le *conditionnel passé*. Le conditionnel passé se forme avec le conditionnel de l'auxiliaire et le participe passé.

CONDITIONNEL
nous choisirions

CONDITIONEL PASSÉ
nous aurions choisi

Le sens de ces verbes correspond en général à celui qu'ils ont en anglais pour les temps correspondants. Toutefois, la construction avec **depuis** présente un cas particulier, comme nous le verrons dans la section 8.2.

B. Subjonctif.

1) Au *subjonctif présent* correspond le *subjonctif passé*.

PRÉSENT
Il est ravi que vous veniez.
Il veut que vous veniez demain.

PASSÉ
Il est ravi que vous soyez venu.
Il sera ravi que vous soyez venu.

Le subjonctif présent s'emploie si l'action de la proposition du subjonctif a lieu en même temps ou après celle qui est exprimée par le verbe de la proposition principale:

Il veut (*aujourd'hui*) que vous veniez (*aujourd'hui ou demain*).

Le subjonctif passé s'emploie si l'action de la proposition du subjonctif a lieu avant celle qui est exprimée par le verbe de la proposition principale:

Il est ravi (*aujourd'hui*) que vous soyez venu (*hier*).

En somme, le temps du subjonctif ne dépend pas du verbe de la proposition principale. Il dépend du rapport chronologique entre les deux verbes.

2) Le subjonctif existe aussi à l'*imparfait* et au *plus-que-parfait*. Ces temps dits "littéraires" ne sont guère employés dans la langue parlée. Nous vous en parlerons au Chapitre 10.

8.2 Construction avec *depuis*

A. Depuis avec le présent. Observez les phrases suivantes:

—Que fais-tu?
—J'attends.
—Qu'est-ce que tu attends?
—J'attends qu'une voiture s'arrête.
—Depuis quand attends-tu?
—J'attends depuis midi. Je suis ici depuis midi.

On emploie **depuis** avec le présent pour indiquer qu'une action qui a commencé dans le passé continue dans le présent.

Avec le futur ou le passé composé, dites **pendant** au lieu de **depuis**.

Ils ont attendu pendant longtemps.
Ils attendront pendant longtemps.
mais: Ils attendent depuis longtemps.

Toutefois, dans une phrase *négative*, on peut mettre le passé composé avec **depuis**.

Je n'ai pas vu de voiture depuis dix minutes.

B. **Depuis** avec l'imparfait.   Observez les phrases suivantes:

—Que faisais-tu hier quand il pleuvait si fort?
—J'attendais.
—Qu'est-ce que tu attendais?
—J'attendais qu'une voiture s'arrête.
—Depuis quand attendais-tu quand une voiture a fini par s'arrêter?
—J'attendais depuis midi. J'étais au bord de la route depuis midi quand une voiture a fini par s'arrêter.

On emploie **depuis** avec l'imparfait pour indiquer qu'une action commencée dans le passé continuait toujours lorsqu'une autre action a eu lieu.

C. **Depuis quand** (*date*) et **depuis combien de temps**. En principe, à la question **depuis quand** on répond par une date ou une heure précise et à la question **depuis combien de temps** on répond par un laps de temps.

—**Depuis quand** habitez-vous ici?   —Depuis 1970.
—**Depuis combien de temps** habitez-vous ici?   —Depuis 15 ans.

En fait, cette distinction est souvent inutile car les deux réponses tout en étant différentes donnent le même renseignement. Si vous désirez une réponse vraiment précise, dites **depuis quelle heure?**   **depuis quelle année?**

8.3 Présent historique

On emploie des verbes au présent pour donner davantage de relief à des actions qui ont eu lieu dans le passé. On donne ainsi au récit une sorte de "présence."

Tout à coup, vers 5 heures du soir, voilà que nous voyons arriver sur nous une voiture qui fait des embardées dans tous les sens. La voiture finit par s'arrêter à quelques pas de nous. Il en descend un petit homme jurant et gesticulant. Il enlève sa veste, ouvre le coffre de la voiture, en sort des outils et se met à changer un pneu éclaté.

Dans le passage ci-dessus, l'emploi du présent donne une certaine vivacité à l'action qui semble se dérouler plus vite que si l'on employait le passé composé.

8.4 Problèmes posés par les phrases interrogatives

A. *Phrases interrogatives simples.* Rappelez-vous qu'avec **est-ce que** il n'y a pas d'inversion.

> Est-ce qu'il viendra à la gare?
> Est-ce que Monsieur V. viendra à la gare?

Sans **est-ce que** il y a inversion et il faut ajouter **-t-** à la troisième personne du singulier des verbes qui ne se terminent pas par **-t-** ou **-d**.

> Parle-t-on français à Strasbourg?

Quand un nom est le sujet, l'ordre des mots est nom, verbe, pronom.

> Peter fait-il souvent de l'auto-stop?

B. *Phrases interrogatives introduites par un adverbe interrogatif* (**où**, **quand**, **comment**, *etc.*) Il reste possible d'employer **est-ce que**.

> Quand est-ce qu'il viendra?

Mais cette phrase est un peu gauche et il vaut mieux dire:

> Quand viendra-t-il?

De même, avec un nom sujet, on peut garder **est-ce que**.

> Quand est-ce que la voiture s'est arrêtée?

Mais il vaut mieux dire:

> Quand la voiture s'est-elle arrêtée?

Enfin, avec les adverbes interrogatifs, on peut aussi adopter l'ordre suivant:

> Où va Monsieur V?
> Quand part le prochain train?

Mais si le verbe a un objet, l'ordre sera de nouveau nom, verbe, pronom.

> Où Monsieur V. va-t-il faire une cure?
> Quand le prochain train part-il pour Paris?

C. *Phrases interrogatives introduites par des pronoms interrogatifs.*

1) Lorsque le sujet de la phrase est un nom, l'ordre des mots varie selon que le pronom est **qui** ou **que**.

> **Qui** Jean regarde-t-il?
> **Qui** les voyageurs ont-ils rencontré?
> *mais*:

Que regarde Jean?
Qu'ont fait les voyageurs?

Avec **qu'est-ce que**, en principe, il n'y a pas d'inversion.

Qu'est-ce que vous avez vu?
Qu'est-ce que Peter aurait voulu faire?

Toutefois, si le sujet est plus long que le verbe, on place en général le verbe avant le sujet.

Qu'est-ce que disent les gens qui font de l'auto-stop?

2) Ne confondez pas les pronoms interrogatifs avec les adjectifs interrogatifs. Dans les phrases suivantes, observez les pronoms interrogatifs:

Parmi ces automobilistes, **lesquels** s'arrêteront? **Auxquels** parlerons-nous? **Desquels** faudra-t-il se méfier? **Avec lesquels** pourrons-nous voyager?

Dans les phrases suivantes, observez les adjectifs interrogatifs. Comparezles aux pronoms interrogatifs des phrases précédentes.

Quels sont les automobilistes les plus prudents? **Avec quels** automobilistes peut-on voyager? **À quels** automobilistes parleras-tu? **De quels** automobilistes faut-il se méfier?

3) **Qu'est-ce que c'est que** est une forme d'interrogation spéciale pour demander une description ou une définition.

Qu'est-ce que c'est qu'un camion?
Qu'est-ce que c'est que des impérialistes?

Qu'est-ce que c'est que reste invariable. Il est quelquefois remplacé par **qu'est-ce que** dans les phrases plus cérémonieuses.

Qu'est-ce que la littérature?

D. *L'interrogation indirecte.*

1) Les mots.

a. À l'interrogation directe **est-ce que** correspond l'interrogation indirecte **si**.

Est-ce qu'il fait de l'auto-stop?
Je ne sais pas **s'**il fait de l'auto-stop.*
Est-ce qu'elle est passée par Carcassonne?
Je ne sais pas **si** elle est passée par Carcassonne.

b. À l'interrogation directe **qu'est-ce que** et **qu'est-ce qui** correspond l'interrogation indirecte **ce que** et **ce qui**.

Qu'est-ce qu'il dit?
Je ne sais pas **ce qu'**il dit.
Qu'est-ce qui l'a empêché d'aller on Espagne?
Je ne sais pas **ce qui** l'a empêché d'aller en Espagne.

---

*Si devient *s'* seulement devant *il* et *ils.*

c. À l'interrogation directe **qui** correspond l'interrogation indirecte **qui**, mais l'ordre des mots n'est pas inverti.

> **Qui** ont-ils rencontré à Marseille?
> Je ne sais pas **qui** ils ont rencontré à Marseille.

d. La règle est la même si la question est introduite par un adverbe interrogatif.

> **Comment** répare-t-on cette voiture?
> Je ne sais pas **comment** on répare cette voiture.

2) Les temps.

Dans l'interrogation indirecte, de même que dans tout le discours indirect, la concordance des temps s'opère de la même façon, sauf après un verbe *au passé*. Elle s'opère alors de la façon suivante:

Le PRÉSENT est remplacé par l'IMPARFAIT.

> Je leur ai demandé: "Venez-vous?" (*discours direct*)
> Je leur ai demandé s'ils venaient. (*discours indirect*)

Le FUTUR est remplacé par le CONDITIONNEL.

> Je leur ai demandé: "Viendrez-vous?" (*discours direct*)
> Je leur ai demandé s'ils viendraient. (*discours indirect*)

Le PASSÉ COMPOSÉ est remplacé par le PLUS-QUE-PARFAIT.

> Je leur ai demandé: "Êtes-vous venus?" (*discours direct*)
> Je leur ai demandé s'ils étaient venus. (*discours indirect*)

EXERCICES

Temps composés [8.1]

A. Dans les phrases suivantes, mettez le verbe (a) au passé composé, (b) au plus-que-parfait, (c) au futur antérieur, (d) au conditionnel passé. Servez-vous des mots en italique afin de mieux exprimer le sens des temps employés.

MODÈLE: Nous faisons le tour de la France.
L'année dernière, nous avons fait le tour de la France.
Nous avions *déjà* fait le tour de la France.
Nous aurons *bientôt* fait le tour de la France.
En ce cas-là, nous aurions fait le tour de la France.

1. Je passe quelques jours chez des amis.
2. Tu as de la chance.
3. Ce camion roule toute la nuit.
4. Nous défendons notre pays.

5. Vous saisissez l'occasion.
6. Ils sont communistes.
7. Je sors à 8 heures.
8. Tu viens nous voir.
9. Il se lave aux douches publiques.
10. Nous nous arrêtons au bord de la route.
11. Vous ne vous entendez pas avec eux.
12. Elles ne s'amusent guère en France.

B. Dans les phrases suivantes, mettez le subjonctif au passé.
MODÈLE: Je suis content que tu comprennes.
          Je suis content que tu aies compris.

1. Je suis content qu'il nous fasse monter dans sa voiture.
2. Je regrette que vous ne lui parliez pas.
3. J'attends que vous partiez.
4. Je suis ravi qu'ils arrivent de bonne heure.
5. Je suis content que ce camion s'arrête.
6. Je regrette que ces visiteurs ne s'amusent pas.

C. Refaites les phrases précédentes en mettant le verbe de la proposition principale à l'imparfait au lieu du présent.
MODÈLE: J'étais content que tu comprennes.
          J'étais content que tu aies compris.

NOTE: Puisqu'il s'agit du langage parlé sans cérémonie, le temps du subjonctif ne sera pas affecté par le changement. Dans un français plus cérémonieux que celui dont nous nous occupons ici, il faudrait mettre l'imparfait et le plus-que-parfait du subjonctif. Nous vous donnerons des explications supplémentaires à ce sujet au Chapitre 10.

Construction avec *depuis* [8.2]

A. Répondez aux phrases suivantes en vous servant des expressions indiquées.
MODÈLE: Est-il communiste depuis longtemps?
          (depuis les dernières élections)
          Il est communiste depuis les dernières élections.

1. Roule-t-il comme cela depuis longtemps?
   (depuis hier matin)
2. Faites-vous de l'auto-stop depuis longtemps?
   (depuis que nous sommes en France)
3. Conduis-tu depuis longtemps?
   (depuis que j'ai 16 ans)
4. Connaissez-vous ces Espagnols depuis longtemps?
   (depuis ce matin)

5. Voyage-t-il avec ces Alsaciens depuis longtemps?
   (depuis qu'ils l'ont pris sur la route)

B.   Dans les phrases suivantes, mettez le verbe d'abord au futur, puis au passé composé d'après le modèle.

MODÈLE: J'attends depuis dix minutes.
   J'attendrai pendant dix minutes.
   J'ai attendu pendant dix minutes.

1. Je suis chez mes amis depuis deux semaines.
2. Ils roulent depuis des heures.
3. Il fait de l'auto-stop depuis des mois.
4. Nous demeurons dans le Midi depuis plusieurs jours.
5. Ils visitent la Hollande depuis six semaines.

C.   Imitez le modèle en mettant le verbe principal de chaque phrase à l'imparfait.

MODÈLE: Il se tient sur le bord de la route.
   Il se tenait sur le bord de la route depuis dix minutes quand tu es arrivé.

1. Il t'attend à la frontière.
2. Il regarde passer les voitures.
3. Ils dorment profondément.
4. Ils agitent frénétiquement un petit drapeau américain.
5. Ils discutent avec un gendarme.

Présent historique [8.3]

Mettez les phrases suivantes tirées du récit au passé composé. Vous n'en changerez pas le sens, mais vous aurez l'impression de ralentir l'action.

"Tout à coup, vers cinq heures du soir, voilà que nous entendons un bruit sec, et que nous voyons arriver sur nous une voiture qui fait des embardées dans tous les sens. La voiture finit par s'arrêter à quelques pas de nous. Il en descend un petit homme jurant et gesticulant. Il enlève sa veste, ouvre le coffre de sa voiture, en sort des outils et se met à changer un pneu éclaté."

Problèmes posés par les phrases interrogatives [8.4]

A.   Posez les questions suivantes sans employer **est-ce que**.

MODÈLE: Est-ce que vous avez passé la frontière à Strasbourg?
   Avez-vous passé la frontière à Strasbourg?

1. Est-ce qu'on parle alsacien chez vous?
2. Est-ce vous venez d'Allemagne?

finally

3. Est-ce qu'un automobiliste a fini par vous prendre?

4. Est-ce que des gens se sont arrêtés?

5. Est-ce que vous vous êtes trouvé en contradiction avec le Vatican?

6. Quand est-ce que vous reviendrez aux États-Unis?

7. Où est-ce qu'il vous a laissé? *Où vous a-t-il laissé*

8. Comment est-ce que Peter a passé la frontière?

9. Où est-ce que le camion s'arrêtera? *-t-il*

10. Quand est-ce que la voiture a fini par s'arrêter? *Quand la voiture a-t-elle fini par s'arrêter.*

B. Dans les phrases suivantes, remplacez **qui est-ce que** par **qui** et **qu'est-ce que** par **que**.

MODÈLE: Qui est-ce que les voyageurs sont allés voir à Bordeaux?
Qui les voyageurs sont-ils allés voir à Bordeaux?

1. Qui est-ce que vous avez vu à Marseille? *Qui*

2. Qui est-ce que Peter a vu à Paris? *Qui*

3. Qu'est-ce que tu feras à Strasbourg? *Que*

4. Qu'est-ce que les deux amis ont fait? *Qu'ont-ils fait les deux amis?*

5. Qu'est-ce que ce Marseillais vous a dit? *Que vous a dit ce Marseillais?*

C. Dans les phrases suivantes, remplacez les noms soulignés par des pronoms interrogatifs. *Duquel font Peter et son copain?*

1. Peter et son copain font de l'auto-stop.

2. Peter a passé quelques jours chez des amis en Allemagne. *Qui*

3. L'alsacien est un dialecte de l'est de la France. *Qu'est-ce que c'est que*

4. La mer s'étendait devant nous. *Qu'est-ce qui* *l'Ala*

5. Vous avez trouvé un camion vide. *Qu'avez-vous trouvé?*

6. Les deux garçons ont entendu un bruit sec. *Qu'est-ce que*

7. Un garagiste répare la voiture. *Qu'est-ce qu'un garagiste répare?* *Qu'est-ce que*

8. Le petit homme a fait monter les deux garçons. *Qui le petit homme a-t-il fait monter?*

9. Nous avons fait un repas excellent à Marseille.

10. Ces touristes parlent anglais. *Que parlent ces touristes?*

D. Dans les phrases suivantes, remplacez les noms et les adjectifs interrogatifs par des pronoms interrogatifs.

MODÈLE: Quel pays préférez-vous?
Lequel préférez-vous?

1. Chez quels amis demeurez-vous? *?*

2. À quel garagiste vous adresserez-vous? *Auquel*

3. De quelles plages lui avez-vous parlé? *lesquelles*

4. Avec quel prêtre visiterez-vous le Vatican? *avec lequel*

5. Quelle ville avez-vous visitée la première?

E. Demandez à quelqu'un:

1. Ce qu'il regarde. *Qu'est-ce qu'il regarde?*

2. Ce que fait son camarade. *Qu'est-ce que*
3. Ce qui l'a forcé à rentrer aux États-Unis. *Qu'est-ce que*
4. Qui il a rencontré à Marseille. *Qui est-ce que*
5. Ce que c'est qu'un contestataire. *Qu'est-ce qui*
6. Qui ses amis ont vu au Vatican. *Qui est-ce que*
7. Ce qu'est la littérature. *Qu'est-ce que*

F. Posez les questions suivantes en commençant vos phrases par
savez-vous.
MODÈLE: Est-ce que cela sera possible?
Savez-vous si cela sera possible?

1. A-t-il réussi? *Savez-vous s'il a réussi?*
2. Où passerez-vous la frontière franco-allemande?
3. Qu'est-ce qu'ils ont mangé en arrivant?
4. Qu'est-ce qui fait ce bruit?
5. Pourquoi ne pouvaient-ils pas comprendre les Espagnols?
6. Avec qui sont-ils allés à Paris?
7. Est-ce qu'ils ont rencontré des gens serviables?
8. Les Espagnols ont-ils compris leurs difficultés?

G. Mettez les phrases suivantes au discours indirect d'après le modèle.
MODÈLE: Est-ce que c'est impossible?
Je lui ai demandé si c'était impossible.

1. As-tu réussi?
   Je lui ai demandé s'il .*avait réussi*
2. Êtes-vous allés à Strasbourg?
   Je leur ai demandé s'ils .*étaient allés à*
3. Irez-vous à Dijon? *Je lui ai dit s'il irait à Dijon*
4. Attendez-vous qu'une voiture s'arrête? *attendez*
5. Qu'est-ce que vous pensez des "impérialistes américains"? *ils pensait*
6. Qu'est-ce qui t'a retardé? *ce qui l'avait retardé*
7. Qui verrez-vous à la frontière espagnole? *Si verrez*
8. Est-ce que vous êtes prêts à partir avec nous?
   s'ils ont été prêts

9.

Quelques tortures bien françaises

L'année dernière, j'ai passé tout un semestre à Aix-en-Provence, une ville universitaire du sud de la France. J'avais été acceptée comme étudiante dans un groupe organisé par l'université américaine où je suis inscrite. Les étudiants de ce groupe suivent des cours en France et demeurent pendant ce temps dans une famille française. Ils doivent se rendre à l'université, passer des examens et recevoir des notes qui compteront pour leur diplôme américain.

Il semble donc que ma situation ait été tout à fait enviable. Pourtant, je ne peux pas dire que j'ai passé des mois enchanteurs à tous les points de vue. Je vais d'abord mentionner ce qui m'a déplu. Premièrement, la famille chez qui j'habitais ne jouissait pas du confort auquel j'étais habituée: je trouvais qu'il faisait très froid chez eux. Il n'y avait pas de chauffage dans ma chambre et ma propriétaire disait qu'avec le beau soleil du midi il était inutile de chauffer les chambres à coucher. Le beau soleil en question était loin de se montrer tous les jours, et j'étais frigorifiée la plupart du temps. De plus, ces gens tenaient absolument à ce que je sois sortie de ma chambre à neuf heures du matin au plus tard car à ce moment-là, ma propriétaire voulait que tous les lits de la maison soient faits et le ménage terminé. Je trouvais cette attitude tyrannique.

En second lieu, la langue française me posait quelques problèmes. J'avais reçu une excellente préparation dans mon université avant même de m'embarquer pour la France. Je n'avais guère de difficulté à comprendre ce que mes propriétaires me disaient, mais apparemment il n'en était pas de même pour eux. Quelquefois, je croyais même qu'ils le faisaient exprès. On me faisait

Récit de Joan Miller, étudiante de troisième année.

répéter une phrase trois ou quatre fois et puis on finissait par comprendre, alors suivait un vrai cours de phonétique: "Voyons! vous avez prononcé *blanc* comme *blond*, alors naturellement nous étions perdus. Répétez après moi, dites *blanc*, plus *blond*. Non, ce n'est pas ça. *Blanc, blond, blanc, blond, blanc, blond* . . ." Quelquefois, j'étais au bord des larmes.

Enfin, la fameuse cuisine française m'a posé plus d'un problème. Tous les dimanches mes propriétaires, qui étaient des gens d'une soixantaine d'années, recevaient leurs enfants mariés qui habitaient Marseille. Ceux-ci venaient avec leurs propres enfants et on passait la plus grande partie de la journée à table. Dès la veille, ma propriétaire préparait des plats de toutes sortes: terrines, pâtés, viandes aux sauces compliquées, crèmes, gâteaux, compotes, etc. Toute la matinée du dimanche se passait à confectionner des gratins, des salades, des assiettes de charcuterie, à dresser un couvert compliqué avec une nappe comme pour un mariage, à arranger des fruits sur des jattes, des fleurs dans des vases, vraiment, je trouvais que tout ça c'était du temps perdu, surtout qu'il s'agissait simplement de recevoir la famille proche, et moi, car j'étais toujours de la partie. En principe, je devais prendre mes repas à la Cité Universitaire, mais en fait, j'étais très souvent invitée, même en semaine, par mes propriétaires qui adoraient manger et pensaient que tout le monde était comme eux. Je dois dire que je me laissais volontiers tenter! Lorsque je suis rentrée aux États-Unis, et que ma mère est venue me chercher à l'aéroport, elle m'a regardée avec consternation. J'avais pris au moins cinq ou six kilos. Ma mère a immédiatement vidé notre réfrigérateur de tout ce qui contenait trop de calories. Elle m'a mise un régime sévère et j'ai bien souffert lorsqu'il m'a fallu perdre tout le poids que j'avais gagné en France.

Puisque nous en sommes à parler des repas, je dois dire que ceux que je prenais en compagnie des autres étudiants à la Cité Universitaire étaient horribles. Évidemment, ils ne coûtaient pas cher et ce qu'on nous servait était mangeable bien que les parts de viande soient minuscules. Mais ce qui me choquait c'était la tenue des étudiants français. Ils se poussaient pour entrer comme des enfants de 4 ans. Ils étaient terriblement bruyants et j'en ai même vu se jeter des morceaux de pain d'une table à l'autre. J'étais vraiment scandalisée. Je pense qu'ils sortaient de familles semblables à celle de mes propriétaires. Ils avaient dû faire tant de longs repas le dimanche chez leurs grands-parents que c'était leur façon de protester contre la discipline de leur enfance. En tous cas, c'est la seule explication que j'aie pu trouver à leur conduite.

QUESTIONS

1. Pourquoi Joan a-t-elle passé tout un semestre à Aix-en-Provence?
2. Que devaient faire les étudiants de son groupe et où demeuraient-ils?
3. Pourquoi disait-elle qu'il n'y avait pas de confort chez ses propriétaires?

4. Comment ses hôtes expliquaient-ils l'absence de chauffage? 5. Pourquoi la propriétaire voulait-elle que Joan sorte de sa chambre à neuf heures? 6. Quelle difficulté rencontraient les propriétaires quand Joan leur parlait? 7. Croyez-vous qu'ils faisaient exprès de ne pas la comprendre? 8. Pourquoi Joan était-elle quelquefois au bord des larmes? 9. Que faisaient les propriétaires tous les dimanches? 10. Décrivez les préparatifs qui précédaient le déjeuner du dimanche? 11. En somme, quelles étaient les qualités et les défauts des propriétaires de Joan? 12. Préféreriez-vous être chez des gens comme cela qu'à la Cité Universitaire? 13. Pourquoi la mère de Joan l'a-t-elle mise à un régime sévère quand elle est rentrée aux États-Unis? 14. Comment expliquez-vous que les repas de la Cité Universitaire n'étaient pas très bons? 15. Décrivez la conduite des étudiants français pendant les déjeuners à la Cité Universitaire. 16. Comment Joan explique-t-elle leur conduite? 17. Le titre du récit de Joan est "Quelques tortures bien françaises." De quelles tortures s'agit-il? Pouvez-vous en donner un résumé?

EXPLICATIONS

9.1 Pronoms et adjectifs indéfinis

A. On. Le pronom indéfini **on** s'emploie pour désigner *les gens en général.* Le pronom disjoint qui correspond à **on** est **soi.**

> **On** a souvent besoin d'un plus petit que **soi.**

1) Le pronom **on** s'emploie pour éviter la forme passive.

> **On** parle français à Québec (*au lieu de*: Le français est parlé à Québec).

2) Aujourd'hui, **on** s'emploie souvent au lieu de **nous** dans le langage familier.

> **On** y va (*au lieu de*: Nous y allons).
> Qu'est-ce qu'**on** fait demain? (*au lieu de*: Qu'est-ce que nous ferons demain?)

B. Chaque (adjectif) et **chacun, chacune** (pronoms).

> **Chaque** voyageur a besoin d'un billet.
> **Chacun** doit avoir son billet à la main.

L'adjectif reste invariable. Le pronom est singulier, masculin ou féminin selon le nom qu'il remplace.

Le pronom disjoint qui correspond à **chacun** est **soi.**

> **Chacun** pour **soi.**

C. **Quelques** (adjectif) et **quelques-uns**, **quelques-unes** (pronoms).

> **Quelques** voyageurs ont des sacs à dos.
> **Quelques-uns** ont des valises.

Quelques et l'article partitif **des** n'ont pas tout à fait le même sens.

> Il y a **des** voyageurs dans ce train-là.
> Il y a **quelques** Américains parmi eux.
> Il n'y a que **des** livres dans cette pièce. (Il n'y a pas d'autres choses.)
> Il n'y a que **quelques** livres dans cette pièce. (Il y a peu de livres.)

D. **Quelque chose** au négatif devient **rien**.

> Voulez-vous prendre **quelque chose** de chaud?
> Non je ne veux **rien** de chaud.

N'oubliez pas la préposition **de**.

> Voici quelque chose **de** bon.
> Je ne sais rien **de** nouveau.

Notez que si **rien** est employé comme sujet, **rien ne** précède le verbe.

> **Rien ne** l'amuse.

E. **Quelqu'un** au négatif devient **personne**.

> Voyez-vous **quelqu'un**?
> Non, je ne vois **personne**.

Avec un adjectif, il faut aussi employer la préposition **de**.

> C'est quelqu'un **de** gentil.

Notez que si **personne** est employé comme sujet, **personne ne** précède le verbe.

> **Personne ne** m'attendait.

F. **Quelconque**, **quelconques** (adjectif) et **quiconque** (pronom). **Quelconque**, qui veut dire *n'importe quel*, a la même forme au féminin et au masculin. La forme plurielle est **quelconques**. **Quiconque**, qui veut dire *n'importe qui*, reste invariable.

> Dites à un employé **quelconque** (*ou* à n'importe quel employé) de vous montrer la consigne.
> Ne donnez pas ces valises à **quiconque** viendra les chercher (*ou* à n'importe qui).

9.2 Les verbes *mettre, prendre, venir, tenir*

A. **Mettre.** Étudiez la conjugaison du verbe **mettre** à l'appendice, et observez les expressions suivantes:

1. J'ai *mis* un vieux manteau. *put on*
2. Nous *nous sommes mis* au bord de la route. *we went to stand beside the highway*
3. *Mettez-vous* à table et mangez. *sit down*
4. Il *s'est mis* à changer un pneu. *began*
5. Il ne faut pas *se mettre en colère*. *to get angry*
6. Nous *nous sommes mis en route* à six heures du matin. *we started on our way*

B. Prendre. Étudiez la conjugaison de **prendre** à l'appendice, de même que celle de ses dérivés: **apprendre, comprendre, surprendre,** etc.
Apprenez les expressions suivantes:

1. Il faut *prendre* le train à Vichy.
2. Allons *prendre* un verre au café.
3. Mon propriétaire me *prend* très cher comme loyer.
4. Qu'est-ce qui te *prend*? (Qu'est-ce que tu as?) *what's the matter with you?*

Attention de ne pas vous servir de **prendre** dans les expressions suivantes que vous ferez bien d'apprendre par cœur:

1. J'irai vous *chercher* en voiture.
2. Je suis obligé de *passer* un examen.
3. Venez *faire* une promenade.
4. Il va *mettre* trop longtemps pour terminer ce travail.
5. Elles *suivent* des cours en France.

C. Venir. Étudiez la conjugaison de **venir** à l'appendice, de même que celle de ses dérivés: **revenir, survenir, parvenir,** etc.
Venir de. L'expression **venir de** indique le passé proche et ne peut s'employer qu'au présent ou à l'imparfait.

> Je n'ai pas faim; je **viens de** manger.
> Je n'avais pas faim; je **venais de** déjeuner quand il m'a invité.

D. Tenir. Étudiez la conjugaison de **tenir** à l'appendice, de même que celle de ses dérivés: **retenir, maintenir,** etc.
Tenir à. L'expression **tenir à** veut dire *avoir un grand désir*.

> Je **tiens à** travailler en France pendant quelques années.

9.3 Changement de sens des adjectifs

A. *Adjectifs qui changent de sens.* Comme nous l'avons vu au Chapitre 2 (section 2.6), certains adjectifs se placent généralement avant le nom qu'ils modifient. Il existe aussi des adjectifs qui changent de sens selon qu'ils sont placés avant ou après le nom. Étudiez la liste suivante:

ancien

> Une *ancienne église* n'est plus une église aujourd'hui. (Elle est désaffectée.)
> Une *église ancienne* est une vieille église.

brave

> Un *brave homme* est un homme gentil.
> Un *homme brave* est un homme courageux.

cher

> Une *chère maison* est une maison qu'on aime beaucoup.
> Une *maison chère* est une maison qui coûte beaucoup d'argent.

grand

> Un *grand homme* est un homme qui est célèbre ou qui a beaucoup de qualités.
> Un *homme grand* mesure plus de 1,70 mètre.

pauvre

> Un *pauvre homme* est à plaindre : il a du malheur.
> Un *homme pauvre* n'a pas d'argent.

propre

> Ses *propres enfants* sont ses enfants à lui.
> Des *enfants propres* sont des enfants bien lavés.

B. *Adjectifs qui changent d'intensité.* Certains adjectifs que l'on place en général après le nom peuvent se placer avant si l'on veut donner un sens plus fort ou plus poétique à une phrase.

> Il s'est fait construire une *immense maison* à la campagne.
> Il s'est fait construire une *maison immense* à la campagne.

Dans le premier cas (*immense maison*) l'adjectif ressort davantage, puisque dans les circonstances ordinaires on le place après le nom. Dans le second cas (*maison immense*) c'est l'expression *à la campagne* qui est mise en valeur dans la phrase.

C. *Adjectifs qui se placent toujours après le nom.* Enfin, certains adjectifs ne peuvent jamais être placés avant le nom. Il s'agit d'adjectifs qui ne peuvent avoir aucun degré dans l'intensité.

> Connaissez-vous la pensée *communiste*?
> Voici un dictionnaire *français*.
> Préférez-vous la route *aérienne* ou la route *maritime*?

Ces adjectifs (appelés aussi "adjectifs de relation") ne sont jamais mis au comparatif ou au superlatif. En effet, une route ne peut pas être plus maritime qu'une autre. Au contraire, on peut dire une *jolie fille*, une *fille jolie*, une fille *très jolie*, cette fille-ci est *plus jolie* que celle-là.

9.4 La comparaison

A. *Le comparatif.* Le comparatif se forme en ajoutant **plus . . . que, moins . . . que** ou **aussi . . . que** à l'adjectif ou à l'adverbe qui sert à la comparaison.

Ma propriétaire est **plus** tyrannique **que** la tienne.
Cette jatte est **moins** pleine **que** celle-là.
Voici des recettes **aussi** compliquées **que** celles de ma propriétaire.

B. *Le superlatif.* Le superlatif se forme en ajoutant **le (la, les) plus** ou **le (la, les) moins** à l'adjectif et **le plus** ou **le moins** à l'adverbe qui servent à la comparaison.

Ma sœur était l'étudiante **la plus** francophile de tout notre groupe.
Ce sont les employés **les moins** appréciés de la S.N.C.F.

Notez que pour les adverbes, l'article est toujours **le**.

À table, c'est toujours elle qui mange **le moins**.
Ce sont les étudiants américains qui travaillent **le plus**.

C. Attention à l'adjectif **bon** et l'adverbe **bien**.

	COMPARATIF	SUPERLATIF
bon (*adj.*)	**meilleur**	**le meilleur**
bien (*adv.*)	**mieux**	**le mieux**

Voici **le meilleur** train de la S.N.C.F.
Il est **meilleur** que le "Mistral."
Je parle **mieux** depuis qu'ils corrigent mon accent.
C'est toi que j'aime **le mieux**.

EXERCICES

Pronoms et adjectifs indéfinis [9.1]

A. *Le pronom* **on.** Transformez les phrases suivantes de la forme passive à la forme active en employant le pronom **on**.
MODÈLE: J'avais été acceptée comme étudiante à Aix-en-Provence.
On m'avait acceptée comme étudiante à Aix-en-Provence.

1. Les étudiants sont logés dans des familles françaises.
2. J'étais très souvent invité à dîner.
3. Tous les bagages ont été volés.
4. Le couvert a été dressé de bonne heure.
5. J'ai été grondé très sévèrement.

B. **Chaque, chacun, chacune**. Dans les phrases suivantes, remplacez l'adjectif indéfini par le pronom indéfini.

MODÈLE : Chaque étudiant s'inscrira à l'université.
Chacun s'inscrira à l'université.

1. Chaque jeune fille fera le ménage.
2. Chaque langue pose un problème.
3. Chaque problème a une solution différente.
4. Mettez un gâteau sur chaque assiette.
5. Chaque enfant s'assiéra avec sa mère.

C. **Quelques, quelques-uns, quelques-unes**. Dans les phrases suivantes, remplacez l'adjectif **quelques** et le nom qu'il accompagne par **quelques-uns** ou **quelques-unes**.

MODÈLE : Quelques étudiants iront à Vichy.
Quelques-uns iront à Vichy.

1. Quelques étudiants font la cuisine.
2. Quelques habitants hébergent des étudiants.
3. Donnez-moi quelques fruits.
4. J'ai pris quelques repas à la Cité Universitaire.
5. Il a écrit quelques lettres.

D. **Quelque chose** et **quelqu'un**, **rien** et **personne**. Répondez négativement aux phrases suivantes d'après le modèle.

MODÈLE : Voulez-vous quelque chose ?
Non, je ne veux rien.

1. Est-ce que quelque chose vous ennuie ?
2. Avez-vous fait quelque chose d'intéressant ?
3. Avez-vous vu quelqu'un de serviable ?
4. Avez-vous parlé à quelqu'un ?
5. Quelqu'un viendra-t-il ?
6. Est-ce que quelque chose l'inquiétait ?
7. Est-ce que quelque chose d'amusant est arrivé ?
8. Quelqu'un a-t-il frappé à la porte ?

E. **Quelconque, quelconques**. Imitez le modèle.

MODÈLE : Prenez n'importe quel train.
Prenez un train quelconque.

1. J'ai envie de faire n'importe quel voyage.
2. Écrivez n'importe quelles phrases.
3. Elle prépare n'importe quel plat.
4. Choisissez n'importe quelle chambre.
5. Imaginez n'importe quel problème.

F. **Quiconque**. Dans les phrases suivantes, remplacez le pronom relatif **ceux qui** par le pronom indéfini **quiconque**.

MODÈLE : Laissez passer ceux qui voudront entrer.
Laissez passer quiconque voudra entrer.

1. Dites-le à ceux qui téléphoneront.
2. Il a reçu ceux qui se sont présentés.
3. Prenez le nom de ceux qui se font inscrire.
4. Il acceptait ceux qui se présentaient.
5. Ceux qui vont à Aix une fois y retournent toujours.

Les verbes *mettre, prendre, venir, tenir* [9.2]

A. Mettez chaque phrase au passé composé, au plus-que-parfait, au futur antérieur et au conditionnel passé.

1. Il met son manteau. *He put on his coat*
2. Elle se met au bord de la route. *She was standing by the road*
3. Nous nous mettons à table. *We sat at the table*
4. Vous vous mettez à travailler. *We began to work*
5. Tu te mets en route. *You started on your way*
6. Je ne me mets pas en colère. *I wasn't angry*

B. Dans les phrases suivantes, substituez les mots indiqués.

1. Il prend *l'autobus* pour aller passer son examen à Paris. *He takes*
   le train / l'avion / sa voiture / le car
2. Il a mis deux jours pour *réparer ma voiture*. *It took two days*
   venir de New York / peindre ce tableau / préparer ce repas / me
   rendre mon argent
3. Irez-vous suivre *des cours en Italie*? *Are you going to take*
   un cours d'histoire / des cours de dessin / des cours à la Sorbonne /
   un cours du soir

C. Mettez les phrases suivantes au passé composé.

1. Qu'est-ce qui te prend? *What got ahold of you?*
2. Ils prennent très cher pour ces réparations. *they charged a lot of money*
3. Est-ce que tu prends peur? *Did you get scared?*
4. Nous prenons toujours le train à Vichy. *We always took .. in V.*
5. Que prenez-vous pour votre petit déjeuner? *What did you have*

D. Mettez les phrases suivantes au futur.

1. Ils viennent avec leurs enfants. *will come*
2. Je viens dîner chez toi.
3. Il ne parvient pas à passer son examen. *He will not manage to succeed...*
4. Reviens-tu pour toujours? *Will you come back forever.*

5. Nous revenons tous les dimanches. *We return*

E. Répondez aux questions suivantes d'après le modèle.

MODÈLE: Pourquoi n'as-tu pas faim?
Je viens de déjeuner.

1. Pourquoi n'as-tu pas soif?
2. Pourquoi n'as-tu pas sommeil?
3. Pourquoi n'est-il pas là?
4. Pourquoi est-il si propre?
5. Pourquoi avez-vous l'air si fatigué?

F. Dans les phrases suivantes, remplacez **avoir envie de** par **tenir à**.

MODÈLE: J'ai envie de revoir ma propriétaire.
Je tiens à revoir ma propriétaire.

1. J'avais envie de déjeuner avec eux. *We wanted*
2. Nous avons envie de recevoir toute la famille. *very*
3. J'ai eu envie d'y prendre mes repas. *I felt like much*
4. En as-tu envie? *Y tiens-tu?*
5. Je ne crois pas qu'il en ait envie.

Changement de sens des adjectifs [9.3]

Réagissez aux phrases suivantes en mettant à leur place les adjectifs qui vous sont donnés.

MODÈLE: Cette église a été construite au XIIe siècle. (ancienne)
C'est une église ancienne.

Cet homme nous a fait monter dans sa voiture. (brave)
C'est un brave homme.

1. Cette voiture brille au soleil. (propre)
2. Cette voiture est à moi. (propre)
3. Cet homme vient de faire une action courageuse. (brave)
4. Ce n'est plus une école, mais un centre de récréation. (ancienne)
5. Cette voiture est belle mais je ne peux pas l'acheter. (chère)
6. Cet homme mesure près de deux mètres. (grand)

La comparaison [9.4]

A. *Le comparatif.* Imitez le modèle.

MODÈLE: Ma sœur est francophile.
Elle est plus francophile que moi, moins francophile que toi, aussi francophile que lui.

1. Monsieur R. est courageux.
2. Ma propriétaire est méticuleuse.

3. Cet employé est pressé.
4. Ces voyageurs sont enthousiastes.
5. Ces fonctionnaires sont travailleurs.

B. *Le superlatif (le plus)*. Imitez le modèle en remplaçant l'adjectif **cher** par les adjectifs qui vous sont donnés.

MODÈLE : Cet hôtel est cher.
C'est l'hôtel le plus cher de la ville.
confortable / propre / beau / grand / moderne

C. *Le superlatif (le moins)*. Mettez les phrases suivantes au superlatif d'après le modèle.

MODÈLE : Cet étudiant n'était pas agressif.
C'était l'étudiant le moins agressif de tout notre groupe.

1. Cette étudiante n'était pas enthousiaste.
2. Ces voyageurs n'étaient pas difficiles.
3. Ce professeur n'était pas sévère.
4. Ces touristes n'étaient pas francophiles.
5. Ces guides n'étaient pas bien entraînés.

D. *Le superlatif (bon, bien)*. Dans les phrases suivantes, employez **mieux** ou **meilleur** selon le cas.

MODÈLE : Cette voiture marche bien.
Cette voiture marche mieux.
Leur situation est bonne.
Leur situation est meilleure.

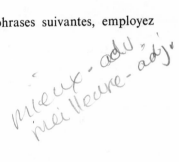

1. Ce fonctionnaire travaille bien.
2. Leurs repas sont bons.
3. L'eau est bonne aujourd'hui.
4. On se repose bien à Vichy.
5. Le régime que j'ai suivi était bon.

10.

Comment se faire un ami

Je vous ai fait un tableau assez noir de ma vie en France. Pourtant, le bilan des six mois que j'ai passés à Aix-en-Provence a été plus que positif: la preuve c'est que je retourne à Aix pour voir un ami que j'ai rencontré là-bas et je vous parlerai de lui. Mais d'abord, puisque je vous ai dit ce qui m'a déplu, laissez-moi vous dire aussi ce qui m'a plu pendant mon séjour.

À l'université, nous suivions des cours pour étrangers. Ils n'étaient pas très difficiles, ils m'ont intéressée, et j'ai eu de bonnes notes sans difficulté. Par la suite, nous avons fait tout un voyage dans la région parisienne et comme j'avais suivi à Aix un cours excellent d'histoire de l'art, j'ai profité au maximum des visites de musées et de cathédrales. Certains de mes compagnons de voyage s'intéressaient surtout aux magasins et passaient leur temps à chercher des souvenirs à ramener à leurs amis aux États-Unis. Pas moi. J'ai adoré les vieilles églises, les châteaux, les statues et monuments de toute sorte.

Pourtant, sur le coup, je voyais surtout les inconvénients que l'on trouve à vivre dans un pays étranger. Je ne savais pas me servir du téléphone, je ne savais pas où acheter un timbre, ni quand il fallait donner un pourboire. J'avais toujours peur de me faire voler et je me méfiais des commerçants et des fonctionnaires, imaginant toujours qu'ils étaient malhonnêtes.

Mais un jour, en sortant de l'université, je me suis assise dans un café et j'ai commandé tout bêtement un Coca-cola. Un garçon que j'avais déjà vu à la Cité Universitaire est venu s'asseoir auprès de moi et il a commencé à me poser des questions nombreuses et précises sur ma vie en Amérique,

---

Suite du récit de Joan Miller.

sur mes études et sur la politique étrangère de mon pays. Il ne m'intimidait pas du tout car il m'écoutait avec une attention soutenue, sans s'occuper de l'impression que lui-même faisait sur moi: il voulait vraiment savoir ce que j'avais à dire. Nous avons parlé pendant des heures et je l'ai revu tous les jours jusqu'à la fin de mon séjour. Il n'a jamais essayé de me raccompagner chez moi. Simplement, il aimait parler des sujets les plus variés. Nous avons passé en revue tous les aspects de la vie moderne dans tous les pays du monde. Tout y a passé: l'art, l'amour, la famille, l'amitié. J'avais l'impression de l'intéresser au plus haut point. Quand j'ai dû partir, il m'a demandé mon adresse et il m'a dit simplement que peut-être un jour il viendrait voir les États-Unis pour se rendre compte sur place si ce que je lui avais dit et la représentation qu'il s'en faisait correspondaient à la réalité. Ces conversations m'ont beaucoup manqué une fois rentrée aux États-Unis.

J'ai donc terminé ma troisième année d'études dans mon université américaine. Mais rien n'y a eu pour moi la même importance. Ou plutôt, disons que maintenant je pense à tous les problèmes de la vie avec davantage d'objectivité. J'envisage mes cours dans un contexte beaucoup plus vaste. J'essaye de les relier les uns aux autres et de penser à ce que j'apprends dans la perspective de mon long séjour à l'étranger. Je me suis rendu compte que la raison pour laquelle j'étais dépaysée en France, c'était que je n'avais encore jamais voyagé. J'avais vécu dans le sillage de ma famille. J'avais une vision très étroite de la vie. Je tenais à mes petites habitudes, à mes façons de penser un peu étriquées. Lorsque j'étais à Aix-en-Provence, j'avais l'impression que les États-Unis me manquaient terriblement. Maintenant, il me semble qu'ils ne me suffisent plus.

Mon ami français m'a écrit souvent, et, le croiriez-vous, je vais le retrouver demain. Il va passer ses vacances dans un village du Club Méditerranée.* Je m'y suis moi-même faite inscrire pour un séjour de trois semaines.

Quoi? Que dites-vous? Mais pas du tout! Lui et moi, nous sommes seulement des amis! De très bons amis, c'est tout!

QUESTIONS

1. Comment Joan évalue-t-elle le bilan de ses six mois à Aix-en-Provence? 2. Que dit-elle des cours qu'elle a suivis à l'université? 3. Pourquoi a-t-elle bien profité des visites dans les musées et les cathédrales? 4. Comment son emploi du temps différait-il de celui de la plupart de ses compagnons de voyage? 5. Quelles étaient les petites difficultés qui lui compliquaient la vie? 6. Que s'est-il passé un jour qu'elle buvait un Coca-cola? 7. Pourquoi était-elle très détendue quand elle

---

*Le Club Méditerranée est un organisme touristique très connu en France qui envoie ses adhérents en vacances au bord de la mer dans de nombreux pays.

parlait avec le camarade rencontré au café? 8. Quelle impression ce garçon lui donnait-il quand elle parlait? 9. Que s'est-il passé quand elle est retournée dans son université américaine? 10. D'après elle, pour quelle raison était-elle si dépaysée en France? 11. Quelle impression a-t-elle eue une fois revenue aux États-Unis? 12. Cette année, quels projets de vacances a-t-elle faits? 13. Quelle remarque le journaliste a-t-il dû faire pour provoquer la réaction de Joan à la fin de son récit? 14. Comment expliquez-vous l'évolution de Joan?

EXPLICATIONS

10.1 Le passé simple et le passé antérieur

A. Le *passé simple* est un temps littéraire. Il ne s'emploie que dans des ouvrages de littérature. Dans la pratique, on se sert du passé composé. Le passé simple, comme le passé composé, indique une action terminée dans le passé.

1) Pour former le passé simple des verbes de la première conjugaison et du verbe **aller**, on ajoute au radical du verbe les terminaisons **-ai, -as, -a, -âmes, -âtes, -èrent**.

Ils acceptèrent ses propositions.

2) Pour former le passé simple des verbes de la deuxième et de la troisième conjugaison, on ajoute au radical du verbe les terminaisons **-is, -is, -it, -îmes, -îtes, -irent**.

Ils vendirent leur maison en 1970.

3) Pour le passé simple des verbes irréguliers, consultez l'appendice.

B. Le *passé antérieur* est le temps composé du passé simple. On le forme avec le passé simple de l'auxiliaire et le participe passé. On s'en sert surtout après des conjonctions de temps—**quand, aussitôt que, après que**—quand le verbe de la proposition principale est au passé simple.

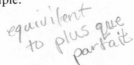

AUXILIAIRE **avoir**	AUXILIAIRE **être**
j' **eus**	je **fus**
tu **eus**	tu **fus**
il **eut**	il **fut**
nous **eûmes**	nous **fûmes**
vous **eûtes**	vous **fûtes**
ils **eurent**	ils **furent**

Après que j'eus parlé, il partit.
Après qu'il fut parti, je parlai.

Dans la pratique de la langue parlée, le passé simple et le passé antérieur ne sont pas employés. En général on emploie le passé composé au lieu du passé simple. Pour éviter le passé antérieur on tourne la phrase autrement.

Au lieu de dire: Après que j'eus parlé, il partit.
on peut dire: J'ai parlé et alors il est parti.
ou bien: Il est parti après mon discours.

10.2 L'imparfait et le plus-que parfait du subjonctif

A. *Emploi.* Considérez les exemples suivants:

Je regrette qu'il vienne.
Je regrette qu'il soit venu.

Dans les deux cas, la proposition principale "je regrette" est au *présent*. Le rapport chronologique entre les deux actions détermine le temps du subjonctif: présent ou passé.

Si la proposition principale est au *passé* ou au *conditionnel*, le rapport chronologique entre les deux actions continue bien à déterminer le temps du subjonctif, mais de la façon suivante: Dans la langue littéraire cérémonieuse, au lieu du présent ou du passé composé du subjonctif, on emploie l'imparfait ou le plus-que-parfait du subjonctif; dans la langue parlée et dans la langue écrite familière, on continue à employer le présent ou le passé composé du subjonctif.

Langue littéraire:
Je regrettais qu'il vînt.
Je regrettais qu'il fût venu.

Langue écrite familière et langue parlée:
Je regrettais qu'il vienne.
Je regrettais qu'il soit venu.

B. *Formation de l'imparfait du subjonctif.*

1) Première conjugaison et **aller**. On ajoute au radical du verbe les terminaisons **-asse, -asses, -ât, -assions, -assiez, -assent.**

Je voudrais qu'il parlât plus clairement.

2) Deuxième et troisième conjugaisons. On ajoute au radical du verbe les terminaisons **-isse, -isses, -ît, -issions, -issiez, -issent.**

Il aurait fallu qu'ils vendissent leur maison en 1970.

3) Consultez l'appendice pour l'imparfait du subjonctif des verbes irréguliers.

C. *Formation du plus-que-parfait du subjonctif.* On le forme avec l'imparfait du subjonctif de l'auxiliaire et le participe passé.

AUXILIAIRE **avoir**		AUXILIAIRE **être**	
que j'	**eusse**	que je	**fusse**
que tu	**eusses**	que tu	**fusses**
qu'il	**eût**	qu'il	**fût**
que nous	**eussions**	que nous	**fussions**
que vous	**eussiez**	que vous	**fussiez**
qu'ils	**eussent**	qu'ils	**fussent**

Je voudrais qu'il l'eût vu.
Je doutais qu'elle fût sortie.

Le plus-que-parfait du subjonctif ne se trouve que dans la langue littéraire formelle. Dans la conversation, remplacez-le par le subjonctif passé.

NOTE: Le plus-que-parfait du subjonctif remplace quelquefois le conditionnel passé, toujours dans un contexte littéraire.

S'il n'était pas parti si tôt, elle eût pu le rencontrer.
au lieu de:
S'il n'était pas parti si tôt, elle aurait pu le rencontrer.

10.3 Les verbes *pouvoir* et *savoir*

A. Pouvoir. Apprenez la conjugaison du verbe **pouvoir** à l'appendice et observez les expressions suivantes.

1) **Il se peut qu'il pleuve demain.** "Il se peut que" veut dire "il est possible que" et détermine le subjonctif.

2) **Il n'en peut plus.** Cette expression veut dire "il est très fatigué."

On se sert de **pouvoir** pour exprimer la possibilité et la permission. Toutefois, pour exprimer que l'on peut faire quelque chose que l'on a appris à faire, on se sert du verbe **savoir**.

Je **sais** aller à bicyclette, mais je ne **peux** pas le faire car je me suis cassé la jambe.

B. Savoir. Apprenez la conjugaison du verbe **savoir** à l'appendice et observez les phrases suivantes.

1) **Savez-vous** que j'ai passé six mois en France? Maintenant **je sais** parler français, **je sais** faire la cuisine, **je sais** les noms de tous les anciens rois de France.

Savoir exprime la connaissance de *choses que l'on a apprises*. Par contre:

2) **Je connais** très bien la France; **je connais** tous les restaurants de Lyon. **Connaissez-vous** le Président de la République?—Non seulement je ne le **connais** pas, mais je ne **sais** même pas qui c'est.

Connaître s'emploie pour la connaissance de *lieux où l'on s'est trouvé ou de personnes que l'on a rencontrées.*

10.4   Les adverbes

A. *Emploi des adverbes.*

1) Les adverbes peuvent compléter le sens d'un verbe.

Adverbes de *temps*:

> **Autrefois**, je n'aimais guère la France.
> Je vous ai **déjà** parlé de mon séjour à Aix.

Adverbes de *lieu*:

> Je t'attendrai **ici** pendant dix minutes.
> Il n'habite plus **là-bas**.

Adverbes de *quantité*:

> Le Club Méditerranée me plaît **beaucoup**.
> On n'y emporte que **peu** d'argent.

NOTE: N'oubliez pas la préposition **de** après les adverbes de quantité précédant un partitif: **beaucoup de** voyageurs, **trop de** cathédrales, **pas de** magasins d'alimentation.

Adverbes *dérivés d'adjectifs*:

> Il m'a dit **simplement** qu'il reviendrait.
> Les États-Unis me manquent **terriblement**.

2) Les adverbes peuvent compléter le sens d'un adjectif.

> J'avais des façons de penser **un peu** étriquées.
> Maintenant, j'envisage mes cours dans un contexte **très** vaste.

3) Les adverbes peuvent compléter le sens d'un autre adverbe.

> Il va **beaucoup** mieux depuis qu'il suit son régime.
> J'ai commandé **tout** bêtement un Coca-cola.

B. *Formation des adverbes dérivés des adjectifs.*   En général, on ajoute **-ment** à la forme féminine de l'adjectif dont l'adverbe dérive.

> long, longuement
> grand, grandement
> nerveux, nerveusement

1) Il y a plusieurs adverbes "irréguliers" qu'il faut apprendre par cœur:

poli, poliment	gentil, gentiment
gai, gaîment	précis, précisément
énorme, énormément	carré, carrément

2) Pour les adjectifs qui se terminent par **-ant**, on remplace **-ant** par

-amment, et pour les adjectifs qui se terminent par **-ent**, on remplace **-ent** par **-emment**.

élégant, élégamment   évident, évidemment

C. *Place des adverbes.* Les adverbes se placent le plus souvent après le verbe qu'ils complètent. Dans les temps composés, c'est l'auxiliaire qui est le verbe.

Notre guide parle beaucoup.
Notre guide a beaucoup parlé.
La voiture allait vite.
Ma mère est vite arrivée.

EXCEPTIONS:

1) Les adverbes qui se terminent par **-ment** se placent souvent après le participe passé.

Il a parlé longuement.
Ils nous ont souri gentiment.

2) Les adverbes qui expriment le *lieu* se placent après le participe passé ou bien au début ou à la fin de la phrase, de même que certains adverbes qui expriment un *temps précis* comme **demain, hier, aujourd'hui.**

Demain je reverrai mon ami.
Je suis arrivée avant-hier.

EXERCICES

Le passé simple et le passé antérieur [10.1]

A.   Mettez les phrases suivantes au passé composé.

1. Nous suivîmes des conférences au Collège de France.
2. J'eus naturellement de fort bonnes notes.
3. Nous fîmes un long voyage.
4. J'adorai toutes les vieilles églises.
5. Je m'assis sur les marches de l'Acropole.
6. Je le revis souvent dans mes rêves.
7. Il commença à me poser de nombreuses questions.
8. Nous passâmes en revue tous les problèmes de la vie moderne.
9. Il m'écrivit souvent.
10. Où allez-vous? demandèrent-ils.
11. C'est alors que nous bûmes à leur santé.
12. Une fois arrivés, nous nous mîmes au travail.
13. Ils tinrent leurs promesses.
14. Son arrogance ne nous plut pas.
15. Ils prirent peur et coururent plus vite.

B. Mettez les phrases suivantes au passé composé d'après le modèle.

MODÈLE :   Dès que j'eus parlé, elle partit.

J'ai parlé et elle est partie.

1. Dès que j'eus raconté mon histoire, elle rit.
2. Dès que j'eus commandé le dessert, il demanda un pourboire.
3. Dès qu'il eut acheté des souvenirs, il rentra à l'hôtel.
4. Dès que nous fûmes partis, elles se mirent à pleurer.
5. Dès qu'il m'eut donné son adresse, je suis allé le voir.

L'imparfait et le plus-que-parfait du subjonctif [10.2]

A. Nous vous donnons les phrases suivantes à la forme littéraire formelle. Mettez-les à la forme parlée (ou écrite familière).

MODÈLE :   Je ne pensais pas qu'il parlât russe.

Je ne pensais pas qu'il parle russe.

1. Nous doutions qu'elle revînt à Aix.
2. Je n'aurais pas cru qu'on en mourût.
3. Encore faudrait-il qu'il le prouvât.
4. Il a ordonné qu'on fît cela.
5. Nous ne croyions pas qu'il le pensât.

B. Mettez les phrases suivantes à la forme littéraire formelle, en mettant la proposition subordonnée à l'imparfait du subjonctif.

MODÈLE :   J'ai voulu qu'il comprenne tous mes problèmes.

J'ai voulu qu'il comprît tous mes problèmes.

1. Il aurait fallu qu'il s'y intéresse.
2. Je trouvais admirable qu'il passe son temps dans les musées.
3. Je trouvais ridicule qu'il ne sache pas se servir du téléphone.
4. Nous avions toujours peur qu'il se fasse voler.
5. Il n'aurait pas fallu qu'il s'asseye toute la journée au café.

NOTE :   Nous vous avons donné tous les exemples du subjonctif imparfait à la troisième personne du singulier, car il est extrêmement rare, même dans la langue littéraire cérémonieuse, que l'on s'en serve aux autres personnes : on évite alors tout simplement le subjonctif, d'après des moyens que nous vous donnerons plus loin.

C. Dans les phrases suivantes, mettez la proposition principale à l'imparfait de l'indicatif et la proposition subordonnée au plus-que-parfait du subjonctif.

MODÈLE :   Je ne pense pas qu'ils se soient amusés.

Je ne pensais pas qu'ils se fussent amusés.

1. Je regrette qu'il ait parlé si fort.
2. Nous sommes heureux qu'ils aient chanté si bien.

3. Nous doutons fort qu'ils soient venus les voir.
4. Regrettez-vous qu'il ait dû partir si tôt?
5. Il ne croit pas qu'elle se soit assise près de lui.

D.   Dans les phrases suivantes, remplacez l'imparfait du subjonctif par le conditionnel passé.
MODÈLE: Si vous l'aviez vu, vous l'eussiez aimé.
          Si vous l'aviez vu, vous l'auriez aimé.

1. S'il lui avait donné son adresse, il l'eût regretté.
2. Si vous n'étiez pas parti, vous eussiez dû entrer à l'université.
3. Si vous aviez couru, on eût dit que vous aviez eu peur.
4. Si vous me l'aviez demandé, je vous eusse écrit.
5. S'il nous avait dit cela, qui l'eût cru?

Les verbes *pouvoir* et *savoir* [10.3]

A.   Mettez les phrases suivantes au pluriel.
MODÈLE: Je ne peux pas m'habituer à ce pays.
          Nous ne pouvons pas nous habituer à ces pays.

1. Tu n'as pas pu visiter ce musée.
2. Il ne pouvait pas donner de pourboire.
3. Je ne crois pas que tu puisses comprendre.
4. Il ne pourra jamais venir me voir.
5. Je ne pourrais jamais quitter les États-Unis.

B.   Transformez les phrases suivantes d'après le modèle.
MODÈLE: Le Président a le pouvoir de prendre cette décision.
          Le Président peut prendre cette décision.

1. Le juge a le pouvoir de les mettre en prison.
2. Le roi avait le pouvoir de déclarer la guerre.
3. Les étudiants auront le pouvoir d'en décider.
4. Vous auriez le pouvoir d'engager des employés.
5. Nous ne voulons pas qu'il ait le pouvoir de participer au gouvernement.

C.   Mettez les phrases suivantes au singulier.
MODÈLE: Savez-vous que j'ai travaillé à Aix-en-Provence?
          Sais-tu que j'ai travaillé à Aix-en-Provence?

1. Nous ne savions pas nous servir du téléphone.
2. Ils n'ont pas su résoudre les grands problèmes de l'existence.
3. Il faut absolument que vous sachiez parler de ces sujets.
4. Nous ne savons pas du tout où il habite.
5. Vous ne saurez jamais retrouver votre chemin.

D. Répondez aux questions suivantes d'après le modèle.
MODÈLE: Connais-tu la ville d'Aix-en-Provence?
Je ne sais pas où se trouve la ville d'Aix-en-Provence.

1. Connais-tu la plus vieille église de Paris?
2. Connaissent-elles la Cité Universitaire?
3. Connaît-il le meilleur restaurant de la ville?
4. Connaissais-tu la belle statue du roi René?
5. Connaissaient-ils les villages du Club Méditerranée?

Les adverbes [10.4]

A. Répondez aux questions suivantes à l'aide de l'adverbe qui vous est donné.
MODÈLE: Avez-vous trouvé des inconvénients à vivre dans un pays étranger? (pas)
Nous n'avons pas trouvé d'inconvénients à vivre dans un pays étranger.

1. Ont-elles donné un pourboire? (pas)
2. Vous a-t-il posé des questions sur les États-Unis? (beaucoup)
3. Y a-t-il des étrangers qui s'inscrivent à ces cours? (très peu)
4. As-tu trouvé des cadeaux pour tous tes amis dans les magasins d'Aix-en-Provence? (assez)
5. Avez-vous visité des églises et des châteaux? (trop)

B. Transformez les adjectifs suivants en imitant le modèle.
MODÈLE: Il est méchant.
Il parle méchamment.

1. Il est doux.
2. Ils seront graves.
3. Seront-ils sages?
4. Elle est polie.
5. Il est élégant.
6. Ils sont savants.
7. Elle était nonchalante.
8. Elle a été gentille.
9. Est-elle prudente?
10. Seront-elles calmes?
11. Ont-ils été habiles?
12. Ne soyez pas stupides.
13. Il a été trop hardi.
14. Est-elle toujours aussi gaie?
15. Est-il toujours aussi brutal?
16. Il était très naïf.

C. Dans la phrase suivante, intercalez chaque adverbe à la place qui convient.
MODÈLE: Ils sont arrivés à se débrouiller avec le téléphone. (souvent)
Ils sont (souvent) arrivés à se débrouiller avec le téléphone.
hier / très bien / enfin / fréquemment / déjà / avant-hier

11.

Un voyage d'études payées

J'ai déjà enseigné le français pendant un an dans une école secondaire, aux États-Unis. Auparavant, je n'étais jamais allé en France. Je m'en faisais d'ailleurs une idée assez précise, car au cours de mes études, j'avais eu un grand nombre de professeurs qui m'en avaient parlé en détail.

À la fin de ma première année d'enseignement—je n'avais que 22 ans— j'ai été choisi par le gouvernement pour faire partie d'un groupe de jeunes professeurs qui allaient passer deux mois d'été en France. Le gouvernement américain nous payait le voyage et tous les frais, pour que nous rentrions aux États-Unis avec une compétence accrue. Nous avons passé six semaines à Rennes, en Bretagne, puis nous avons fait deux semaines de voyage en groupe dans des cars. Donc, en tout, nous sommes restés deux mois en France.

Vous voulez savoir quel profit nous avons tiré de ce voyage? Eh! bien, quand nous sommes partis, une soixantaine d'entre nous, nous étions déjà des spécialistes des études de français, mais à la fin de notre séjour, nous croyions tout naïvement que nous étions imbattables sur les questions françaises, qu'elles se rapportent à la langue ou à la civilisation. Maintenant, nous sommes tout de même beaucoup plus modestes. Je fais actuellement mes études de doctorat et tous les jours je constate la profondeur de mes lacunes! Je reviens en France cette année pour essayer d'en combler au moins quelques-unes.

Mais revenons à ce séjour en Bretagne qui m'a tant apporté. Nos études proprement dites ont eu lieu à Rennes. Je crois que l'originalité de notre

---

Récit de Bernard Ross, "graduate student."

méthode a été de nous grouper en différents cercles d'études. Nous étions un nombre égal d'hommes et de femmes et nous formions plusieurs petits séminaires chargés d'étudier une question d'actualité ou d'histoire. C'est ainsi qu'un cercle étudiait la vie de famille dans la région, un autre l'ancienne aristocratie locale, un autre s'occupait plus prosaïquement de gastronomie, etc. Le cercle dont je faisais partie a choisi l'étude du commerce régional, et plus précisément l'étude du petit commerce et du sort des petits commerçants.

Il faut dire qu'il se produit à Rennes, de même que dans tout le reste de la France, une certaine concentration des affaires, et les petites affaires ont tendance à disparaître au profit d'un plus petit nombre de grosses entreprises. Cette tendance s'accentue depuis l'avènement du Marché Commun* car les entreprises des différents pays signataires tendent à se grouper. Qu'arrive-t-il alors aux établissements familiaux de petite taille? Voilà ce qui faisait l'objet des recherches de mon cercle.

Pour le savoir, nous avons dû gagner la confiance de nombreux commerçants. Tous ont été très contents d'expliquer leurs problèmes. Ils semblaient ravis qu'on s'intéresse à eux et qu'on enquête à leur sujet d'une manière qui leur paraissait scientifique et objective. Parmi eux, certains étaient assez déprimés et se plaignaient terriblement des affaires. Les petits magasins d'alimentation, par exemple, ont tendance à disparaître au profit des grands supermarchés à l'américaine, et leurs propriétaires sont complètement dégoûtés. Certains petits commerces disparaissent du fait de leur nature même. Par exemple, que fait de nos jours un réparateur de bicyclettes? Les Français moyens ont des voitures et on ne voit plus guère de bicyclettes, tout au moins, à ce que je comprends, par comparaison avec leur nombre au cours des années 40 et 50. Toutefois, certaines boutiques sont fort prospères. Les boutiques de mode, en particulier, semblent faire des affaires d'or.

Les habitants de Rennes ont été absolument charmants avec nous. Ils étaient enchantés de l'intérêt que nous leur portions. Nous avons été très bien reçus. D'ailleurs, nous parlions français couramment, à tel point que les gens se trompaient sur notre nationalité. Je crois que nous ne ressemblions guère à l'idée qu'ils se faisaient des touristes américains typiques. Comme tout le monde, les Français ont des idées reçues sur les étrangers. Nous écoutions leurs généralisations qui étaient quelquefois les mêmes que les nôtres et quelquefois, au contraire, à l'opposé.

Oui monsieur, je retourne à Rennes. On m'a dit qu'il y avait en Bretagne un certain mécontentement. On m'a même parlé d'un mouvement séparatiste, d'une certaine animosité envers Paris. Je voudrais écouter les Bretons me

---

*L'organisation du Marché Commun (union politique et économique des pays les plus riches d'Europe) a forcé chaque pays signataire à réorganiser ses structures économiques de façon moderne et compétitive. En particulier, les agriculteurs et les commerçants français out dû faire face à une concurrence à l'échelle internationale, ce qui a marqué la fin de beaucoup de petites entreprises familiales mal gérées.

parler de leurs problèmes régionaux. Cette fois-ci, je voudrais regarder la Bretagne non plus comme un endroit en France mais comme une province séparée, avec ses traditions et ses problèmes. Pensez-vous que j'y entendrai des réponses intéressantes?*

QUESTIONS

1. Quel avantage Bernard avait-il déjà quand il est allé en France à l'âge de 22 ans? 2. Pourquoi se faisait-il une idée assez précise de la France? 3. Dans quelles conditions est-il allé en France? 4. Pourquoi le gouvernement américain payait-il les frais du voyage? 5. Que croyait-il tout naïvement à la fin de son séjour? 6. Maintenant, que constate-t-il avec davantage de modestie? 7. Quelle a été l'originalité de la méthode de travail choisie? 8. Citez quelques sujets d'actualité étudiée par ces jeunes Américains. 9. Quel phénomène ont-ils constaté à Rennes, comme dans tout le reste de la France? 10. Qu'est-ce que le cercle de Bernard cherchait à savoir? 11. Pourquoi les commerçants étaient-ils contents de parler de leurs problèmes? 12. Quel est le problème des petits magasins d'alimentation? 13. Dans quelles circonstances critiques se trouve un réparateur de bicyclettes? 14. Toutefois, quelle semble être la situation des boutiques de mode? 15. Pourquoi les habitants se trompaient-ils sur la nationalité des jeunes professeurs américains? 16. Pourquoi Bernard retourne-t-il en Bretagne? 17. Sur quoi va-t-il maintenant interroger les Bretons? 18. Au cours de ce deuxième séjour, quelle perspective Bernard va-t-il adopter pour étudier la Bretagne et ses habitants?

EXPLICATIONS

11.1   Comment éviter le subjonctif

Jamais employés dans la langue parlée, l'imparfait et le plus-que-parfait du subjonctif sont considérés comme un peu trop cérémonieux pour qu'on s'en serve couramment dans la langue écrite. Voici quelques moyens d'éviter le subjonctif.

---

*La Bretagne, péninsule à l'ouest de la France, se sent séparée géographiquement et encore plus économiquement du reste du pays. Les Bretons se plaignent de ne pas participer suffisamment à l'essor économique général. Au cours de l'Histoire, on a pu y constater de véritables mouvements insurrectionnels dirigés contre le gouvernement de Paris.

A. On fait intervenir dans la phrase des verbes qui ne demandent pas le subjonctif: **faire**, **savoir**, etc.

> *Au lieu de:* Il a voulu que nous partions de bonne heure.
> *dites:* Il nous **a fait partir** de bonne heure.
> *Au lieu de:* Je suis content que vous en fassiez partie.
> *dites:* Je suis content **de savoir** que vous en faites partie.
> *Au lieu de:* Il regrettait que vous n'eussiez pas vu Paul.
> *dites:* Il regrettait **de savoir** que vous n'aviez pas vu Paul.

B. Si possible, il vaut mieux remplacer la proposition subordonnée par un nom.

> *Au lieu de:* Elle désire qu'il meure.
> *dites:* Elle désire **sa mort**.
> *Au lieu de:* J'attends avec impatience que vous arriviez.
> *dites:* J'attends **votre arrivée** avec impatience.

C. On peut se servir de **devoir** avec l'infinitif pour éviter l'emploi de **il faut que** qui détermine le subjonctif.

> *Au lieu de:* Il faut que je parte.
> *dites:* **Je dois** partir.
> *Au lieu de:* Il aurait fallu que vous le prouvassiez,
> *dites:* **Vous auriez dû** le prouver.

11.2   Le verbe *devoir*

Apprenez la conjugaison de **devoir** à l'appendice. Ce verbe a deux sens différents.

A. **Devoir** peut servir à indiquer l'existence d'une dette. Dans ce cas **devoir** est suivi d'un nom ou d'un infinitif introduit par **de**.

> Je vous dois **de** l'argent.
> C'est au gouvernement que je dois **d'**avoir pu voyager.
> Je lui dois **de** vivre.
> *mais:* Je lui dois la vie.

B. **Devoir** peut, d'autre part, indiquer une obligation, une supposition, et, au conditionnel, une suggestion ou un regret. **Devoir** est alors suivi d'un infinitif sans préposition.

> Vous **devez** être malade; vous **avez dû** trop travailler!
> Vous **devrez** vous soigner: vous **devriez** vous reposer.
> Vous **auriez dû** écouter mes conseils!

Souvent, c'est le contexte seul qui détermine le sens de **devoir**. Les exemples suivants expriment une *obligation*.

> Il n'y a plus de bateaux. Je **devrai** prendre un avion.

Les supermarchés ont pris tous ses clients, alors il **a dû** fermer son petit magasin.

Par contre, les exemples suivants expriment une *supposition*.

Il n'est pas arrivé. Son avion **doit** avoir du retard.
Je me demande pourquoi il a fermé son magasin. Les supermarchés **ont dû** prendre tous ses clients.

On se sert de **devoir** au conditionnel pour donner un *conseil*.

Vous désirez des renseignements? Vous **devriez** faire une enquête.
Les affaires sont trop difficiles. Tu **devrais** fermer ce magasin.

Enfin, on se sert de **devoir** au conditionnel passé pour exprimer un regret, en général au sujet d'un échec.

Vous n'avez pas assez de renseignements. Vous **auriez dû** mieux vous documenter.
J'**aurais dû** me renseigner sur le régionalisme breton.

11.3 Verbes à radical variable

L'orthographe de certains verbes varie légèrement au cours de leur conjugaison pour des raisons de prononciation. Ces verbes se divisent en trois groupes.

A. *Premier groupe:* verbes dont la terminaison variable est précédée par la lettre *c* ou la lettre *g*.

NOTE: Rappelons que la lettre *c* se prononce [s] devant *e* et *i* et se prononce [k] devant *a*, *o* et *u*. La lettre *g* se prononce [ʒ] comme *jour* devant *e* et *i* et se prononce comme le *g* de *gros* devant *a*, *o* et *u*.

À l'appendice, consultez les verbes **commencer**, **manger**, et **recevoir**. Dans toute la conjugaison de ces verbes, les lettres *c* et *g* doivent se prononcer comme à l'infinitif. Par conséquent, pour garder la prononciation [s] devant *a*, *o* et *u*, on écrit *c* avec une cédille: *ç*. Pour garder la prononciation [ʒ] devant *a*, *o*, *u*, on ajoute *e*.

commencer	je commence, nous commençons
manger	mangez, mangeons
recevoir	il reçoit, nous recevons

B. *Deuxième groupe:* verbes dont l'avant-dernière syllabe contient un *e* muet.

Au cours de la conjugaison de ces verbes, il faudra éviter que deux syllabes contenant des *e* muets se succèdent. Pour cela, on transforme l'avant-dernier *e* en *è* (accent grave). Toutefois, si la dernière consonne du radical est *l* ou *t*, on change la prononciation en doublant la consonne.

mener	je mène, nous menons
jeter	je jette, nous jetons
appeler	j'appelle, nous appelons
EXCEPTION:	je gèle, nous gelons; j'achète, nous achetons

À l'appendice, consultez les verbes **mener**, **jeter** et **appeler**, et notez les changements au cours de la conjugaison.

C. *Troisième groupe:* verbes dont l'avant-dernière syllabe contient un *é* (accent aigu).

Au présent de l'indicatif et du subjonctif, *é* devient *è* (accent grave) aux première, deuxième, troisième personnes du singulier et à la troisième personne du pluriel.

À l'appendice, consultez la conjugaison du verbe **espérer**.

espérer	j'espère, nous espérons
répéter	je répète, il répétait

11.4 Les emplois de *même*

A. **Même** peut être un adjectif. Comme adjectif **même** s'accorde avec le nom ou le pronom qu'il accompagne.

1) Pour exprimer l'identité ou la similitude, **même** se place avant le nom.

Nous allons interroger les mêmes commerçants.
Elle présente le même projet d'études que moi.

2) Pour renforcer l'idée évoquée par le nom ou le pronom qu'il accompagne, **même** se place après le nom, ou (avec un trait d'union) après le pronom.

Il n'habite plus à la campagne mais à la ville même.
J'ai parlé aux commerçants eux-mêmes. Je les ai vus moi-même.

B. **Même** peut être un adverbe. L'adverbe **même** est invariable, et veut dire *de plus, aussi, encore.*

Même les supermarchés font de mauvaises affaires.
Ils nous ont même invités à dîner.

C. **Même** peut être employé dans diverses expressions.

1) Pour renforcer une comparaison.

Ils réussissent même mieux que nous.

2) Comme locution adverbiale ou conjonctive. Remarquez ces deux exemples pris dans le texte:

Maintenant, nous sommes **tout de même** plus modestes.
À Rennes, **de même que** dans le reste de la France, les petites entreprises ont tendance à disparaître.

Dans ces diverses expressions, **même** reste invariable.

EXERCICES

Comment éviter le subjonctif [11.1]

A. Imitez le modèle.

MODÈLE: Je regrette qu'il vous fasse attendre si souvent.
Je regrette de savoir qu'il vous fait attendre si souvent. commonplace

1. Je regrette qu'il vous ait fait étudier un sujet aussi banal. *commonplace*
2. Je suis désolé que vous n'ayez pas pu retourner à Rennes.
3. Il regrette que vous ne puissiez pas revenir.
4. Je suis content que vous vous soyez inscrit à un cercle d'études.
5. Je suis ravi que vous vous intéressiez à ces problèmes d'actualité.

B. Imitez le modèle en remplaçant la proposition subordonnée par un nom qui en exprime le sens.

MODÈLE: Ils étaient ravis que nous nous intéressions à eux.
Ils étaient ravis de notre intérêt.

1. Ils étaient ravis que nous arrivions.
2. Ils regrettaient que les petits commerces aient disparu.
3. Ils regrettaient que le Marché Commun ait eu tant de succès.
4. Ils ont beaucoup regretté que nous soyons partis.
5. Nous comprenons qu'il soit en colère.

B. Dans les phrases suivantes, remplacez **falloir** par **devoir**.

MODÈLE: Il a fallu que je revienne.
J'ai dû revenir.

1. Il faut que je fasse partie d'un groupe.
2. Il fallait que vous partiez à 6 heures.
3. Il fallait que je reste à Rennes.
4. Il faudrait que vous gagniez leur confiance.
5. Il aurait fallu qu'ils se groupent.

Le verbe *devoir* [11.2]

A. Dans les phrases suivantes, remplacez **être obligé de** par **devoir**.

MODÈLE: Il a été obligé de fermer son magasin. *dessin*
Il a dû fermer son magasin.

1. Ils ont été obligés de se grouper.
2. Vous serez obligé de faire de la phonétique à cause de votre accent.
3. Nous sommes obligés de fermer notre porte à 8 heures.
4. Nous étions obligés de gagner leur confiance.
5. Nous avions été obligés de retourner à Rennes.

B.   Dans les phrases suivantes, remplacez **supposer que** par **devoir**.

MODÈLE: Je suppose qu'il apprend à faire la cuisine.
Il doit apprendre à faire la cuisine.

1. Je suppose qu'il enseigne le français.
2. Je suppose qu'il vous en a parlé.
3. Je suppose que le gouvernement vous paye le voyage.
4. Je suppose que leurs problèmes vous intéressent.
5. Je suppose que les cours vous ennuyaient un peu.

C.   Dans les phrases suivantes, rendez l'impératif moins péremptoire en employant **devoir** avec le conditionnel.

MODÈLE: Mangez.
Vous devriez manger.

1. Partez.
2. Partons.
3. Ne partons pas.
4. Interroge les petits commerçants.
5. Va les voir cet après-midi.

D.   Dans les phrases suivantes, exprimez un regret en mettant **devoir** au conditionnel passé.

MODÈLE: Faites-en partie.
Vous auriez dû en faire partie.

1. Passez six mois à Rennes.
2. Formons plusieurs petits séminaires.
3. Ferme ton magasin.
4. Répare ta bicyclette.
5. Documente-toi sur le Marché Commun.

Verbes à radical variable [11.3]

A.   Dans les phrases suivantes, remplacez **finir de** par **commencer à**.

MODÈLE: Il finissait de déjeuner.
Il commençait à déjeuner.

1. À quelle heure finissaient-ils de parler?
2. Quand finirez-vous d'étudier ces questions?
3. Finissons d'interroger les commerçants.
4. Je n'ai pas fini de combler mes lacunes.
5. Les supermarchés finiront de leur faire concurrence.

B.   Dans les phrases suivantes, remplacez **déjeuner** par **manger**.

MODÈLE: Déjeunait-il trop rapidement?
Mangeait-il trop rapidement?

1. Ne déjeunons pas près de ce supermarché.
2. Il voulait que nous déjeunions sans lui.
3. Nous déjeunerons dans un restaurant breton.
4. Elle déjeunait toujours avec le réparateur de bicyclettes.
5. Déjeunons rapidement avant de partir.

C.   Mettez les phrases suivantes au pluriel.
MODÈLE :   Comment t'appelles-tu ?
           Comment vous appelez-vous ?

1. Je les mène à Rennes.
2. Est-ce que tu jettes les notes que tu as prises ?
3. Il faut que tu mènes les étudiants dans ta voiture.
4. Il faut que je projette d'autres vacances.
5. Amène tous les gens qui voudront venir.

D.   Mettez les phrases suivantes au singulier.
MODÈLE :   Nous espérons que les petits commerçants survivront.
           J'espère que les petits commerçants survivront.

1. Nous préférons faire une enquête sur les familles françaises.
2. Recevez-vous des étrangers chez vous ?
3. Nous recevons souvent les plaintes des commerçants du quartier.
4. Nous espérons que vous avez été contents de votre séjour.
5. Préférez-vous Rennes ou Carcassonne ?

Les emplois de *même* [11.4]

Simplifiez les phrases suivantes à l'aide du mot **même**.
MODÈLE :   J'ai pris l'avion de 8h47 et il a pris l'avion de 8h47.
           Nous avons pris le même avion.

1. Je suis allée au lycée de Dijon. Elle aussi.
2. Je vais interroger les commerçants que j'avais déjà interrogés.
3. Nous avons fait des projets identiques.
4. Nous étions un nombre égal d'hommes et de femmes.
5. Nous allons prendre la route que nous avions prise la première fois.
6. Tous sont déprimés. Les plus optimistes aussi.
7. Tous font de mauvaises affaires. Les supermarchés aussi.

12.

Les périls des vacances "au pair"

"with board + lodging but no salary"

Par l'intermédiaire *Through* d'un de mes professeurs, j'ai trouvé une place "au pair" chez des Français. Comme vous le savez, être "au pair" veut dire être logé et nourri par des gens, en échange de quoi on leur rend quelques services. La nature et l'étendue de ces services ne sont pas toujours très claires. Une fois arrivée chez les Chevalier j'ai tout de suite compris la première chose que l'on attendait de moi : Ces gens-là ont trois enfants et on voulait que je leur apprenne l'anglais, mais moi je venais en France pour apprendre le français et non pas pour parler anglais toute la journée avec des enfants!

On m'avait dit qu'en échange de la pension je devais rendre quelques services. Oui, mais quels services? Les Chevalier ont une femme de ménage qui vient tous les matins. Fallait-il l'aider à faire les lits? la vaisselle? Je ne voulais tout de même pas qu'on me prenne pour une domestique! J'avais déjà assez de travail avec les enfants. Il est très difficile de s'occuper d'enfants étrangers car on ne sait pas au juste ce à quoi s'attendent les parents. Quels sont les critères d'éducation de ces gens-là? Quelle proportion faut-il donner aux jeux en plein air, aux jeux à la maison, aux devoirs de vacances, au repos, aux promenades? Je devais tâtonner. De plus, j'avais l'impression qu'on voulait que je m'adresse à eux uniquement en anglais. Ceci s'est avéré bien *proved* plus difficile que ce que les parents imaginaient. Ces enfants refusaient complètement ma compagnie lorsque je leur parlais anglais. Ils avaient naturellement des amis de leur âge, alors ils préféraient jouer avec eux, plutôt que de rester avec moi à écouter mon anglais auquel ils ne comprenaient rien. À la fin j'y ai renoncé. En effet, imaginez un repas de famille au cours duquel je

---

Récit de Pat Williams, étudiante de troisième année.

m'évertue à dire "pass the salt" au détriment de la conversation générale qui est si importante dans un repas familial en France. Parents et enfants se racontaient leur journée selon la tradition: tout le monde riait, on renversait quelque verre de vin, tout le monde était très gai et mes timides "speak English, please" ne rencontraient aucun écho. Pourtant, j'ai l'impression que la famille a été très déçue que les enfants n'aient fait aucun progrès.

Il y avait donc une certaine incompréhension de part et d'autre. Mais pour moi, le séjour a été très profitable. J'ai fait des progrès fulgurants dans la langue. Personne ne comprenait un mot d'anglais dans le village où je me trouvais car il est assez retiré et aucun touriste n'y a jamais montré le bout de son nez. Les commerçants, les notables du village, les ouvriers, les cultivateurs, tous ces braves gens étaient très aimables. J'ai beaucoup bavardé avec eux. De plus, j'ai passé des heures à regarder la télévision. Cela, c'est un moyen infaillible pour apprendre une langue. Et puis, nous avons fait beaucoup de petits voyages dans les environs: nous faisions des déjeuners gastronomiques dans les restaurants, et nous allions souvent à Genève car nous n'étions pas très loin de la Suisse.

Enfin, j'ai vu de très près comment les Français réagissent aux petits drames de la vie quotidienne: J'étais là quand Monsieur Chevalier a dû payer une amende à la frontière en rentrant de Suisse car il n'avait pas déclaré les cigarettes qu'il rapportait en quantité défendue et les douaniers français les ont trouvées dans la voiture. Il était furieux! J'étais là quand l'aîné des garçons a été opéré de l'appendicite—encore une tragédie! J'étais là quand une tante à héritage est morte, laissant aux Chevalier une ravissante maison de campagne.

Depuis, je cherche une traduction française de "mixed emotion" et on me dit qu'il n'y en a pas. Pourtant, c'est ainsi que j'ai quitté la famille chez qui j'étais. Je les aimais bien, je regrettais d'avoir à les quitter, pourtant un petit malaise subsistait entre nous, comme si je n'avais pas répondu à ce qu'ils attendaient de moi.

QUESTIONS

1. Comment Pat a-t-elle trouvé une place "au pair"? 2. Que veut dire "être au pair"? 3. Quelle était la première chose qu'elle attendait de son séjour en France? 4. Quelle était la première chose que les Chevalier attendaient de Pat? 5. Quelles questions Pat se posait-elle au sujet des services qu'elle devait rendre? 6. Qu'est-ce qu'elle ne voulait surtout pas? 7. Pourquoi est-il difficile de s'occuper d'enfants étrangers? 8. Pourquoi Pat avait-elle des difficultés quand elle s'adressait aux enfants en anglais? 9. Comment se passaient les repas familiaux dans la famille où se trouvait Pat? 10. Qu'arrivait-il quand elle disait "pass the salt, speak English"? 11. Pourquoi la famille a-t-elle été déçue?

12. Pourquoi le séjour a-t-il été profitable pour Pat?   13. Quels avantages présentait le petit village où elle se trouvait?   14. Pour elle, quel a été le rôle de la télévision?   15. Quels sont les petits drames de la vie quotidienne auxquels Pat a pu assister pendant son séjour?   16. Avez-vous trouvé une traduction française pour "mixed emotions"?   17. D'après vous, quelles ont été les erreurs commises par la famille Chevalier dans ses rapports avec Pat?

EXPLICATIONS

12.1 Prépositions avec le complément d'un verbe

Si vous dites "J'aime les voyages," le complément du verbe *aimer* est un nom: *voyages* est un nom complément. Si vous dites "J'aime voyager," le complément d'*aimer* est un verbe: *voyager* est un verbe complément.

A. *Verbe complément.* Le verbe complément est toujours à l'infinitif. Il peut être un complément direct, c'est-à-dire sans préposition, ou bien un complément indirect introduit par la préposition **à** ou **de**.

> Il veut voyager.
> Il commence à voyager.
> Il décide **de** voyager.

La préposition (ou l'absence de préposition) dépend du premier verbe de la phrase.

1)   Les verbes suivants sont suivis d'un infinitif sans préposition:

aimer	écouter	oser	sembler
aimer mieux	entendre	pouvoir	sentir
aller	envoyer	préférer	valoir mieux
croire	faire	prétendre	venir
désirer	falloir	regarder	vouloir
devoir	laisser	savoir	voir

2)   Les verbes suivants demandent la préposition **à** devant un infinitif:

aider à	chercher à	enseigner à	inviter à
s'amuser à	commencer à	hésiter à	se mettre à
apprendre à	se décider à	s'habituer à	réussir à
avoir à	continuer à	s'intéresser à	tenir à

3) Les verbes suivants demandent la préposition **de** devant un infinitif:

achever de	défendre de	manquer de	prier de
commander de	se dépêcher de	menacer de	promettre de
cesser de	dire de	ordonner de	refuser de
conseiller de	empêcher de	oublier de	regretter de
craindre de	essayer de	se presser de	se souvenir de
décider de	éviter de	permettre de	venir de

B. *Nom complément.* Le complément d'un verbe peut être un nom (ou un pronom) plus un infinitif. Nous venons de voir quelles sont les prépositions qui introduisent l'infinitif. Quelles sont les prépositions qui introduisent les noms compléments? Dans les exemples suivants, vous remarquerez que c'est toujours le premier verbe de la phrase qui détermine la préposition (ou l'absence de préposition) devant le nom complément.

		NOM COMPLÉMENT		
Il a dit à Paul de venir.	**dire à**	*quelqu'un*	de + *infinitif*	
Il aide Pierre à travailler.	**aider**	*quelqu'un*	à	+ *infinitif*
Il apprend à Pierre à travailler.	**apprendre à**	*quelqu'un*	à	+ *infinitif*
Il le prie de faire une enquête.	**prier**	*quelqu'un*	de + *infinitif*	
Il lui promet de faire une enquête.	**promettre à**	*quelqu'un*	de + *infinitif*	

1) Pour les verbes suivants, les noms compléments sont des compléments directs, introduits sans préposition:

aider	menacer	prier	laisser
inviter	empêcher	remercier	

Ils empêchent les commerçants de faire des bénéfices.
Ils les laissent fermer leurs magasins.

2) Avec les verbes suivants, les noms compléments sont des compléments indirects, introduits par la préposition **à**:

apprendre	défendre	dire
enseigner	ordonner	demander
conseiller	permettre	refuser
commander	promettre	

On a conseillé à tous ces pays de s'unir.
On leur a promis de les aider.

12.2 L'infinitif avec *faire, entendre, voir*

Les verbes **faire**, **entendre** et **voir** sont suivis de l'infinitif sans préposition. Nous avons vu le verbe **faire** dans les expressions comme **faire venir**.

Nous avons **fait venir** une caisse de champagne.
Nous avons **fait parler** les commerçants.

Rappelez-vous qu'il ne faut pas séparer le verbe **faire** de l'infinitif. Cette règle s'applique aux verbes **entendre** et **voir**, pourvu que le deuxième verbe n'ait pas de complément.

> J'ai **entendu chanter** cet artiste.
> *mais:*
> J'ai **entendu** cet artiste **chanter** à l'Olympia.
>
> J'ai **vu construire** cette maison.
> *mais:*
> J'ai **vu** Monsieur Chevalier **passer** la frontière.

12.3 L'infinitif avec *demander*

Le verbe **demander** peut être suivi de la préposition **à** si son sujet est le même que celui de l'infinitif.

> Elle a demandé **à** être au pair chez nous.

Mais si le sujet de **demander** est différent de celui de l'infinitif, la préposition est **de**.

> On m'a demandé **de** parler anglais à table.

Apprenez par cœur l'expression *demander à une personne de faire quelque chose*.

12.4 Le verbe *vouloir*

Étudiez la conjugaison du verbe **vouloir** à l'appendice. Apprenez les expressions suivantes.

1) "Ils **n'ont pas voulu** apprendre l'anglais." **Vouloir** *à la forme négative* a le sens de *refuser*.

2) "Que **veut dire** l'expression 'au pair'? Je ne comprends pas ce que vous **voulez dire**." **Vouloir dire** établit la *compréhension*. L'exemple peut s'écrire: "Quel est le sens de l'expression 'au pair'? Je ne comprends pas ces mots."

3) "Voulez-vous aider la femme de ménage? —Oui, je **veux bien**" **Vouloir bien** a le sens de *consentir*.

4) "Il ne faut pas **en vouloir à** ce douanier qui vous a donné une amende." **En vouloir à** veut dire *être fâché contre*.

12.5   Les verbes *sortir* et *partir*

Étudiez la conjugaison de ces verbes à l'appendice. N'oubliez pas la préposition **de**.

Il est **parti de** la maison à cinq heures, mais il n'est **sorti de** la ville qu'à six heures.

Quelquefois les verbes **partir** et **sortir** sont interchangeables. La plupart du temps ils ne le sont pas.

1. Il est **parti** pour toujours.
2. Il est tôt, ne **partez** pas encore.
3. Le train **part** à six heures.
4. Il fait froid, ne **sortez** pas par ce temps.
5. Ce garçon **sort** tous les soirs avec Pat.
6. As-tu fait **sortir** le chien?

Les exemples 1, 2, 3 indiquent un départ tandis que les exemples 4, 5, 6 indiquent une sortie (*going out, dates, exit*).

Les verbes **sortir**, **partir**, **quitter** et **laisser** peuvent prêter à confusion car ils sont souvent traduits en anglais par le même verbe *to leave*. Distinguez le sens de ces verbes grâce aux exemples suivants:

1. Je suis **parti** des États-Unis le 7 juillet.
2. Je n'étais jamais beaucoup **sorti**. À la sortie de l'aéroport, je me suis senti perdu.
3. Ma famille était ennuyée de me voir **partir**.
4. Je ne voudrais pas **quitter** les États-Unis pour toujours.
5. J'ai **laissé** ma valise à la consigne et je suis allé dîner.
6. Je suis triste de **quitter** les amis que j'ai **laissés** en France.

Notez que les verbes **quitter** et **laisser** doivent avoir obligatoirement des compléments directs: *pas de préposition.*

EXERCICES

Prépositions avec le complément d'un verbe [12.1]

A.   Remplacez les noms des phrases suivantes par des verbes.

MODÈLE: Il adore les voyages.

   Il adore voyager.

1. Nous détestons les études.
2. Commencez les répétitions.
3. Nous préférons le jeu.
4. Il craint la mort.

5. Elles leur ont appris le chant.
6. Ils refusent le travail.
7. N'aimez-vous plus la vie?

B.   Dans les phrases suivantes, mettez le verbe de la proposition principale au passé composé.
MODÈLE: Je vais chercher une place "au pair."
          Je suis allé chercher une place "au pair."

1. Ils ne veulent pas apprendre l'anglais.
2. Quelle proportion faut-il donner aux jeux et au travail?
3. Elle ne sait pas très bien s'occuper de ces enfants.
4. Elle préfère bavarder avec les gens du village.
5. Elle les regarde vivre.

C.   Répondez aux questions suivantes d'après le modèle.
MODÈLE: Saves-vous parler français?
          J'ai décidé de parler français; j'ai appris à le faire.

1. Savez-vous faire la cuisine?
2. Savez-vous jouer du piano?
3. Savez-vous vous occuper d'enfants étrangers?
4. Savez-vous enseigner l'anglais à des étrangers?
5. Savez-vous vous passer de l'approbation générale?

D.   Dans les phrases suivantes, remplacez **hésiter à** par **refuser de**.
MODÈLE: N'hésitez pas à vous occuper de ces enfants.
          Refusez de vous occuper de ces enfants.

1. N'hésitez pas à leur rendre service.
2. Je n'ai pas hésité à m'adresser à eux en anglais.
3. Nous n'aurions pas hésité à déclarer nos cigarettes à la douane.
4. Il n'a pas hésité à payer cette grosse amende immédiatement.
5. N'hésitons pas à le faire opérer de l'appendicite.

E.   Dans les phrases suivantes, remplacez les noms par des pronoms.
MODÈLE: Il a dit à Paul de venir à 6 heures.
          Il lui a dit de venir à 6 heures.

1. Demandez à Pat de leur parler anglais.
2. Conseillez aux étudiants de se placer "au pair."
3. Priez vos parents de venir nous voir immédiatement.
4. N'empêchez pas les douaniers de regarder dans la voiture.
5. N'invitez jamais les douaniers à accepter des pourboires.
6. Ne promettez jamais aux douaniers de revenir de Suisse les mains vides.
7. Demandons aux douaniers de ne pas nous donner d'amende.

L'infinitif avec *faire, entendre, voir* [12.2]

A.   Transformez les phrases suivantes d'après le modèle.

MODÈLE: J'ai dit à Pat d'apprendre l'anglais.
J'ai fait apprendre l'anglais à Pat.

1. J'ai dit à la femme de ménage de faire les lits.
2. Dis à Pat de garder les enfants.
3. Vous direz aux étudiants qui désirent apprendre rapidement le français de regarder la télévision.
4. Avez-vous dit aux gens qui revenaient de Suisse avec des cigarettes de payer une amende?
5. Faut-il dire aux étudiants qui ne connaissent pas la traduction de ces mots de consulter le dictionnaire?

B.   Répétez les phrases suivantes en omettant le second complément.

MODÈLE: Vous verrez les enfants rire *pendant le déjeuner.*
Vous verrez rire les enfants.

1. Vous entendrez Monsieur Chevalier parler *de son opération.*
2. As-tu entendu Julien chanter *à la télévision?*
3. J'ai vu des gangsters passer *devant les douaniers.*
4. Je n'ai jamais entendu Pat parler *avec des fautes de grammaire.*
5. La nuit, ils ne pourront pas voir M. Chevalier venir *de Suisse.*

L'infinitif avec *demander* [12.3]

Transformez les phrases suivantes d'après le modèle.

MODÈLE: On m'a demandé de garder des enfants.
J'ai demandé à garder des enfants.

1. Vous a-t-on demandé de passer la frontière?
2. On ne vous demandera pas de faire le travail d'une domestique.
3. On lui a demandé de rentrer le plus vite possible.
4. On leur a demandé de quitter la famille chez qui ils étaient.
5. Vous demanderait-on d'aller souvent à Genève?

Le verbe *vouloir* [12.4]

A.   Dans les phrases suivantes, remplacez le verbe **désirer** par le verbe **vouloir**.

1. Que désirent-ils?
2. Désireriez-vous voyager plus souvent?
3. Je regrette qu'il n'ait pas désiré en savoir davantage.
4. C'est ce qu'il désirait.
5. Nous regrettons qu'il ne le désire plus.

B.   Dans les phrases suivantes, remplacez **être fâché** par **en vouloir.**
MODÈLE: Il est fâché contre lui.
   Il lui en veut.

1. Es-tu fâché contre moi?
2. Seras-tu fâché contre elle?
3. Seriez-vous fâchés contre eux?
4. Avez-vous été fâchés contre nous?
5. J'ai peur qu'il soit fâché contre toi.

Les verbes *sortir* et *partir* [12.5]

A.   Dans les phrases suivantes, remplacez **venir** par **partir.**
MODÈLE: Viens de bonne heure.
   Pars de bonne heure.

1. Venez sans eux.
2. Je ne crois pas qu'il vienne s'il pleut.
3. Je te le dirai quand tu viendras.
4. Je le lui dirais s'il venait.
5. Nous serions venus s'il l'avait fallu.

B.   Dans les phrases suivantes, remplacez le verbe **sortir** par le verbe
quitter.
MODÈLE: Depuis quand est-il sorti de la maison?
   Depuis quand a-t-il quitté la maison?

1. Depuis quand était-il sorti de la maison quand vous êtes arrivé?
2. Je reviendrai quand il sera sorti de sa chambre.
3. Sortirez-vous de l'hôpital bientôt?
4. Je n'étais jamais sorti des États-Unis avant mon voyage en Europe.
5. Je ne crois pas qu'il soit sorti de son bureau.

13.

La réponse d'une famille française

Jean Després à Paul Carter:

—Alors, cher ami, que pensez-vous des réflexions de vos compatriotes?
Que de façons différentes de voir la France! Il y a déjà un an que j'ai parlé
avec Pat. Ce que vous venez de lire a été écrit l'année dernière. Finalement,
je pense que c'est elle qui s'est trouvée la plus proche d'une famille française
typique. C'est elle qui a profité le plus de son séjour en France. Pourtant
certaines de ses réflexions m'ont intrigué car elles ne sont guère élogieuses.
Alors j'ai voulu approfondir mon enquête puisque les séjours "au pair" sont
de plus en plus généralisés. J'ai donc écrit aux Chevalier—sans leur communiquer les remarques de Pat, naturellement—pour connaître leur point
de vue à eux. Je viens d'avoir leur réponse. Lisez-la.

Récit des hôtes de Pat:

Nous sommes entrés en rapport avec Pat par de vagues relations que
nous avons en Amérique. Quand elle nous est arrivée, je n'avais jamais vu
personne d'aussi dépaysé. Pendant des jours, nous n'avons pas pu lui faire
dire un mot. Nous avons compris par la suite qu'elle avait peur de faire
des fautes de grammaire, ayant entendu dire, je ne sais où, que les erreurs de
grammaire irritent les Français—ce qui, comme vous le savez, est absolument
faux: nous l'aurions corrigée, puisqu'elle était venue pour ça!

Vous voulez savoir si cet arrangement nous a donné satisfaction? Dans
l'ensemble oui car elle était bien élevée et gentille. Pourtant, Pat aurait pu
nous rendre davantage de services. Elle était patiente avec les enfants, elle

---

Récit des Chevalier, hôtes de Pat Williams.

129

leur faisait faire des découpages, elle leur a appris à faire griller des saucisses sur un feu dans le jardin. Mais nous aurions voulu qu'elle leur apprenne un peu l'anglais et elle n'y mettait guère de bonne volonté! En tous cas, ils n'en ont pas appris un mot. Elle, par contre, elle a fait des progrès rapides en français. En échange de la pension, je croyais qu'elle aiderait au ménage, mais c'est à peine si elle aidait les enfants à mettre le couvert. Quant à la vaisselle, pas question. On aurait dit qu'elle avait peur de se salir les mains. Elle passait soir après soir à regarder la télévision, jusqu'à la fin des émissions.

Dans le fond, tout cela n'est rien. Je ne veux pas être injuste avec elle. Je crois vraiment que c'était une fille pleine de sensibilité, paralysée par la peur de faire un faux-pas. C'est très bizarre, quand elle est partie, il y a presque un an, elle avait l'air toute triste de s'en aller et je croyais qu'elle s'était attachée à nous. Nous l'avons conduite à l'aéroport et en nous quittant elle a éclaté en sanglots, comme si elle était vraiment désolée de nous quitter. Mais alors, comment expliquez-vous qu'une fois rentrée aux États-Unis elle ne nous ait jamais écrit?

Jean Després à Paul Carter:

—Voyez-vous, mon cher ami, cette lettre m'a fait beaucoup réfléchir. Après l'avoir reçue, j'ai relu le récit de Pat et j'ai aperçu à la fois l'endroit et l'envers d'une même trame de malentendus. Écoutez-moi, vous qui venez souvent en France et dites-moi si vous n'êtes pas de mon avis.

Premièrement, les Américains ont peur d'irriter par des fautes de grammaire alors que ce qui déconcerte les Français c'est le silence, bien plus que les erreurs. Moi qui suis Français, je peux vous l'affirmer.

En second lieu, les Américains s'amusent rarement en famille. Je ne sais pas si c'est vrai mais en tous cas ils l'affirment sans cesse! Donc Pat se sentait dépaysée au milieu de la gaîté familiale. Elle ne savait pas "jouer à la grande sœur."

En troisième lieu, elle ne voulait pas non plus "être prise pour une domestique," toute condition dite "servile" faisant particulièrement horreur aux Américains. Vous dites que les travaux domestiques accomplis chez les autres font horreur à tout le monde? Peut-être, après tout. En tous cas, quand une étudiante se trouve dans une famille "au pair," les devoirs réciproques doivent être minutieusement définis.

Enfin, il y avait surtout dans les relations entre Pat et ses hôtes le fameux "fossé entre les générations." Pat se trouvait à mi-chemin entre les parents et les enfants, à un âge où l'on ne se plaît vraiment qu'avec ses contemporains. À un âge aussi où les relations épistolaires n'ont guère cours. Elle a dû avoir l'intention d'écrire, puis le temps a passé. . . .

QUESTIONS

1. Pourquoi est-ce Pat Williams qui a le plus bénéficié de son séjour en France?   2. Qu'est-ce que le journaliste a décidé de faire pour pousser son enquête plus loin?   3. Comment les Chevalier sont-ils entrés en contact avec Pat?   4. D'après les Chevalier pourquoi, au début, refusait-elle de parler?   5. Qu'est-ce qu'elle avait entendu dire au sujet des Français?   6. De quels avantages matériels bénéficiait Pat?   7. Pourquoi la famille Chevalier trouve-t-elle que ces avantages sont énormes? 8. Qu'est-ce que Pat a appris aux enfants?   9. De quoi les Chevalier se plaignent-ils?   10. Quels sont exactement les avantages remportés par Pat en ce qui concerne l'arrangement?   11. Quels sont les avantages remportés par les Chevalier?   12. Que pensez-vous de la façon d'entrevoir les séjours au pair d'après les avantages remportés de part et d'autre?   13. Qu'est-ce qui a le plus déçu les Chevalier?   14. Dans le malentendu entre Pat et les Chevalier, qui a raison et pourquoi? 15. Comment le malentendu aurait-il pu être évité?   16. Quels conseils donnerez-vous aux jeunes gens qui vont se placer au pair et aux familles qui les reçoivent?   17. Quels sont les quatre sujets d'incompréhension cités par Jean Després?   18. Parmi les quatre, quel est celui qui vous paraît avoir le plus contribué à l'échec partiel des relations de Pat avec ses hôtes français?

EXPLICATIONS

13.1   *Si* et la concordance des temps

A. *Propositions introduites par* **si**: Règles sur la concordance des temps.

1) Si la proposition principale est au PRÉSENT, le verbe introduit par **si** est au PRÉSENT.

Nous n'acceptons les étudiants au pair que si leur famille y consent.

2) Si la proposition principale est au FUTUR, le verbe introduit par **si** est au PRÉSENT.

Nous lui donnerons 30 dollars d'argent de poche si elle nous aide assez.

3) Si la proposition principale est au CONDITIONNEL, le verbe introduit par **si** est à l'IMPARFAIT.

Vous apprendriez mieux le français si vous acceptiez de venir au pair.

4) Si la proposition principale est au CONDITIONNEL PASSÉ, le verbe introduit par **si** est au PLUS-QUE-PARFAIT.

> Vous auriez mieux appris le français si vous aviez accepté de venir au pair.

NOTE: Dans la langue littéraire, il arrive qu'on utilise le plus-que-parfait du subjonctif dans les deux propositions.

> Si le roi eût vécu, les conspirateurs eussent été punis.

Résumons la concordance des temps sous forme de tableau.

Verbe introduit par **si**	*Proposition principale*
présent	présent
présent	futur
imparfait	conditionnel
plus-que-parfait	conditionnel passé

5) Si la proposition principale contient une interrogation indirecte, on fait les remplacements suivants (revoir au Chapitre 8, p. 82).

le présent	⟶	l'imparfait
le futur	⟶	le conditionnel
le passé composé	⟶	le plus-que-parfait

B. *Différence entre* **si** *et* **oui**. Si vous voulez contredire une phrase ou une question négative, répondez par **si** au lieu de **oui**.

> —Pat n'a pas été heureuse chez les Chevalier.
> —Si, elle s'est trouvée très heureuse chez eux.
> —Ne s'est-elle pas attachée à vous?
> —Mais si, elle s'est attachée à nous.

C. Si *comme adverbe*. Si peut être un adverbe d'intensité.

> Il fait si beau, aujourd'hui!

13.2 Étude de prépositions

A. *Règle générale*. Après toutes les prépositions, il faut mettre le verbe à l'infinitif, sauf après **en**. Après la préposition **en** on emploi le participe présent.

> Elle tricotait sans parler, en regardant la télévision.

B. *La préposition* **après**. La préposition **après** introduit le passé de l'infinitif.

> Il est parti après nous avoir rendu de grands services.
> Vous m'écrirez après être rentré aux États-Unis.

Notez que si le verbe est conjugué avec **être**, on préfère si possible le remplacer par un nom.

Au lieu de après être rentré, *dites* après votre retour.

    //   après être resté,   *//*   après votre séjour.

    //   après être tombé,   *//*   après votre chute.

C. *La préposition* à *après certains verbes.* Pour les anglophones, attention à certains verbes qui sont suivis de à. **Emprunter, voler, prendre, acheter, enlever** sont suivis de **à** alors qu'en anglais les verbes correspondants sont suivis de la préposition *from.*

>Il a emprunté un livre à Pat.
>Il a volé de l'argent à sa mère.

D. *La préposition* **par.**

1) **Par** avec l'infinitif ne s'emploie qu'avec **finir** et **commencer.** Autrement, on emploie le participe présent avec **en.**

>Pat a fini par s'habituer à vivre chez les Chevalier.
>Elle a appris à les aimer en vivant chez eux.

2) **Par** avec un nom rend souvent l'idée qui est communiquée en anglais par *through, out of.*

>Il est entré par la grande porte.
>Attention de ne pas tomber par la fenêtre.

E. *La préposition* **dans.** On peut se servir de la même préposition **dans** pour communiquer l'endroit où se trouve une chose, l'endroit où on l'introduit et l'endroit d'où on la prend.

>J'ai mis le vin dans ce verre.
>Le vin est maintenant dans ce verre.
>Je vais le boire dans ce verre.

Pour ce dernier exemple, l'anglais exigerait la préposition *from.*

NOTE: Même remarque en ce qui concerne la préposition **sur.** On l'utilise pour certaines relations spatiales là où il faudrait *from* en anglais.

>Je vous ai emprunté un livre. Je l'ai pris sur votre bureau.

F. *La préposition* **en.**

1) On emploie **en** (et non pas **dans**) devant les noms féminins de pays ou de région.

>Elle ne se plaisait guère en Bourgogne.

2) On emploie **en** (et non pas **dans**) pour exprimer une certaine époque.

>C'était en hiver, en 1935.

NOTE: Il y a quelques exceptions.

>au printemps, au xviiie siècle, etc.

3) On emploie **en** pour indiquer une certaine manière d'être, d'agir ou de se déplacer.

Elle voyage en voiture.
Elle s'exprime en français.
J'ai fait un plat régional en son honneur.

NOTE: Dans certaines expressions comme "je suis venue en voisine," "il s'est déguisé en Napoléon," l'anglais exigerait la préposition *as*. (À ne pas traduire en français par *comme*.)

13.3 L'inversion dans une phrase

A. À l'occasion d'une citation, mettez le sujet après le verbe.

—Vous rentrez bien tard, cria mon père.
—Quel plaisir de vous revoir, dit-il.

B. **À peine**, **peut-être**, **aussi** (avec le sens de "par conséquent") et **toujours** sont suivis de l'inversion.

À peine étaient-ils rentrés chez eux qu'ils nous ont téléphoné.
Peut-être reviendront-ils.

C. Inversion après **que** dans une phrase au comparatif.

Il est plus travailleur que ne l'était son père, aussi réussira-t-il mieux.

D. Inversion dans les propositions subordonnées introduites par les conjonctions **ainsi que**, **comme**, **lorsque**, **quand**, etc. Dans ce cas, l'inversion n'est pas obligatoire.

Elle aidait au ménage comme le lui avait demandé Mme G.
ou bien: Elle aidait au ménage comme Mme G. le lui avait demandé.

E. Inversion après les pronoms relatifs **que**, **dont**, **où**, **ce que**, **à qui**, **à quoi** et les pronoms variables **lequel**, etc. Le verbe de la proposition subordonnée introduit par ces pronoms est souvent placé après le sujet.

Elle était ici dans des conditions que ne peuvent espérer les touristes ordinaires.
Ce sont les ennuis dont vous a parlé notre amie.

Avec ces pronoms relatifs, l'inversion n'est pas non plus obligatoire mais on la trouve assez souvent dans la littérature et il est bon d'en être averti.

13.4 Distinction entre *entendre parler* et *entendre dire*

Entendre parler est suivi d'une préposition (**de**) et **entendre dire** est suivi d'une proposition subordonnée introduite par la conjonction **que**.

Je n'ai jamais entendu parler d'un séjour au pair; parlez-moi de celui de Pat.

J'ai entendu dire que Pat est au pair chez les Chevalier. Est-ce que c'est vrai?

13.5   Distinction entre *rentrer, revenir, retourner, rendre*

Ces quatre verbes peuvent souvent être traduits par le même mot anglais, *to return*. Les exemples suivants vous aideront à les distinguer.

Rentrer veut souvent dire *revenir à la maison.*

Tu ne rentreras pas trop tard?

Revenir veut dire souvent *venir ou apparaître de nouveau.*

reappear

Cette comète revient tous les 13 ans.

Retourner veut souvent dire *partir de nouveau.*

release

Je ne retournerai jamais aux États-Unis.

Mais ce verbe veut dire aussi *tourner en sens inverse.*

Pour faire griller cette saucisse, retourne-la dans tous les sens.

Rendre veut dire en général *redonner* ou *remettre.*

Rends ce livre à la bibliothèque.

Notez donc que "rendre un livre" et "retourner un livre" ont des sens complètement différents.

EXERCICES

**La concordance des temps
et les emplois de *si* [13.1]**

A.   Repassez l'emploi de **depuis** ou **depuis que** avec le présent à l'aide des phrases suivantes.

MODÈLE: Elle regarde la télévision. (3 heures)
Elle regarde la télévision depuis 3 heures.

1. Elle demeure chez nous. (2 mois)
2. Ils font des progrès rapides en français. (quelques jours)
3. Les enfants l'adorent. (elle leur apprend l'anglais)
4. Elle est très serviable. (je lui donne régulièrement de l'argent)
5. Elle aide gentiment au ménage. (hier)

B. D'après le récit, ou d'après votre imagination, complétez les phrases suivantes.

1. Pat était chez les Chevalier depuis cinq minutes quand . . .
2. Viendrez-vous m'accompagner à Orly quand . . .
3. Pat demeurait en France depuis deux mois quand . . .
4. Penserez-vous bien à écrire aux Chevalier aussitôt que . . .
5. Les douaniers cherchaient dans la voiture depuis trois minutes quand . . .
6. Resterez-vous dans une famille "au pair" aussi longtemps que . . .
7. La tante des Chevalier était malade depuis un an quand . . .
8. J'apprendrai l'anglais à vos enfants quand . . .

C. Dans les phrases suivantes, remplacez le futur par le conditionnel.
MODÈLE: Viendras-tu avec moi à Orly quand je partirai?
         Viendrais-tu avec moi à Orly si je partais?

1. Seras-tu patiente avec les enfants quand ils seront insupportables?
2. Feras-tu la vaisselle quand on te le demandera?
3. Sauras-tu leur rendre des services quand il le faudra?
4. Seront-ils reconnaissants quand on leur fera visiter toute la région en voiture?
5. Aurez-vous des frais de logement quand vous irez en Bourgogne au pair?

D. Dans les phrases suivantes, mettez la proposition principale au conditionnel passé et faites les transformations nécessaires.
MODÈLE: Si vous interrogiez tous ces gens, vous comprendriez mieux leurs problèmes.
         Si vous aviez interrogé tous ces gens, vous auriez mieux compris leurs problèmes.

1. Tu te trouverais plus proche d'une vraie famille française si tu allais en France au pair.
2. Tu aurais ta chambre à toi si tu allais chez les Chevalier.
3. Si elle logeait dans un hôtel, son séjour lui coûterait trop cher.
4. Si elle y mettait un peu de bonne volonté, elle leur apprendrait l'anglais.
5. Si elle faisait la vaisselle, elle se salirait les mains!

E. Mettez les phrases suivantes au discours indirect avec **si**.
MODÈLE: J'ai dit aux Chevalier: —Me répondrez-vous?
         J'ai demandé aux Chevalier s'ils me répondraient.

1. Il a dit à Paul Carter:—Reviendrez-vous à Orly?
2. Ils ont demandé à Pat:—Êtes-vous heureuse chez nous?
3. Ils ont dit à Pat:—Voulez-vous visiter la région environnante?
4. Nous avons dit à la jeune étudiante:—Êtes-vous déjà venue à Paris?

5. Jean a demandé à Pat:—Avez-vous vraiment refusé d'apprendre l'anglais à ces enfants?

F. Contredisez les phrases suivantes.

MODÈLE: Vos compatriotes n'ont pas été très contents. (enchantés)
Si, ils ont été enchantés.

1. Cet étudiant ne s'est pas plu en France. (ravi de son séjour)
2. Votre arrangement ne sera pas très bon. (satisfaisant)
3. La fille qui habitait chez nous n'était pas très serviable. (gentille)
4. Nos enfants n'ont pas fait des progrès bien rapides. (sensationnels)
5. Quand elle est partie, elle n'avait pas l'air bien triste. (désolée)

Les prépositions [13.2]

A. Transformez les phrases suivantes à l'aide de **en** et du participe présent.

MODÈLE: Elle tricote sans regarder la télévision.
Elle tricote en regardant la télévision.

1. Je lisais ces rapports sans penser à mes compatriotes.
2. J'ai continué à travailler sans pousser mon enquête plus loin.
3. Nous l'avons hébergée chez nous sans lui demander de garder les enfants.
4. Elle leur a appris l'anglais sans se donner beaucoup de mal.
5. Il faut faire la vaisselle sans se salir les mains.

B. Transformez les phrases suivantes en vous servant de la préposition **après**.

MODÈLE: Elle nous aide au ménage.
Elle est partie après nous avoir aidés au ménage.

1. Elle fait toute la vaisselle sans se plaindre.
2. Elle s'attache beaucoup à nous.
3. Elle reste en Bourgogne très peu de temps.
4. Elle bénéficie énormément de son séjour en France.
5. Elle vit chez nous au pair.

C. Révisez l'usage de la préposition **à** dans les phrases suivantes.

MODÈLE: Il lui a emprunté de l'argent. (Paul)
Il a emprunté de l'argent à Paul.

1. Il lui a volé de l'argent. (sa propriétaire)
2. Je lui achèterai cette Renault. (ce vendeur de voitures)
3. Ils leur ont enlevé cette petite fille. (ses parents)
4. Lui auriez-vous acheté deux tableaux? (ce marchand)
5. Il lui a arraché son sac. (cette dame)

D. Dans les phrases suivantes, remplacez **partir après** avec **finir par**.

MODÈLE: Il est parti après nous avoir rendu de grands services.

Il a fini par nous rendre de grands services.

1. Nous partirons après avoir visité la Bourgogne.
2. Vous partirez après avoir vécu au pair chez les Chevalier.
3. Es-tu parti après avoir pris rendez-vous avec Jean Després?
4. Partiriez-vous après avoir accepté leurs 30 dollars?
5. Est-ce qu'il partait après avoir rendu tous les services qu'on attendait de lui?

E. Substituez aux mots en italique les expressions qui vous sont données.

1. Le voleur a dû sortir par *la fenêtre*.
   la porte du jardin / la porte de la cuisine / la cheminée / la cave
2. Ne buvez pas dans *ce grand verre*.
   cette rivière / cette tasse sale / cette bouteille / un gobelet d'argent
3. J'ai fait une enquête sociologique en *France*.
   été / Angleterre / quelques jours / vitesse / premier lieu / toute innocence

L'inversion dans une phrase [13.3]

A. Mettez les phrases suivantes sous forme de citation.

MODÈLE: Jean lui a demandé ce qu'il pensait de ses compatriotes.

—*Que pensez-vous de vos compatriotes? lui a demandé Jean.*

1. Jean lui a demandé ce qu'il avait fait pendant ses vacances.
2. Paul lui a demandé où les étudiants étaient allés.
3. Nous leur avons demandé ce qu'ils avaient dit.
4. La mère demanda où il avait passé la nuit.
5. Les parents demandaient ce qui les intéressait tellement.

B. Voici quelques phrases dans lesquelles l'inversion n'était pas obligatoire. Rétablissez l'ordre habituel des mots.

MODÈLE: Elle gardera les enfants ainsi que le lui a demandé Mme Chevalier.

Elle gardera les enfants ainsi que Mme Chevalier le lui a demandé.

1. Nous vous ferons visiter la région dont vous a parlé votre professeur de géographie.
2. Nous lui avons fait faire des randonnées que n'aurait jamais pu faire une simple étudiante.
3. Paul est revenu à Paris ainsi que le lui avait demandé son ami le journaliste.

4. Voici un hôtel où descendent les touristes.
5. Je ne sais absolument pas ce que pensent réellement les hôtes de Pat.

Entendre parler et *entendre dire* [13.4]

Transformez les phrases suivantes.

MODÈLE: J'ai entendu parler des Chevalier. Ils sont très gentils.
J'ai entendu dire que les Chevalier étaient très gentils.

1. J'ai entendu parler de leur maison. Elle est très belle.
2. Nous entendons souvent parler de la Suisse. C'est un pays charmant.
3. As-tu entendu parler des séjours au pair? Est-ce que ce sont des séjours profitables?
4. Vous entendrez souvent parler de ces endroits. Ils sont fort pittoresques.
5. On entend souvent parler de ces plats régionaux. Ils sont savoureux.

Rentrer, revenir, retourner, rendre [13.5]

Dans les phrases suivantes, remplacez les mots en italique par les expressions qui vous sont données.

1. Les gens chez qui j'habitais m'obligeaient à rentrer / *avant minuit.*
   de très bonne heure / avant le coucher du soleil / faire la vaisselle / coucher à la maison
2. Je ne voulais pas revenir *demeurer aux États-Unis sans ma famille.*
   vivre chez mes parents / vous voir sans vous apporter un cadeau / aux États-Unis sans parler anglais / dans cette maison où j'ai tant souffert
3. Retourneras-tu / *en France l'année prochaine chez les Chevalier?*
   dans la même famille / à l'université que tu viens de quitter / voir des gens aussi égoïstes / passer des vacances au pair
4. Il est très impoli de ne pas rendre / *une invitation.*
   les objets qu'on vous a prêtés / les livres que vous avez empruntés / les invitations que vous avez reçues / cet argent le plus rapidement possible

14.

Une bonne façon de devenir bilingue

Jean Després à Paul Carter (nous sommes en septembre, dans le bureau des Champs-Elysées) :

— Quel plaisir de vous revoir, Paul. Votre été s'est bien passé ? Peut-on savoir ce que vous avez fait ? Avez-vous eu des expériences intéressantes ?

Paul Carter :

— Allez-vous parler de moi aussi dans votre livre ? Vous savez que mon cas est un peu spécial. Mes grands-parents sont Français et depuis ma plus tendre enfance, je passe l'été en France. Je connais donc beaucoup de monde en France. Je n'y suis jamais dépaysé. Tout au moins plus maintenant. Il est vrai qu'il n'en a pas toujours été ainsi. À l'heure actuelle, je parle très bien le français, n'est-ce pas ? Mais quand j'avais huit, neuf, dix ans, j'oubliais pendant mon année aux États-Unis le français que je parlais couramment l'été précédent. Ma famille française demeure en Bourgogne et chaque année, en juin, j'allais les retrouver et j'étais un peu à la merci des sarcasmes de mes petits cousins. Les enfants sont cruels dans tous les pays, mais j'avais l'impression que les petits Français étaient plus cruels que les autres. J'étais très sensible à leur moquerie lorsque je faisais une faute en parlant. Ils ne se rendaient pas du tout compte que je devais faire un gros effort pendant les premiers jours pour communiquer avec eux dans leur langue. Ils se moquaient particulièrement de mes fautes de genre. Imaginez la conversation suivante :

MOI : François, prête-moi ton bicyclette.

Seconde entrevue de Paul Carter et Jean Després (trois mois après la première).

FRANÇOIS: *Mon* bicyclette? Qu'est-ce que c'est qu'*un* bicyclette? Tu as déjà vu *un* bicyclette, toi, Sophie?

MOI: Bon, garde-la *ta* bicyclette, je rentre au maison de ma grand-mère.

FRANÇOIS: Ah! oui, parce que ta grand-mère elle a *un* maison. . . .

Et ainsi de suite. Depuis, je me suis souvent demandé pourquoi les Français, surtout s'ils sont trop jeunes pour avoir le sens de la politesse, s'amusent des fautes de genre. Je crois qu'inconsciemment ils prêtent un sexe aux choses d'après les noms qui les désignent. Si on leur travestit ces choses en les affublant d'un genre différent, le résultat est équivoque et prête à rire. Peut-être ai-je tort. Il m'arrive encore en France de faire des fautes de genre et personne ne rit plus. Mais maintenant, c'est que je m'adresse à des adultes.

Cet été, d'ailleurs, tout a bien changé en ce qui concerne mes vacances puisque pour la première fois j'ai travaillé en Europe. Comme je vous l'ai dit, j'étais dans une ville du Sud-Ouest de la Bourgogne, engagé comme guide touristique par l'agence de voyages de cette ville. Les industriels de cette ville reçoivent souvent la visite d'hommes d'affaires américains et ceux-ci viennent quelquefois avec leurs femmes. Il se trouve que la région est magnifique, bien que mal connue des touristes peu cultivés. Il y a des montagnes sauvages qui font un peu penser aux Blue Ridge Mountains, et surtout des villages construits autour d'incroyables églises romanes. J'ai dû me documenter sur l'architecture et j'ai passé tout l'été à faire visiter églises et musées aux femmes des industriels américains, pendant que leurs maris étaient en conférence. Nous partions dès le matin dans un microbus conduit par un Français très gentil qui d'ailleurs ne s'intéressait pas du tout à l'architecture. Lui, ce qu'il aimait, c'était de s'arrêter le plus souvent possible dans des cafés où il consommait une quantité formidable de vin blanc. Pendant ce temps, les Américaines et moi, nous visitions les vieilles pierres et les boutiques d'antiquaires et c'était moi l'interprète.

Au début, je ne m'intéressais pas particulièrement à l'architecture et je considérais cela juste comme une façon de gagner un peu d'argent, et même pas mal d'argent car ces braves dames étaient très généreuses avec les pourboires. Puis, de plus en plus, à mesure que je me documentais, je prenais goût à l'art et maintenant, je suis en train d'explorer les possibilités de trouver une situation analogue dans une autre partie de la France. Mes études de français m'ont donc bien servi, et la rude école de mes petits cousins ne m'a fait aucun mal, bien au contraire.

QUESTIONS

1. Dès qu'il revoit Paul, quelles questions Jean lui pose-t-il? 2. Pourquoi Paul dit-il que son cas est spécial? 3. Comment ses études de français étaient-elles régulièrement interrompues? 4. Parmi les fautes qu'il

faisait, lesquelles amusaient surtout ses cousins? 5. Quelle explication linguistique Paul donne-t-il à leurs moqueries? 6. Citez deux caractéristiques du Sud-Ouest de la Bourgogne qui en font une région propice au tourisme. 7. Quel travail l'agence de voyage a-t-elle confié à Paul? 8. Le conducteur du microbus s'intéressait-il à l'architecture? 9. Quel bénéfice matériel et quel bénéfice intellectuel Paul a-t-il tiré de ses vacances? 10. Quels projets fait-il pour les vacances prochaines? 11. Que dit-il de la rude école de ses petits cousins? 12. Après avoir lu les récits d'une dizaine d'étudiants vous avez remarqué que c'étaient ceux qui parlaient le mieux le français qui ont eu le plus de plaisir et le moins de déboires. Donnez des exemples précis.

EXPLICATIONS

Nous allons consacrer ce dernier chapitre à quelques cas spéciaux qui vous éviteront des erreurs de lecture autant que d'écriture.

14.1 Révision de *que*

A. **Que** peut être un pronom interrogatif.

Que pensez-vous de ses réflexions?

B. **Que** peut être une conjonction de subordination.

Je pense **que** c'est elle qui en a bénéficié le plus.

C. **Que** peut être un adverbe qui veut dire *combien* ou *comme*.

Que de façons de voir la France!
Que c'est beau!

D. **Que** peut être un pronom relatif.

C'est un musée **que** visitent beaucoup d'Américaines.

E. **Que** peut introduire la seconde partie d'une comparaison.

Je crois que les enfants sont plus cruels **que** les adultes.

F. **Que** peut être la seconde partie de la locution adverbiale **ne ... que** qui veut dire *seulement*.

Je **n'**ai étudié l'architecture avec intérêt et application, je **ne** me suis documenté sur l'histoire, l'histoire de l'art, la géographie, **que** pour trouver une situation de guide, **que** pour me faire payer à ma juste valeur.

Comme vous venez de le voir, **que** peut se trouver assez loin de **ne** dans la phrase, rendant la lecture assez difficile.

NOTE: Attention à **ne . . . plus . . . que** qui n'est pas un négatif mais qui transforme la phrase en une affirmation positive.

"Je n'ai plus d'amis" est une phrase négative.   *I have no friends any longer*
"Je n'ai plus que des amis" veut dire exactement le contraire.   *I only have friends left.*

Étudiez aussi la forme "il me reste."

"*Il me reste* de l'argent" veut dire j'ai encore de l'argent.
"*Il ne me reste pas* d'argent" veut dire je n'ai plus d'argent.
"*Il ne me reste que de l'argent*" veut dire la seule chose qui me reste c'est de l'argent.

14.2   Le *ne* explétif

A.   Ne est en général la première partie de la négation **ne . . . pas**. Toutefois, **ne** appelé *explétif* n'exprime pas une négation mais une affirmation, ceci dans deux cas:

1)   Avec le verbe d'une proposition subordonnée comparative.

Ces monuments sont beaucoup plus beaux que je ne me les rappelais.

2)   Avec un verbe au subjonctif qui a été introduit par des expressions de doute ou de supposition comme *craindre*, *douter que*, *à moins que*, etc.

Je crains qu'on ne se moque de vous à moins que vous ne vous adressiez à un public peu cultivé.

Le **ne** explétif a tendance à disparaître dans la langue courante, mais on le trouve souvent dans la langue écrite élégante.

B.   Avec certains verbes, particulièrement *pouvoir*, *savoir* et *oser*, il est possible de former le négatif sans **pas**.

Ils ne le savent ni ne le peuvent.
Elle n'ose entrer.

14.3   Quelques expressions avec *plus, moins* et *mieux*

A.   Étudiez les expressions suivantes et remarquez qu'il n'y a pas d'article avant **plus, moins** ou **mieux**.

Plus je parle avec les industriels de cette ville, **plus** je comprends leurs problèmes.
Moins vous irez chez les antiquaires, **mieux** cela vaudra.

B. Étudiez les expressions suivantes qui diffèrent des expressions anglaises correspondantes.

> **De plus en plus** les gens prennent goût aux vases anciens; malheureusement, on en trouve **de moins en moins.**

14.4 Les verbes *trouver, plaire, aimer*

A. Trouver. Servez-vous du verbe **trouver** soit dans une question lorsque vous ne voulez pas influencer la réponse, soit dans l'expression d'une opinion contenant un adjectif qui la précise.

> Comment trouvez-vous cette vieille église? —Je la trouve déprimante.

NOTE: **Se trouver** veut dire simplement *être*, dans les cas où il s'agit de situer quelque chose.

> Tournus se trouve au sud de la Bourgogne.

B. Plaire. Considérez l'exemple suivant:

> —Comment **trouvez-vous** Genève?
> —C'est une ville qui me **plaît** beaucoup. D'ailleurs c'est là que demeure la femme que **j'aime.**

Ces trois verbes expriment des sentiments qui ont des degrés différents d'intensité.

Employez **plaire** pour éviter le verbe **aimer** qui exprime un sentiment fort. Dites "ce vase me plaît" au lieu de "j'aime ce vase."

Notez certaines expressions avec **plaire**:

> Vous **plaisez-vous** à Paris? Non, **je me plaisais** davantage à Lyon. Il me semble qu'à Paris, les gens **se plaisent à** tout critiquer.

C. Aimer. Une autre façon de diminuer la force du verbe **aimer** est d'y ajouter un adverbe.

> J'aime bien vos petits cousins.
> J'aime beaucoup Genève.

14.5 Le verbe *manquer*

A. Manquer peut vouloir dire *presque*.

> J'ai manqué d'aller en prison. (J'ai *failli* aller en prison.)

En général, **manquer** devant un verbe prend la préposition **de**. Il n'y a pas de préposition après **faillir**.

Avant un nom, il n'y a pas de préposition après **manquer**.

> J'ai manqué d'être en retard car j'ai manqué le train.

B. **Manquer** peut vouloir dire *regretter*.

> Pauvre étudiante américaine! Les États-Unis lui manquent. (Elle regrette les États-Unis.)

Notez que dans cette expression, l'ordre des mots peut dérouter un anglophone. *~~confuse~~*

> Je suis à New York. La Tour Eiffel me manque. Elle manque aussi à tous mes amis français. De plus, nous manquons d'argent.

Notez donc que **manquer à** veut dire *être regretté par*, mais **manquer de** veut dire *ne pas avoir assez de*.

> Paris manque aux Parisiens en vacances.
> Pauvres gens! Ils manquent de tout!

C. Comparez les exemples suivants:

> J'ai **manqué** mon avion car je suis arrivé en retard.
> Malheureusement, on **manque** d'autres moyens de transport.
> Vraiment, les trains **manquent à** tous les voyageurs.

14.6 Le verbe *servir*

Étudiez les questions et réponses suivantes.

> —Est-ce que je peux avoir encore un peu de vin?
> —Mais oui, servez-vous.

Dans ce cas, **servez-vous** veut dire *prenez-en*. Le verbe **servir** est à la forme pronominale.

> —À quoi sert cette cage?
> —Elle sert à mettre des oiseaux.

Dans ce cas, **servir à** veut dire *être employé pour*.

> —De quoi vous sert cette boîte?
> —Elle me sert de cage quand je voyage avec mon oiseau.

Dans ce cas, **servir de** veut dire *remplacer*.

14.7 Révision des articles

Révisez les articles (**le, la, les, l', un, une, des, du, de, la, de l'**). Pensez à leur emploi, leurs contractions, leur omission dans certains cas. Maintenant, des expressions comme celles qui suivent vous sont familières:

> *La* Suisse est un pays pittoresque.
> *Les* touristes américaines adorent les boutiques d'antiquaires.
> Avez-vous parlé *au* docteur Durand?

Considérez maintenant les expressions suivantes prises dans le récit de cette leçon.

> Je parle français depuis ma plus tendre enfance.
> Je n'aimais guère l'art mais j'y ai pris goût.
> Ils ne s'en rendaient pas compte.

Nous avions posé en règle presque absolue que les noms étaient précédés d'articles. Pourtant, dans les expressions *parler français, prendre goût, se rendre compte*, il n'y a pas d'article entre le verbe et le nom. Il s'agit d'expressions "toutes faites" que l'on considère chacune comme un "tout" inséparable. Considérez maintenant les expressions suivantes prises également dans le texte de cette leçon:

> Leur mari était en conférence. (Il n'y a pas d'article après **en**.)
> Nous allions visiter églises et musées. (On peut omettre l'article dans une
> énumération pour donner aux objets cités un caractère vague et général.)

Toutes ces exceptions à des règles qui avaient d'abord été données comme absolues ne doivent pas déconcerter. À vrai dire, elles constituent la richesse d'une langue. En lisant et en écoutant le français, vous trouverez d'autres exceptions concernant l'usage des adjectifs, l'ordre des mots, etc. Vous rencontrerez un mélange de tradition, liberté, traits figés, variations, contraintes et licences. C'est par la lecture et la conversation que les étudiants finiront par maîtriser règles et exceptions.

EXERCICES

Révision de *que* [14.1]

A.   Transformez les phrases suivantes en employant **que** comme adverbe.
MODÈLE: J'ai dû faire beaucoup d'efforts.
>   *Que d'efforts j'ai dû faire!*

1. Il devait voir beaucoup de monde.
2. Nous devions faire beaucoup d'enquêtes.
3. Nous serons obligés d'entendre beaucoup de protestations.
4. J'ai dû écouter beaucoup de conférences.

B.   Répondez aux phrases suivantes d'après le modèle.
MODÈLE: Ne parlerez-vous pas de moi?
>   *Je ne parlerai que de toi.*

1. Ne penserez-vous pas à moi?
2. Ne s'amuseront-ils pas des fautes de genre?
3. Ne recevez-vous pas les hommes d'affaires?
4. N'êtes-vous pas venus en été?
5. Ne s'intéressaient-elles pas à l'architecture?

C. Refaites les phrases suivantes d'après le modèle.

MODÈLE: Il ne me reste plus que du pain.

Je n'ai plus que du pain.

1. Il ne lui reste que 50 F.
2. Il ne nous reste que les pourboires.
3. Il ne te reste que des ennemis.
4. Il ne vous reste qu'à travailler.
5. Il ne leur reste qu'à partir.

Le *ne* explétif [14.2]

A. Transformez les phrases suivantes.

MODÈLE: C'est l'église la plus ancienne.

Elle est même plus ancienne que je ne me la rappelais.

1. Ce sont les enfants les plus gentils.
2. Ce sont les gens les plus polis.
3. Ce sont les touristes les moins généreux.
4. Ce sont les montagnes les plus hautes.
5. C'est le pays le plus pittoresque.

B. Mettez les phrases suivantes au subjonctif.

MODÈLE: Il se fera mal.

J'ai peur qu'il ne se fasse mal.

1. Elle sera malheureuse.
2. Ses cousins se moqueront de lui.
3. Il fera des fautes de grammaire.
4. Ils seront plus cruels que les adultes.
5. Vous changerez d'avis.

Expressions avec *plus, moins, mieux* [14.3]

Transformez les phrases suivantes.

MODÈLE: Je leur parle mais je ne les comprends pas.

Plus je leur parle, moins je les comprends.

1. Il les écoute mais il ne les entend pas.
2. Cet homme conduit des touristes dans son car mais il ne les aime pas.
3. Elle étudie l'architecture mais elle ne s'y intéresse pas.
4. Ils sont cruels mais je ne suis pas sensible à leur moquerie.
5. Je me documente, mais je ne suis pas sûr de moi.

Les verbes *trouver, plaire, aimer* [14.4]

A. Répondez aux questions suivantes d'après le texte en vous servant du verbe **trouver**.

MODÈLE: Comment trouvez-vous les petits cousins de Paul?
Je les trouve cruels.

1. Comment trouvez-vous la région de Cluny?
2. Comment trouvez-vous les montagnes des environs?
3. Comment trouvez-vous les églises romanes?
4. Comment trouvez-vous les femmes des industriels?
5. Comment trouvez-vous la situation de Paul?

B. Répondez aux questions suivantes en vous servant du verbe **plaire**.
MODÈLE: Avez-vous aimé cette province?
Non, cette province ne m'a pas plu.

1. Aimez-vous les explications linguistiques de Paul?
2. Aimera-t-elle la Bourgogne?
3. Croyez-vous qu'ils aimeront les enquêtes de Jean?
4. Pensez-vous qu'elles aimeront cette boutique?
5. Ont-ils aimé l'art roman? Ont-ils au contraire préféré l'art gothique?

Le verbe *manquer* [**14.5**]

A. Répondez aux questions suivantes d'après le modèle.
MODÈLE: Regrettez-vous la Bourgogne?
Oui, la Bourgogne me manque.

1. Regrettait-elle la France?
2. Regrettiez-vous cette région?
3. Aurait-il regretté sa famille?
4. A-t-il regretté les montagnes?
5. Regretteront-ils son amitié?

B. Exprimez l'idée des phrases suivantes en employant le verbe **manquer**.
MODÈLE: Il est pauvre.
Il manque d'argent.

1. Je suis arrivé en retard et mon avion était parti.
2. Il est triste car ses amis ne sont plus là.
3. Notre conducteur avait trop bu et il allait trop vite.
4. Il est 5 heures et votre train part dans 3 minutes.
5. Nous regrettons la Tour Eiffel, les cafés, les vieilles églises romanes, la Méditerranée, etc.

Le verbe *servir* [**14.6**]

Répondez aux questions suivantes en employant le verbe **servir**.
MODÈLE: À quoi servent les pourboires?
Les pourboires servent à récompenser les gens de leurs bons services.

1. À quoi servent les agences de voyage?
2. À quoi servent les études de français?
3. À quoi sert le microbus qu'a loué Paul?
4. À quoi servent les restaurants que l'on trouve au bord des routes?
5. Dans l'industrie touristique, à quoi servent les guides?

explications
supplémentaires
et devoirs

Interrogatives [1.1]

There are two main types of questions: (1) those that can be answered
by *yes* or *no* [**Vous retournez aux États-Unis?**] and (2) those requiring a more
specific answer [**Quand retournez-vous?**]. The second type is introduced by
a question word, such as **comment, où, qui, que, quand.**

In French, the form a question will take depends on the language level
involved: literary, formal speech, informal speech, substandard. For *yes-no*
questions, the literary language prefers inverted questions at all times. In
formal situations, inverted questions tend to be used quite often, but **est-ce
que** is always possible. In informal speech, uninverted questions [**Vous partez?**]
are usual, but again **est-ce que** is appropriate. **Vous partez?** is a casual question. **Est-ce que vous partez?** implies that the questioner really needs to know
the answer. On the other hand, **Partez-vous, monsieur?** places a certain distance between questioner and person addressed, and implies a kind of
formality which might be inappropriate in some circumstances. Only with
"courtesy" verbs like **pouvoir** and **vouloir** [**Pouvez-vous m'aider? Voulez-vous
vous asseoir?**] are inverted questions common in informal conversation,
and these often involve polite requests rather than real questions.

The second type of question, using a question word, is also influenced
by the level of language. In colloquial, informal speech you may come across
uninverted questions like **Vous partez quand? Il va où, votre ami? Pourquoi tu
fais ça?**, but these are considered somewhat substandard and should be
avoided. A few widely used expressions such as **Ça coûte combien?** are, however, acceptable.

In general, the foreigner is best advised to use the inverted forms [**Quand
partez-vous?**] except with **qu'est-ce que**, which is much commoner and easier

to use than **que.** For active use, then, say **Qu'est-ce que vous faites?** rather than the more formal **Que faites-vous?** and don't use the vulgar **Vous faites quoi?** Likewise say **Quand partez-vous?** rather than the long-winded **Quand est-ce que vous partez?** (But don't be surprised if your French friends ask you **Vous partez quand?**)

The present tense [1.3]

The present tense in French denotes either an action now in progress or a general or habitual occurrence. It also may have past or future meanings. **J'arrive dans un moment** = *I'll be there in a minute.* **Je le fais ou je ne le fais pas?** = *Shall I do it or not?* **Il arrive de Paris** = *He's just come from Paris.*

In English we must distinguish between "I am doing something" (the true present, *now*) and "I do something" (as a rule, but not necessarily right now). French does not make this distinction, so, for example, **je parle français** may mean either *I am speaking French* or *I speak French.* For clarity, if you are referring to right now, you may say **je suis en train de parler français** or **je parle français en ce moment.**

Used with **depuis** (or **il y a, voilà, ça fait . . . que**) and a time expression, the French present usually corresponds to the English "I have been doing something": **Je travaille depuis deux jours** (or **il y a deux jours que je travaille**, or more informally **ça fait deux jours que je travaille**) = *I have been working for two days.* With verbs that do not normally take the progressive form (*be —ing*) in English, such as *to be, to know, to have, to see, to hear*, etc., the correspondence is with the simple perfect: **Je suis ici depuis deux mois** = *I have been here for two months.* Note then the difference between *I have had several letters from him* = **J'ai eu plusieurs lettres de lui** and *I have had this book for a long while* = **J'ai ce livre depuis longtemps.**

In the spoken language the three forms of the singular of the present tense are almost always pronounced alike; the endings, whatever they may be, are silent: **je parle, tu parles, il parle; je vends, tu vends, il vend**). In the first conjugation, the third person plural is also pronounced like the singular (**ils parlent**), and only the context permits the hearer to distinguish which is meant (except in cases of liaison: **il aime, ils aiment** pronounced [ilzεm]). In the other conjugations, as with most irregular verbs, a distinction is made between the singular, where the final consonant of the stem is silent, and the plural, where it is pronounced. Thus **il vend** [vã], but **ils vendent** [vãd]; **il finit** [fini], but **ils finissent** [finis]; **il part** [par], but **ils partent** [part].

Articles [1.5]

Articles are more important in French than in English, since they are the only way of distinguishing the plural of a noun from its singular in the spoken language, where the -*s* is silent. Most nouns are accompanied by an article. Be sure to insert articles in sentences like *I hate professors* = **Je déteste les professeurs** or *She sells books* = **Elle vend des livres**. The definite article was used in the first of these examples because the meaning was *all* professors; the partitive was used in the second example because the meaning was *some* books. (More will be said on this subject in Chapter 5.)

DEVOIRS

A. Ask the questions to which the following sentences might be the answers. Be as specific as possible. Multiple answers could be correct in some cases.

MODÈLE: Pierre est arrivé hier.
Qui est arrivé hier? (or)
Quand Pierre est-il arrivé?

1. Je m'appelle Paul Carter.
2. Je fais un reportage.
3. Je suis en France depuis septembre.
4. Elle attend des amis.
5. Votre opinion m'intéresse.
6. Jean Després questionne les étrangers.
7. Les touristes répondent aux questions.
8. Ils sont là pour visiter la France.
9. Jean pose beaucoup de questions.
10. Il est journaliste.

B. Fill in the blanks with **qui, quoi, que,** or **qu'.** The reply to each question is given to help guide you.

1. À —— parle-t-il? Il parle aux Américains.
2. —— est-ce —— vous faites? Je travaille.
3. De —— parlez-vous? De mon voyage.
4. —— est-ce —— vous intéresse? Vos idées.
5. —— est cet homme? Un journaliste.
6. —— voulez-vous? Vous parler.
7. —— voulez-vous voir? Jean Després.
8. Avec —— voulez-vous voyager? Avec mes amis.

C. *Translate into French.*

1. He is studying English now.
2. He has been talking French for ten minutes.
3. We visit France every year.
4. How long have they been here?
5. They are going to the United States.

6. Their plane is late.
7. It's nice to be on time.
8. Are you well?

D. *Thème d'imitation.* Translate into good French. (Note: if in doubt as to how best to express some idea, consult the reading passage of the chapter.)

"May I ask you some questions? What is your nationality?"

"I am an American."

"How long have you been in France? When are you returning to the United States?"

"I have been here for three months and I am going back on the first of May."

"What is your profession?"

"I am a student. I have been studying French at the Sorbonne since November."

"You speak French well. Where do you live in the United States?"

"I come from New York. I am interested in journalism and I am visiting France to study Franco-American relations."

E. *Composition.* Qui êtes-vous? Parlez à un nouvel ami français de vous-même: votre nationalité, la ville d'où vous venez, les choses que vous aimez ou que vous n'aimez pas, votre famille, la profession pour laquelle vous vous préparez, etc.

CHAPITRE 2

Personal pronouns [2.1]

The rule for the placing of pronouns in a French sentence is only part of a more general principle which you need to keep in mind when speaking French: the most important words—those which you wish to stress because they express new information or are in contrast with some other words—must come at the end of a sentence or before a pause. This is because the stress accent in French is always on the last syllable of a rhythmic group: **Je l'ai VU.**

English is free to stress *any* word in a sentence: "*I* saw him, didn't *you*?" "I *saw* him, but I didn't *hear* him." "I saw *him*, but not *her*." In many cases, French speakers will duplicate a pronoun or insert a relative clause to provide a final or pre-pausal position for the stressed word: **Moi, je l'ai vu, pas vous? C'est lui que j'ai vu, mais pas elle.** The pronouns which precede the verb are always unstressed, and the "disjunctive" stressed forms (**moi, toi,** etc.) must be used for special emphasis. In colloquial French, it is common to hear such "fragmented" sentences as **Moi, j'y crois, à cette théorie** instead of **Je crois à cette théorie,** with duplication of both subject and object.

Watch out for **lui.** As an unstressed form before the verb it is both masculine and feminine: **Vous parlez à Paul? Oui, je lui parle. Vous parlez à Marie? Oui, je lui parle aussi.** As a stressed form it is masculine *only*; you must use **elle** for the feminine: **Vous sortez avec Paul? Oui, je sors avec lui. Vous sortez avec Marie? Oui, je sors avec elle.**

The future tense [2.4]

The future tense in French definitely expresses a certain time lag: i.e., it means not right now, but later. The English future auxiliaries, *will* and *shall*, may be used for an action you intend to perform immediately as well as later, and also often have modal meanings (intent, necessity, probability, etc.). So there are a great many cases where the French future should not be used when translating the English *will* and *shall*.

An action which you intend to perform right away should be put in the present tense or in the **aller**-*plus-infinitive* construction: "I'll be right there." = **J'arrive tout de suite.** "I'll do it right now." = **Je vais le faire immédiatement.**

The modal meanings of *will* often require forms of **vouloir**: "Will you do that for me?" = **Voulez-vous faire ça pour moi?** "He *will* not (i.e., refuses to) obey." = **Il ne veut pas obéir.**

Will is also used for habitual action, which is usually expressed by the present tense in French. "Every night they will spend hours in front of the television set." = **Tous les soirs ils passent des heures devant la télévision.**

Shall in questions often asks for approval or poses an alternative: "Shall I do it?" "Shall I go or stay?" This is usually a present tense in French, or may be translated by a form of **devoir: Je le fais ou non? Est-ce que je dois partir ou rester?**

On the other hand, English tends to avoid the use of *will* in subordinate clauses, even though these are definitely future in meaning: "Let me know what he says when he comes tomorrow." These are naturally future in French: **Faites-moi savoir ce qu'il dira quand il viendra demain.**

Also watch out for verbs like *can* or *may*, which have no future in English: "We can go next year." = **Nous pourrons y aller l'année prochaine.**

Faire causative [2.5B]

Note that **faire** is always followed by the infinitive in French, whether the meaning is active or passive: "I had him build the house." = **Je lui ai fait construire la maison.** "I had the house built." = **J'ai fait construire la maison.** (The same is true of verbs like **voir** and **entendre: J'ai vu construire la maison.**)

Double object constructions with **faire** can sometimes be awkward and ambiguous: **J'ai fait lire la lettre à la jeune fille** = "I had the girl read the letter" or "I had the letter read to the girl." These are often best avoided, even though grammatical. In the first meaning, you may say: **J'ai dit à la jeune fille de lire la lettre,** or **J'ai fait lire la lettre par la jeune fille.** In the second meaning, you might say: **J'ai demandé qu'on lise la lettre à la jeune fille.**

Adjectives [2.6]

The spelling of French adjectives may hide the true pronunciation differences between masculine and feminine, singular and plural. The plural -*s* (or -*x*) is of course silent except in liaison before a noun beginning with a vowel, where it is pronounced [z] (mes grands amis, les beaux arbres). Many adjectives with four written forms have only one pronunciation outside of liaison (e.g., **joli, jolie, jolis, jolies**). Others have two.

Watch out for adjectives like **content, contente**; in speaking, the feminine is marked by the pronunciation of the *t*; in the masculine, the final *t* must be silent. This could prove embarrassing: **mon ami français** [frãsɛ] and **mon amie française** [frãsɛz] are not the same (*vive la différence!*).

The position of adjectives is again determined mainly by the principle of the most important information coming at the end of the phrase (more in Chapter 9).

DEVOIRS

A. Emphasize the subject of the following sentences.
MODÈLE: Je ne sais pas.
    Moi, je ne sais pas.

1. Je n'y vais pas.
2. Il va travailler en France.
3. Elle connaît la Bourgogne.
4. Nous avons du travail.
5. Vous ferez ce que je vous dirai.
6. Ils ne seront pas capables de le faire.
7. Elles vont visiter les églises.
8. Je parlerai aux touristes.

B. *Translate into French.*

1. I'll come right away.
2. I'll go there next week.
3. When he gets there, call me.
4. Shall I answer her?
5. She doesn't like me; she won't talk to me.
6. We're going to leave soon.
7. When we're in France next year, we can visit Burgundy.
8. Will you help me, please?

C. Add **je ferai** causative to the following sentences. If there is possible ambiguity, use **par** instead of **à**.

MODÈLE: Les touristes visiteront les cathédrales.
Je ferai visiter les cathédrales aux touristes.
MAIS: Ma mère lira la lettre.
Je ferai lire la lettre par ma mère.

1. Jean Després posera les questions.
2. Cet architecte construira la maison.
3. Paul Carter racontera la vie de Saint Bernard.
4. Ils prendront l'avion.
5. Un journaliste questionnera les étrangers.
6. Marie écrira une lettre.

D. *Thème d'imitation.*

At Chalon

"Good morning. I would like to introduce myself to you. I am Paul Carter, your guide. I am going to have you visit the old churches of Burgundy. Today I shall take you to see Vézelay, and tell you about the life of Saint Bernard, who preached there. Can you hear me when I speak? Please trust me. I know the history of Burgundy and I will be able to answer the questions you ask me. It is a fine day. Please come with me now. We shall begin by taking a short walk in the town."

E. *Composition.*

1. Racontez ce que vous ferez quand vous aurez fini vos études.
2. Supposez que vous allez être moniteur ou monitrice dans un camp d'enfants. Qu'est-ce que vous leur ferez faire?

CHAPITRE 3

Plural of nouns: [3.1A]

Note that except for the change from -*al* to -*aux* (pronounced [o]), all the plural endings are purely orthographical: the plural is almost always pronounced exactly like the singular. It is the article or other introductory word which distinguishes singular from plural in speech. Hence a phrase like "person or persons unknown" must become in French **une ou des personnes inconnues**.

Prepositions with geographical names [3.1B]

Usage here can be quite tricky with faraway countries or such exotic places as American states. For recently created countries even the dictionary is of little help at times. Note that **à** alone is used for many island countries: **à Cuba**. Read contemporary magazines and periodicals to keep up to date. For American states, use **en** with those ending in -*e* in French, except Maine (**en Pennsylvanie, en Virginie, en Californie, en Floride, en Caroline du Nord, en Caroline du Sud**), **dans le** with most others (but **au Nouveau Mexique, au Texas**). Do not expect consistency of usage.

Note the general principle that French does not distinguish between the place where you are and the place to which you are going. Hence *to Paris* and *in* or *at Paris* are all **à Paris**; *to France* and *in France* are **en France**. The preposition that is chosen depends entirely on the name following it.

Imperfect and passé composé [3.2]

Two English past tense constructions are almost always translated by the imperfect in French: "I was doing something" and "I used to do something." "I have done something" is normally translated by the passé composé, except where it refers to an action still in progress (see 1.3B). "I had been doing something (for some time)" is also normally an imperfect tense, corresponding to the present tense after **depuis**. But "I had done something" is generally a pluperfect tense: **j'avais fait quelque chose** (see 8.1A).

Problems arise with the English simple past ("I did something") which may correspond either to the imperfect or to the passé composé. The imperfect describes the *way things were* (condition, habitual action), and the passé composé is used to show *how things changed* (what happened). This can of course be merely a question of the point of view of the speaker; for example, the same rain can be spoken of as **il pleuvait** if it is a background description of conditions at a given time, or as **il a plu** if it is viewed as an event (from the vantage point of the present). Any *limitation* of the time involved is likely to call for the passé composé: **Il a plu pendant cinq jours; il a plu longtemps.** (Note that the *length* of time or *amount* of repetition of the action is irrelevant.) Some other examples:

It was very dark and I was frightened. **Il faisait très noir et j'avais peur.** (You were already frightened; that is the way things stood at that moment.)

When I saw the policeman, I was frightened. **Quand j'ai vu l'agent, j'ai eu peur.** (I wasn't frightened before, but I became frightened; things changed.)

In those days we ate dinner at 6: 00. **À cette époque nous dînions à six heures.** (A regular occurrence; the individual dinner is not focussed upon.)

Saturday we ate dinner at 8: 00. **Samedi nous avons dîné à huit heures.** (What happened: a specific event.)

Note that verbs like *I knew* or *I had* are almost always imperfect, since they denote a pre-existing condition. **J'ai su** means *I found out, I learned*; **j'ai connu** means *I met, got to know*; **j'ai eu** may mean *I got*.

With experience you will come to feel this distinction. Concentrate on verbs in these tenses as you read. In formal literary style there are many more complex nuances, which need not be mentioned here.

Avoir expressions [3.5]

Avoir expressions like **j'ai faim** or **j'ai chaud** are peculiar in that the word following **avoir** partakes of the nature of both noun and adjective: it can be modified by **très** or **trop** like an adjective, but it is invariable like a noun: **Elle a trop chaud. Nous avons très faim.** (But, if further modified, **faim** may return to its noun status: **Nous avons une faim de loup.**)

The subject is always a person: **Marie a chaud,** but **l'eau est chaude,** or, for weather, **il fait chaud. Paul a raison,** but **ce mot est juste; cette forme est correcte; c'est le bon chemin.** **Carol a tort,** but **cette phrase est incorrecte; nous avons pris la mauvaise route.**

DEVOIRS

A. Transpose to the past tense. Put the verbs into the passé composé or the imperfect, as appropriate.

Mon ami et moi, nous sommes en France pour la première fois. Il fait beau, et nous avons envie de visiter Montmartre. Nous montons la butte quand un groupe de jeunes garçons nous interpellent. Ils veulent savoir qui nous sommes, d'où nous venons, pourquoi nous visitons Paris. Nous leur répondons que nous sommes étudiants, que nous venons des États-Unis, que nous voulons connaître le monde entier. Ils rient, et nous accompagnent jusqu'au Sacré-Cœur. Pendant que nous visitons ce monument, ils nous parlent de leur ville et nous expliquent ce que nous voyons. Nous ne comprenons pas toujours ce qu'ils nous disent, mais nous passons quand même un bon après-midi.

B. *Translate into French.*

1. She was going to Paris.
2. We used to travel in France.
3. They have seen Montmartre.
4. When I saw the restaurant I got hungry.
5. She was always thirsty in California.
6. I am too hot.
7. The water is too cold.
8. You're wrong.
9. That sentence is wrong.
10. That's the right street.
11. I feel like staying in the United States.
12. The excursion took place yesterday.

C. *Thème d'imitation.*

In Paris as a Tourist

Carol returned to Paris the following year. She did not want to visit Montmartre in a big American car driven by a chauffeur in uniform. For twelve months she had been dreaming of walking along the Seine with a romantic young Frenchman. She decided to climb the hill of Montmartre on foot. There were no French boys to make remarks about ostentatious American tourists. She compared this visit to the last one she had made with her family. Now she knew how to get along by herself and she was happy.

D. *Composition.*

1. Avez-vous aussi des rêves comme ceux de Carol? Parlez-en.
2. Racontez un incident amusant ou gênant qui vous est arrivé en voyage (ou chez vous, si vous n'avez jamais voyagé!).

CHAPITRE 4

Relative pronouns [4.1]

The important thing is not to confuse relative pronouns with interrogative pronouns, which often have the same form but are structured quite differently. In questions, **qui** always refers to persons: **Qui est arrivé?** = *Who arrived?* Compare: **Qu'est-ce qui est arrivé?** = *What happened?* It may be subject or object: **Qui a vu Carol?** = *Who has seen Carol?* **Qui Carol a-t-elle vu?** = *Whom did Carol see?*

As a relative pronoun, **qui** may refer to either persons or things, but is always a subject (or object of a preposition, referring to persons), never a direct object: **l'homme qui est là** = *the man who is there*; **le livre qui est là** = *the book which is there*; **la personne à qui je parle** = *the person I'm talking to.*

Que as a question word refers always to things: **Que voyez-vous?** = *What do you see?* But as a relative pronoun, **que** refers to either things or persons as a direct object: **la personne que j'ai vue** = *the person I saw* and **la chose que j'ai vue** = *the thing I saw.* Note also, in these last examples, that English often omits object relative pronouns (not subject); French never does. If you have trouble deciding whether a relative pronoun is subject or object, restore the original sentence from which the relative clause is transformed: *the man I saw* is a transformation of *I saw the man. The man* is the object of the verb. So: **l'homme que j'ai vu.** *The man who saw me* is a transformation of *the man saw me. The man* is the subject of the verb. So: **l'homme qui m'a vu.**

Où as a question word refers only to place. As a relative pronoun it refers also to time: **le jour où il est venu** = *the day* (*when*) *he came.* Do not use **quand** as a relative pronoun.

Relative clauses with a preposition have two word orders in English, one more common in informal style, the other in formal style:

Informal: the girl I go out with
Formal: the girl with whom I go out

Note that the French construction corresponds to the English formal style: i.e., the preposition immediately follows the antecedent (**la fille avec qui je sors**).

Relative clauses after **que** may show inverted word order in French, with the noun subject following the verb. This is dependent largely on rhythm. If the subject is longer or more important than the verb, it tends to follow so as to occupy the stressed position at the end, as in the example given in 4.1B: . . . **des remarques que faisait sa mère** = ". . . of the remarks which her mother made." Watch for this in reading, since it can be confusing at times: **les soldats que tuèrent les ennemis** = *the soldiers whom the enemies killed.* Note that if the soldiers had killed the enemies, the phrase would have read: **les soldats qui tuèrent les ennemis**.

The conditional [4.2]

A conditional sentence where the **si**-clause is in the present will normally have the result clause in the present or future: **S'il me parle, je suis heureuse. S'il me parle demain, je serai heureuse.** When the condition is less likely to be fulfilled, the **si**-clause will be in the imperfect, and the result clause normally in the conditional: **S'il me parlait** ("If by some chance he were to speak to me. . ."), **je serais heureuse.** Do not mix these two types, and never use the future or the conditional in the **si**-clause. (See also Chapter 13.)

The present participle [4.3]

The present participle in -*ant* is never used after the verb *to be* for a progressive tense: *I was writing* = **j'écrivais, j'étais en train d'écrire.** Nor is it used after prepositions other than **en**: *without knowing it* = **sans le savoir**; *after finishing* = **après avoir fini.** The construction with **en** may be translated by "on doing something," "while doing something," "by doing something." **Sur** and **pendant** are never used with verbs; **par** is used only after **commencer** and **finir**: *He began by scolding me* = **Il a commencé par me gronder.** Otherwise: *You learn a language by speaking it* = **On apprend une langue en la parlant.**

Possessive and demonstrative adjectives [4.4, 4.5]

There is no distinction in French corresponding to the English *her* and *his*. **Sa mère** may mean either *his mother* or *her mother*. If necessary for clarity, you may add the stressed pronouns [2.2]: **sa mère à lui**; **sa mère à elle**. Watch the spelling of **leur**: no *-s* before a singular noun; *-s* before a plural noun: **leur ami, leurs amis**. Remember that as an unstressed indirect object pronoun, **leur** never takes *-s*: **je leur ai parlé** = *I spoke to them*.

French does not normally bother to distinguish between *this* and *that* (or, for that matter, between *here* and *there*, often both **là**), unless there is a contrast. (More on this in Chapter 7.) With time words, however, one must make a distinction: **ce soir** = *this evening, tonight*; **ce soir-là** = *that evening*. **Ce jour-là** = *that day* contrasts with **aujourd'hui** = *today*. **Matin, semaine**, and **année** are like **soir**: **cette semaine** = *this week*; **cette semaine-là** = *that week*. But note: **ce mois-ci** = *this month*; **ce mois-là** = *that month*.

DEVOIRS

A. Insert the correct relative pronoun.
   MODÈLE: Je connais cette dame. C'est la dame —— je connais.
   C'est la dame que je connais.

   1. Elle voulait retrouver les garçons. Ce sont les garçons —— elle voulait retrouver.
   2. Mes parents m'ont défendu de retourner en France. Ce sont mes parents —— m'ont défendu d'y retourner.
   3. Nous y sommes allés l'année suivante. C'est l'année —— nous y sommes allés.
   4. Ils m'ont envoyée avec un groupe. C'est le groupe avec —— ils m'ont envoyée.
   5. Nous avons pris un autobus. C'est l'autobus —— nous avons pris.
   6. L'autobus est tombé en panne. C'est l'autobus —— est tombé en panne.
   7. Elle s'est plainte à l'organisation. C'est l'organisation à —— elle s'est plainte.
   8. Elles se moquaient des touristes. Ce sont les touristes —— elles se moquaient.
   9. L'hôtel n'était pas confortable. C'est l'hôtel —— n'était pas confortable.
   10. J'ai appris une leçon. C'est la leçon —— j'ai apprise.

B. *Translate into French.*

1. If I were to go back to France, I would choose another hotel.
2. If she likes the group, she will recommend it.
3. It was nice weather the day we arrived in Paris.
4. The bus driver we talked to was an Irishman.
5. That's the last word I'm going to say.
6. On arriving, we spoke to the manager.
7. While working I ate a sandwich.
8. You learn a language best by going to the country where it is spoken.
9. He began by calling the police.
10. I'm not talking about *his* mother; I'm talking about *her* mother.
11. Come and see me this evening.
12. I'll never forget that day.

C. *Thème d'imitation.*

When Carol returned to France, she signed up with a small group which stayed in cheap hotels. First they went to England, then reached Paris by crossing the channel and later taking a bus. Carol found the crossing more painful than anything she had imagined. The sea was rough and she was seasick. Carol was the only member of the group who knew how to speak French. When the bus had an accident, she was called on to explain the situation to the policemen. The Irish driver was very surly. She had not learned in school the precise vocabulary she needed on this occasion. It was getting dark and the young people were hungry. Carol was able to talk to the villagers and they opened up their shops. If she visits Europe again, she will travel alone or with a friend.

D. *Composition.*

1. Si vous aviez l'occasion, aimeriez-vous mieux voyager en groupe ou seul(e)? Où iriez-vous? (Au conditionnel, s.v.p.!)
2. Parlez de votre famille: votre père, votre mère, vos frères et vos sœurs.

CHAPITRE 5

Negatives [5.1]

In contemporary French, the important element in negative expressions is the one which follows the verb: **pas, jamais, plus**, etc. These words can be used by themselves with a negative meaning, when the verb is not expressed: **Qui l'a vu? Pas moi. Plus de bruit, tu entends?** (*No more noise . . .*) **Ne** by itself has virtually no meaning, except in archaic expressions like **je ne sais** = *I know not*. Substandard French often omits **ne**: **je sais pas** = *I dunno*. In general, if you forget the **ne**, few will notice the difference. But if you forget the **pas**, your sentence will not be understood.

Watch out for **ne . . . que** in reading. The two elements are often separated by a considerable distance: **Je n'avais en tout et pour tout que deux francs dans ma poche.** = *I had altogether only two francs in my pocket.* Note that the **ne . . . que** construction cannot be used to restrict the subject or the verb of a sentence. *Only he can do that* must become **Il n'y a que lui qui puisse faire ça** or **Lui seul peut faire ça.** *I only know how to read* = **Tout ce que je sais faire, c'est lire.**

Active, passive, and reflexive forms [5.2]

Forms with *to be* plus the past participle in English or **être** plus the past participle in French *may* be true passives or they may merely indicate a condition resulting from a past action. So, for example, **La maison est construite** = *The house is built* (i.e., finished; someone has built it). Contrast this with *The house is being built* (i.e., someone is building it now). In the first case, the literal translation in French is perfectly natural. In the second, French would *not* use a passive construction, but rather: **On est en train de construire la maison.**

In general, avoid passives with reference to an action in progress. Hence, *He is being followed* = **On le suit.** But for a past action, the passive is a perfectly acceptable construction when the agent is not expressed: *He was followed* = **Il a été suivi.** If in doubt, use **on**, which is usually correct. When the agent is *impersonal*, however, you have to use the passive: *Her house was destroyed* (by an earthquake) = **Sa maison a été détruite.**

Be particularly careful with cases where the verb has an indirect object in French. There is no construction corresponding to the very common English expressions "I was told," "I was given something," "He was spoken to," etc. Use **On m'a dit, On m'a donné, On lui a parlé,** etc.

The partitive article [5.4]

Since English in many cases does not use articles, and French almost always does, a problem arises when the English noun has no article. In this case, we have to choose between a definite article and a partitive article in French. The general rule is that when you are talking about *all* of the thing or things in question, the *class* of men or water or whatever, you use the definite article, otherwise the indefinite or partitive article is used. **Des** is the plural of **un** or **une** and is used with nouns that can be counted. **Du, de la** (**de l'**) are used with things that are not counted. Compare:

I like wine.	**J'aime le vin.**
I drink wine.	**Je bois du vin.** (I like all wine but can only drink some!)
She loves candy.	**Elle adore les bonbons.**
She writes novels.	**Elle écrit des romans.**

Most often, if the word is the object of a verb, it will require a partitive, except with verbs like *like, love, hate,* and others with similar meaning. If it is the subject, it is probably more often used with the definite article: *Wine is good.* = **Le vin est bon.** When the word *some* is or can be expressed in English, the partitive is usually necessary: *Some men arrived.* = **Des hommes sont arrivés.** However, when *some* is stressed in English, it cannot normally be translated as a partitive: *"Some* men like wine." = **Il y a des hommes qui aiment le vin** or **Certains hommes aiment le vin.** All of these hints are merely suggestions, though, and in the end it is the meaning which counts, as always.

The replacement of the partitive by **de** is more or less automatic in the negative and after adverbs of quantity. With adjectives, you will often find the full partitive: people who speak "well" say **de bons amis,** but others may say **des bons amis.** Don't be too shocked! In any case, remember that it is only when the adjective *precedes* the noun and is *in the plural* that you can use **de** alone. *Good wine* is **du bon vin** in contemporary French; *excellent apples* can be either **d'excellentes pommes** or **des pommes excellentes.** With

autres, des can never be used as a partitive; say **d'autres**. With adverbs of quantity such as **beaucoup, peu, trop**, etc., include the definite article (**du, de la, des**) if the sense requires. Contrast **beaucoup de pommes** = *many apples* with **beaucoup des pommes que je vois là** = *many of the apples which I see there*.

Remember also that the partitive article is omitted *entirely* after the preposition **de** used in another meaning.

Contrast: J'ai **du** lait.   J'ai besoin **de** lait.

J'ai **de** l'argent.   J'ai besoin **d**'argent.

J'ai **de la** confiance.   J'ai besoin **de** confiance.

J'ai **des** ciseaux.   J'ai besoin **de** ciseaux.

You never say *de du, de des*, etc., but simply **de**.

DEVOIRS

A.   Expand the answers in the following sentences, according to the example. Make all other necessary changes.

MODELE: —Vous venez?   —Pas encore.
          Je ne viens pas encore.

1. Vous nagez? Plus maintenant.
2. Vous êtes allé en France? Non, jamais.
3. Vous avez vu quelqu'un? Non, personne.
4. On vous a dit quelque chose? Non, rien.
5. Elle est venue? Non, pas encore.
6. Vous avez de l'argent? Guère.

B.   Add **il n'y a que** to the following sentences, so as to restrict the subject.
MODÈLE: Il parle bien dans la classe.
          Il n'y a que lui qui parle bien dans la classe.

1. Il commande un grand repas.
2. Je parle français ici.
3. Cela m'intéresse.
4. Tu expliques cela très bien.
5. Elle se rappelle son nom.
6. Les hors-d'œuvre arrivent les premiers.

C.   *Translate into French.*

1. We haven't done anything.
2. She hasn't left yet.
3. He doesn't smoke any more.
4. They spoke only ten minutes.
5. I was told you were coming.

   6. The meal is being prepared.
   7. Her house was destroyed in the war.
   8. My questions have been answered.
   9. The new school is finished.
 10. Wine is too strong; I prefer beer.
 11. We drink water with meals.
 12. I need money.

D. *Thème d'imitation.*

Linda's parents were interested in good eating. They dined in some very expensive restaurants, and in one of these places they met a bold (*osé*) young American. They found out that his first name was Harvey. As Linda and her parents were being served, he was finishing a very fine meal, which was accompanied by several wines. After his coffee he ordered a liqueur. Then the waiter brought the bill. Harvey examined it closely, and finally admitted that he did not have enough money to pay for his meal.

The owner of the restaurant, who was also the cook (in the best French tradition), ran out of the kitchen crying indignantly that Harvey was a thief and a gangster. That was the moment Linda and her parents chose to leave.

A few days later, they were astonished to meet Harvey again in another expensive restaurant facing another irate restaurant owner. Who says that tourists are always fleeced (*volés*) by the people of the countries they visit?

E. *Composition.*

   1. Aimez-vous la bonne cuisine? Quelle sorte de plats préférez-vous?
     Composez le menu d'un bon repas (à la française, si possible!).
   2. Approuvez-vous les actions de Harvey? Discutez.

CHAPITRE 6

Y and *en* [6.1]

There are three basic types of verb used with indirect objects. Type I may take **y** (for things) and **lui** or **leur** (for persons). There are not too many such verbs, but at least two (**répondre** and **obéir**) are frequent:

Je réponds **au professeur.**	Je **lui** réponds.
Je réponds **à la lettre.**	J'**y** réponds.
J'obéis **aux autorités.**	Je **leur** obéis.
J'obéis **aux lois.**	J'**y** obéis.

The distinction here is obligatory: **y** must be used when the reference is to a thing; **lui** or **leur** when the reference is to a person.

Type II takes **lui** or **leur** for persons, but is not used with **y** in correct French. This group includes verbs which would only rarely be used with nonpersonal indirect objects anyway, such as **dire**, **parler**, **donner**.

Je dis bonjour **au professeur.**	Je **lui** dis bonjour.
Je dis bonjour **au soleil.**	Je **lui** dis bonjour.

(Presumably in the second example the sun is personified, but in any case **y** would not be used.)

Type III takes **y** for things (or to replace **à** plus infinitive), but cannot be used with unstressed **lui**, **leur** (or **me**, **te**, **nous**, **vous**). If the reference is to a person, one may use the stressed forms after the verb (**à lui**, **à elle**, **à moi**, etc.). Familiar French may replace these by **y**, but foreigners would do best to avoid this, since it might not always sound correct.

These verbs include all reflexive verbs, verbs of motion, and a few others, such as **penser**, **réfléchir**, **tenir**:

Je m'adresse **au président.**	Je m'adresse **à lui.**

173

Je m'applique **à mon travail.**	Je m'y applique.
Nous pensons **aux examens.**	Nous y pensons.
Nous pensons **aux filles.**	Nous pensons **à elles.** (Also, familiarly, nous y pensons.)
Je tiens **à cette idée.**	J'y tiens.
Elle est venue **à moi.**	(But, **Il m'est venu une idée.** = *An idea struck me.*)

When writing, if in doubt as to which group a verb belongs, check a dictionary (one of sufficient size to give examples of use!).

Reflexive (pronominal) verbs [6.2]

Pronominal or reflexive verbs are a large category in French and may have many different meanings. Two of these senses are quite clear and precise: the true reflexive and the reciprocal. In the true reflexive, the object of the action (direct or indirect) is the same as the subject:

Je me suis regardé dans le miroir.	*I looked at myself in the mirror.*
Elle se parle tout le temps.	*She talks to herself all the time.*

Do not confuse this use of the English "myself," etc., with that which is merely emphatic: *I did it myself.* = **Je l'ai fait moi-même.** Of course, it is often correct to emphasize the reflexive too: **Elle se parle à elle-même. Cet enfant sait s'habiller lui-même.** But the reflexive cannot be omitted in such cases.

The "reciprocal" meaning of the reflexive is (*to*) *each other,* (*to*) *one another.* The subject is always plural:

Nous nous écrivons.	*We write to each other.*
Ils ne se parlent plus.	*They've stopped speaking to one another.*

Note that these forms are potentially ambiguous: the last sentence *might* mean "they've stopped talking to themselves." But the context is usually clear, and the reciprocal meaning will be understood if it is the most natural, as here. For clarity, one may add the expression **l'un l'autre (les uns les autres, l'un à l'autre, les uns aux autres,** etc.):

Ils se détestent l'un l'autre.	*They hate each other.*
(Two people are involved.)	
Ils s'écrivent les uns aux autres.	*They write each other.*
(More than two people are involved.)	

Type III verbs (**penser,** verbs of motion, etc.) cannot take a reflexive object:

Ils pensent l'un à l'autre.	*They are thinking of each other.*
Elle pense à elle-même.	*She's thinking of herself.*

Note also:

Ils ont besoin les uns des autres.	*They need each other.*
Ils luttent l'un contre l'autre.	*They fight each other.*

Reflexive verbs often correspond to an English intransitive verb—that is, one used without an object. When an object is present in the English sentence, the French sentence does not use the reflexive; when there is no object, the French uses the reflexive:

He stopped.	**Il s'est arrêté.**
The policeman stopped him.	**L'agent l'a arrêté.**
I woke up.	**Je me suis réveillé.**
You woke up the baby.	**Tu as réveillé le bébé.**

There are many such verbs, but some do not always use the reflexive in French (**casser, changer,** etc.). Consult a dictionary if in doubt.

A reflexive verb may also be used to denote a change of position or condition. In this case, it usually corresponds to a form with **être** and the past participle (used as an adjective), which refers to *being in* that condition, not *getting into* it:

Je suis fatigué.	*I am tired.*
Je me suis fatigué.	*I got tired.*
Je suis assis.	*I am sitting down.*
Je me suis assis.	*I sat down.*
Ils sont couchés.	*They're lying down.*
Ils se sont couchés.	*They lay down.*

DEVOIRS

A. Answer the following questions, using the correct pronouns.

MODÈLE: Vous allez à Paris?

Oui, j'y vais.

1. Vous répondez au professeur?
2. Vous obéissez aux règlements?
3. Vous parlez au contrôleur?
4. Vous avez pensé à vos affaires?
5. Vous vous fiez aux employés?
6. Vous tenez à votre opinion?

B. Add **moi-même (lui-même, elle-même,** etc.) or **l'un l'autre (l'un à l'autre)** to the following sentences, according to their most likely meaning.

MODÈLE: Elle s'est soignée. *Elle s'est soignée elle-même.*

Ils se sont regardés. *Ils se sont regardés l'un l'autre.*

1. Ils s'écrivent tous les jours.
2. Nous ne nous parlons plus.
3. Il s'habille.
4. Vous vous voyez souvent?
5. Vous vous êtes préparé à l'avance?

6. Ils ne s'écoutent plus.
7. Est-ce que vous vous connaissez?
8. Il se coupe les cheveux.

C. *Translate:*

1. I saw her.
2. I saw it.
3. I answered her.
4. I answered it.
5. I trusted her.
6. Don't think about it.
7. He talks to himself.
8. He went there himself.
9. They hate each other.
10. The train stopped.
11. He stopped the train.
12. They got lost.
13. They are lost.
14. He went to bed.
15. He is in bed.
16. He is going to bed.

D. *Thème d'imitation.*

Liz and her sister were told not to hitchhike in France. People don't like to stop and pick up strangers. Therefore they gave it up and took the train in the direction of Vichy, carrying all their belongings in a backpack. When the train stopped at Lyon, the girls rushed out to get something to eat in the station restaurant. Some twenty minutes later, they came back to the compartment they had left, but their bags were not there. They ran up and down the train, but could not find their lost baggage.

The conductor told them to hurry up and get off the train. This one was supposed to leave for Marseille in three minutes. If they ran to platform four, they could catch the train for Vichy. What were they to do? The parents of their French friend expected them in Vichy. Should they abandon all their things?

E. *Composition.*

1. Avez-vous fait de l'auto-stop? Racontez vos expériences.
2. Si vous alliez en Europe, comment voyageriez-vous?
3. Racontez votre journée typique. Employez des verbes pronominaux.

CHAPITRE 7

Demonstrative pronouns [7.1]

Note that in correct French **celui, celle**, etc., must be followed by either **de, -ci, -là**, or a relative pronoun. So a sentence like **j'ai vu celui** is impossible; you must say **j'ai vu celui-là** (or **celui que je viens de mentionner, celui d'en bas**, etc.).

French does not normally distinguish between *this* and *that* or between *here* and *there* unless there is a contrast. The demonstratives in **-là** (ce . . . -là, **celui-là, cela**) are neutral as to distance, as is the adverb **là** itself and the pointer word **voilà**:

Je suis là.	*I am here.*
Me voilà prêt.	*Here I am, ready.*
C'est bon, ça.	*This is good.*

The forms in **-ci** are specially marked for nearness, and are less frequent than the forms in **-là**:

Non, je veux celui-ci, pas celui-là.	*No, I want this one, not that one.*
Il habite ici même.	*He lives right here.*

Note that **celui-ci** may mean *the latter* (the nearest thing just mentioned), and **celui-là** may mean *the former*. The order of presentation is generally opposite to English:

> **J'ai vu Marie et Jeanne hier. Celle-ci** (Jeanne) **va s'inscrire aux cours ici; celle-là** (Marie) **part pour l'étranger.**

Ceci and **cela** are often used in a text to refer to what is going to be said (**ceci**) and what has just been said (**cela**). In general, avoid translating *this* by **ceci** if it refers to something already mentioned:

He didn't speak to me. This seemed strange. **Il ne m'a pas parlé. Cela m'a paru étrange.**

But: *Now listen to this.* **Maintenant écoutez ceci.**

Possessive pronouns [7.2]

As with adjectives, watch out for "his" and "hers," either of which may be any of the forms **le sien, la sienne, les siens** or **les siennes**:

I see my hat. Where is hers? **Je vois mon chapeau. Où est le sien?**
I don't like these apples. His are better. **Je n'aime pas ces pommes. Les siennes sont meilleures.**

The present subjunctive [7.3]

In many cases the subjunctive is mandatory and not a matter of choice. For example, you must say: **Il faut que j'y aille**; the indicative would be impossible after **il faut que**. In a few cases, however, most notably after verbs of believing, asserting, etc., in the negative or interrogative, you do have a choice between the subjunctive and the indicative. It depends on how much you really believe the proposition in question:

Croyez-vous qu'il le **fasse?** *Do you think he will do it?*
    (I am doubtful.)
Croyez-vous qu'il le **fera?** *Do you think he will do it?*
    (I have no idea. I'm just asking.)
Je ne pense pas que c'**est** vrai. *I don't think it's true.*
    (In fact, I'm pretty sure it isn't.)
Je ne pense pas que ce **soit** vrai. *I don't think it's true.*
    (But, of course, it might be.)

But in the affirmative, the subjunctive would be impossible:

I think it's true. **Je pense que c'est vrai.** (Never **soit.**)

The same thing applies after superlatives or **seul, premier, dernier.** Here the indicative is used for stating an objective *fact*, the subjunctive for an *opinion*:

C'est le seul livre qu'il **écrivit.** *It's the only book he wrote.* (fact)
C'est le seul cours qui me **plaise.** *It's the only course I like.* (opinion)

Since the nuance is not always too clear, if in doubt, use the subjunctive (which generally sounds more "correct").

In general, the subjunctive is used in cases of doubt or uncertainty, or emotional reaction toward something. If a thing is probable, use the indicative. If it is only possible, or improbable, use the subjunctive (in the subordinate clause, of course):

Il est probable qu'il **viendra.**
Il est possible qu'il **vienne.**
Il n'est pas probable qu'il **vienne.**

But **peut-être** always takes the indicative:

Peut-être qu'il viendra.

A feeling, judgment, or desire takes the subjunctive:

Je suis heureux que tu **sois** venu.
Je suis fâché qu'il **agisse** comme ça.
Il est bon que vous l'**ayez** aidé.
Je veux que vous m'**aidiez.**

Don't worry too much about the subjunctive. In most cases you will be understood if you forget to use it. But you must use the subjunctive and avoid using the infinitive in sentences with **vouloir** like the last example above, otherwise complete misunderstanding might result. Compare:

Je veux le chanter.   *I want to sing it.* (Not *I want him to sing.*)
Je veux qu'il chante.   *I want him to sing.*

A good suggestion is to treat **vouloir** like the English verb *to insist.* You cannot say "I insist her to come," but must say "I insist that she come" (one of the few remnants of the English subjunctive). Follow that pattern in French for **vouloir**: **Je veux qu'elle vienne.**

DEVOIRS

A. Fill in the blanks with the correct form of **celui, celui-ci** or **celui-là**, as seems most appropriate.

1. Vous connaissez cet homme? Oui, c'est —— qui a volé mes bagages.
2. Où vont ces trains? —— va à Marseille; —— à Vichy.
3. Pour comprendre la France contemporaine, il faut connaître Jean-Paul Sartre et Jacques Cousteau. —— a exploré le fond des mers; —— est philosophe et écrivain.
4. Ce sont bien vos sacs, n'est-ce pas? Non, ce sont —— de mes amis.
5. Voulez-vous goûter de cette liqueur? Non, j'aime mieux ——.
6. De tous les cours que je suis, —— est le plus intéressant.

B. Substitute pronouns for the nouns in the following sentences in two stages, as shown in the example.

MODÈLE: C'est le livre de mon ami.
C'est celui de mon ami.
C'est le sien.

1. C'est la valise de mon frère.
2. C'est le chapeau de ma sœur.

3. C'est l'idée du professeur.
4. Ce sont les sacs des jeunes gens.
5. Ce sont les affaires des jeunes filles.
6. Ce sont les enfants de M. Richard.
7. C'est la maison des Durand.
8. C'est la faute de l'employé.

C. *Translate.*

1. Listen to this!
2. I'll take this magazine. No, wait, give me that one instead.
3. That train goes to Geneva; for Marseille take the one which is on track 4.
4. No! Don't touch those books! They're the professor's!
5. You can recognize my suitcases. Mine have my name on them. His are old and don't have a name.
6. Don't mix up our notebooks. Hers is yellow and mine is red.
7. He wants me to help him.
8. I think you're right.
9. It's likely the suitcases have been stolen.
10. It's possible they're still there; I doubt that anyone will have taken them.

D. *Thème d'imitation.*

Although the girls could see their backpacks on a bench inside the baggage room, the employee didn't want them to take them. He said he did not know the bags were theirs. There was nothing in their passports to show that they had lost bags like those. He closed the door of the baggage room in their faces.

They had to stay in Lyon until the following Monday, still wearing the clothes they had had on for a week. They were glad that they could find a youth hostel which would take them in. On Monday they succeeded in finding the person to whom their friend had spoken from Vichy. *He* returned their bags to them.

Liz thought it all would have been simpler in the United States. Bureaucracy there is less rigid. Her sister assured her that, on the contrary, bags left on a train would certainly have been stolen and lost forever.

E. *Composition.*

1. Racontez des difficultés que vous avez eues avec des fonctionnaires ou des employés.
2. Dialogue avec un ami optimiste: il proclame que tout est (ou sera) pour le mieux. Vous le contredisez, en employant tous les subjonctifs possibles.

CHAPITRE 8

Verb tenses [8.1]

If we represent time as a continuous band running from left to right, and place ourselves as observers in the middle (representing *present* time), we can show the relationship of the French tenses by the following diagram:

| *Past* | | *Now* | | *Future* |

Je l'ai	Je viens	Je le fais;	Je vais	Je le
fait.	de le faire.	Je suis en train	le faire.	ferai.
		de le faire.		

Note that the present can also be "timeless"; i.e., refer to an action without specifying its time, or be substituted, when the context is clear, for a past or a future. (See 1.3B)

If we place ourselves as observers at a point in the *past*, the relationship of the tenses may be represented as follows:

| | | *Past* | | *Now* |

| Je l'avais | Je venais | Je le | J'allais | Je le |
| fait. | de le faire. | faisais. | le faire. | ferai. |

The *future* point of view may be shown thus:

Now   *Future*

Je l'aurai fait.	Je serai en train de le faire.	Je le ferai plus tard, demain, etc.

The placing of the observer's point of view in the past or in the future may be signalled linguistically with time expressions, but does not need to be:

> **Ce jour-là,** il était **en train d'**étudier son manuel. Il aurait un examen **dans trois jours**; il allait passer toute la nuit à lire ses notes. Il avait déjà fini la composition qu'il serait obligé de rendre **le lendemain.**
>
> **Demain** à cette heure-ci nous serons en route pour Paris. Nous aurons fait nos valises et fermé la maison, et nous serons **en train de** goûter les plaisirs du voyage.

The correspondences with English (approximate, of course) are:

I am doing	Je fais, je suis en train de faire
I was doing	Je faisais, j'étais en train de faire
I will be doing	Je ferai, je serai en train de faire
I do	Je fais
I did	J'ai fait, je faisais (*see section 3.2*)
I will do	Je ferai, je vais faire (*but see section 2.4*)
I have done	J'ai fait
I had done	J'avais fait
I will have done	J'aurai fait
I'm going to do	Je vais faire
I was going to do	J'allais faire
I have been doing	Je fais (*with* **depuis,** *see section 1.3*)
I had been doing	Je faisais (*with* **depuis,** *see section 3.3*)
I've just done	Je viens de faire
I had just done	Je venais de faire

Sequence of tenses [8.1]

In line with the foregoing explanations, the sequence of tenses following a verb in the past results from the fact that the point of view of the observer has been switched to a moment in the past, and so the second diagram p. 181 is the one which is followed. English usually does this too, so it should be no problem in most cases, but occasionally English may be less precise:

> *He asked me whether I went to France in 1950.*
> **Il m'a demandé si j'étais allé en France en 1950.**

Here it is clear that his question took place after your trip to France, so the pluperfect is necessary in French. English often uses a simple past in these cases. Notice particularly that in sentences involving indirect discourse the passé composé cannot normally be used following a past verb in the main clause:

> *He told me he was sick.*   **Il m'a dit qu'il était malade.**
> (If you mean he was sick at the time he told you.)
> **Il m'a dit qu'il avait été malade.**
> (If you mean he was no longer sick by that time.)

Interrogatives [8.4]

Again note the multiplicity of possible forms in French questions. A question like "Where's your friend going?" may be expressed in several ways, ranging from very colloquial to very formal:

> Il va où, ton copain? Où est-ce qu'il va, ton copain? Où va-t-il, ton copain? Où est-ce que va ton copain? Où va ton copain? Où ton ami va-t-il?

Still other variations are heard in substandard French:

> Où il va, ton copain? Où qu'il va, ton copain? Où c'est qu'il va, ton copain?

You will need to understand these when you hear them, but should not attempt to imitate them.

In general, you would do best to use the simple inversion in questions beginning with interrogative words [**Où va ton ami?**] wherever this is correct; where it is not (because the verb has an object), use the complex inversion: **Où ton copain a-t-il fait ses études?** Note that **pourquoi** requires the complex inversion: **Pourquoi ce camion s'est-il arrêté?**

Because of the shortness and formal nature of **que**, you should adopt the more frequently used **qu'est-ce que** in most cases (**Qu'est-ce qu'il a fait?** is more natural in conversation than **Qu'a-t-il fait?**).

Watch out for ambiguous sentences with **quel** such as: **Quels auteurs lisent les Américains?** which can mean either (1) *Which authors read Americans?* or (2) *Which authors do Americans read?* If the second meaning is intended, say **Quels auteurs les Américains lisent-ils?** But remember in reading that the subject may follow the verb in that type of sentence: **Quel rôle jouait cet acteur?** = *What role did that actor play?* (obviously not *What role played that actor?*).

DEVOIRS

A. Change the following passage to a past perspective, starting with **Ce jour-là.**

Il vient de passer la frontière, et il cherche à faire arrêter une voiture. Personne ne s'arrête. On lui a dit que c'est difficile de faire de l'auto-stop en France, et il le croit. Il n'arrivera pas à son université pour l'ouverture des cours. S'il prend le train, il dépensera tout son argent. Enfin un camion le prend. Maintenant tout va être bien: il sera là au moment de l'ouverture, et il aura quand même un peu d'argent pour les frais d'inscription. Il est content.

B. Change the following passage to indirect discourse, starting each sentence with **Je lui ai dit, demandé,** etc., or **Il m'a répondu, constaté,** etc., as appropriate.

—Vous avez assez d'argent pour voyager?

—Oui, si je peux faire de l'auto-stop. Autrement il faudra attendre l'année prochaine.

—Mon cousin a déjà voyagé comme ça il y a deux ans. Il n'a pas eu de difficultés.

—On m'a dit que c'était plus difficile en France qu'ailleurs. Croyez-vous que c'est vrai? Que pensez-vous de cette idée?

—Qui vous a dit ça? C'est peut-être un peu vrai, mais il ne faut quand même pas vous décourager. Mon cousin s'est débrouillé très facilement.

—C'est décidé, alors. Je vais partir dès la fin des cours.

C. *Translate.*

1. Have you been here long?
2. Had he been there since noon?
3. He asked me if I'd seen his hat.
4. She asked him what had happened.
5. I told him what he would have to do.
6. When is your friend leaving?
7. Where will your sister be taking courses?
8. Whom is Peter traveling with?
9. What does that man do?
10. Why is the priest going to Holland?

D. *Thème d'imitation.*

Peter and his friend hitchhiked all around France. People had told them that they would be lucky if drivers stopped for them. They crossed the Franco-German border near Strasbourg and stood beside the highway to the South. They wondered which drivers would stop. They had been waiting only a few minutes when a truck picked them up. The driver asked where they came from and told them they should fly a small American flag. They slept all night in the back of the truck and were so hungry when the truck left them in Toulon that they devoured bread, sausage and cheese before washing in the free showers on the beach. They spent several marvellous days there.

From there they wanted to go to the Spanish border. This part of their trip was less interesting. They had been standing at the roadside for hours before a small car stopped. It was driven by a Spanish tourist who knew neither English nor French. However, at Bordeaux he took them to a priest friend of his who kept them several days at his home. This priest travelled a great deal and asked them if they would go with him as far as Holland. But they had to return to the United States.

E. *Composition.*

1. L'attitude des étrangers envers les Américains: Pourquoi semblent-ils souvent nous détester?
2. Racontez, dans le discours indirect, une conversation que vous avez eue avec un copain où vous vous êtes disputés sur un sujet quelconque.

CHAPITRE 9

On [9.1A]

In English, *one* as an indefinite pronoun belongs to the literary language or to somewhat snobbish speech: "One doesn't do that in our circle." (Which, incidentally, would probably be **Cela ne se fait pas dans notre milieu.**) French **on**, on the other hand, is part of everyday language, and is more common in colloquial speech than anywhere else. Get into the habit of using it in cases where English prefers *we, you, they* or a passive:

> *In my country we never go anywhere on foot.*
> Dans mon pays on ne va jamais nulle part à pied.
> *You can't see the mountains from here.*
> D'ici on ne voit pas les montagnes.
> *In Spain they eat dinner at 10 : 00.*
> En Espagne on dîne à dix heures.
> *Here dinner is served at 8 : 00.*
> Ici on sert le dîner à huit heures.

When *they* refers to the ubiquitous and maleficent authorities and other mysterious powers who always seem to have it in for the ordinary man, however, **ils** is appropriate:

> *Every time I go to a country, they have just revalued the money and I always lose.*
> **Chaque fois que je visite un pays, ils viennent de réévaluer la monnaie, et j'y perds toujours.** (On would of course be possible, but less expressive.)

When *we* refers to specific people, elegant French requires **nous**. But **on** is heard more and more frequently in ordinary speech, and sentences like

Nous, on ne fait pas ça are often heard. (You should not imitate them, though, until you become very fluent.)

Note also **l'on,** often used (especially in writing) for **on,** particularly after **que, si,** or **et,** when no pronoun beginning in *l* follows:

> **les choses que l'on fait = les choses qu'on fait**
> **si l'on veut = si on veut** (but: **si on le veut**)

Other indefinites [9.1C]

Note that **quelques** usually is translated by *a few*. It corresponds to **un peu de** (*a little*), which is used with mass nouns:

> Donnez-moi un peu de riz et quelques pommes de terre.

Un peu de cannot be used with plural nouns. **Quelque** is used with a few abstract singular nouns (**Elle est là depuis quelque temps**). Remember that **quelqu'un** is not the singular of **quelques-uns,** but means *someone, somebody.* The singular of **quelques-uns, quelques-unes,** is **un, une** or **l'un, l'une:**

> Donnez-moi une (*or* l'une) de ces poires.
> Donnez-moi quelques-unes de ces poires.

The verb *to take* [9.2B]

The English verb *to take* is used as an "operator" verb in hundreds of expressions where it does not have a literal meaning. Always check in the dictionary when you are not sure what verb to use in French. Besides the expressions given you in the text, watch out for the cases where *to take* means *to take along with you.* Here **prendre** is rarely appropriate. With things you can carry, you will normally use **emporter**; with vehicles or persons, **emmener.** Similarly, "to bring" is **apporter** or **amener,** according to what you are bringing. If the place to which you are taking something is expressed in the sentence, **porter** or **mener** is usually correct:

Take me with you.	**Emmenez-moi avec vous.**
He took his books along.	**Il a emporté ses livres.**
He will take his car.	**Il va emmener sa voiture.**
Bring a friend.	**Amenez un ami.**
Bring a bottle.	**Apportez une bouteille.**
Take these suitcases to my room.	**Portez ces valises à ma chambre.**
He took her to the station.	**Il l'a menée à la gare.**

WATCH OUT: **Je vais vous prendre chez vous** means *I'll pick you up at your house,* not *I'll take you home!*

Adjectives [9.3]

The change in meaning of adjectives coming before and after the noun results from the general principle in French that words revealing an essential item of information should come at the end of the sentence, and words adding an emotional tone or an incidental opinion should come first. This permits the rhythm of the French sentence to correspond to its meaning: the strongest stress is at the end, with the possibility of an emotional, added stress at the beginning of a word or group. If you examine the meaning of the adjectives given in this chapter, you will find that the ones preceding a noun either have an emotional meaning (*Oh, the poor man* = **Oh, le pauvre homme**) or are more or less incidental (*his own children* = **ses propres enfants**, where **propre** merely emphasizes the possessive). When adjectives have an objective meaning (**propre** = *clean*; **pauvre** = *poverty-stricken*), they come after the noun.

Comparative and superlative [9.4]

In French, **moins** is used almost as often as **plus**, whereas English generally prefers to negate the comparative or use the opposite term:

> **Ce vin est moins bon que l'autre.**   *That wine isn't as good as the other one.*
> **Il fait moins chaud maintenant.**   *It's cooler out now.*

(*Colder* would probably be **plus froid**; similarly *warmer* = **moins froid**; *hotter* = **plus chaud**.)

With the superlative, watch for the repeated article, when the adjective follows the noun: *the smartest student* = **l'étudiant le plus intelligent**. When the adjective normally precedes the noun, the superlative may either precede, in which case the article is not repeated, or follow, in which case it is:

> *the prettiest girl* = **la plus jolie jeune fille** (or)
> **la jeune fille la plus jolie**

The preposition after a superlative is always **de**, whereas in English it is more usually *in*, *on*, etc.:

> *the longest street in the city*   = **la rue la plus longue de la ville**
> *the most expensive house in the neighborhood*   = **la maison la plus chère du quartier**

DEVOIRS

A. Express the following ideas differently, using **on**.
MODÈLE: Les Français dînent à huit heures.
   En France on dîne à huit heures.

1. Les Américains dînent à six heures.
2. Les étudiants de notre université suivent quatre cours par trimestre.
3. Ceux qui désirent traverser l'Atlantique peuvent prendre l'avion ou le paquebot.
4. Les gens du Midi ne chauffent pas les chambres à coucher.
5. Ici nous avons un employé qui parle espagnol.
6. Le lac est visible d'ici.

B. Substitute a form in **moins** for the form in **plus**, keeping roughly the same meaning.

MODÈLE: Il fait plus chaud maintenant.
Il fait moins froid maintenant.

1. Il va faire plus froid demain.
2. Ce fil est plus court que l'autre.
3. Elle est plus petite que sa sœur.
4. Ce livre est plus intéressant que celui que j'ai lu hier.
5. Cette chambre est plus sale que la mienne.
6. Cette église est plus moderne que celle de l'autre village.
7. Leurs repas sont plus compliqués que les nôtres.
8. Ce plat est meilleur marché que l'autre.

C. *Translate.*

1. You can't hear the music from here.
2. We drink coffee with the meal in our country.
3. They serve large meals in France.
4. Lunch will be served at 12:30.
5. I ate a few pastries and a little jam.
6. Some of the students were noisy.
7. You can go to any restaurant and eat well.
8. Talk to anyone.
9. Don't talk to anyone.
10. Take her with you.
11. I'm taking an exam tonight.
12. Do you want to take a walk?
13. Don't take too long to finish that.
14. He brought his friend.
15. He's a former student.
16. That's an expensive restaurant.
17. Is that your own car?
18. It's cooler in here now.
19. She isn't as intelligent as her sister.
20. He's the richest man in town.

D. *Thème d'imitation.*

Joan had just returned from spending a semester in Aix-en-Provence, a university town in the south of France. During that time she lived with a French family. There was no heat in her room, and the landlady told her that it was useless to heat bedrooms. Moreover she insisted that Joan leave her room by 9: 00 a.m. so that all the beds could be made and the housework finished. She had problems with the language. Although *she* had hardly any difficulty understanding, apparently it was not the same with them. She thought sometimes they did it on purpose. They had her repeat one sentence three or four times. In the end she was almost in tears.

That was not all she did not like. Every Sunday her landlords prepared a huge meal for their married children who lived in Marseille. Joan thought it was a waste of time, since it was just a question of receiving the immediate family. They spent the whole day at table. Joan was often invited and gained five or six kilos before she left.

E. *Composition.*

1. Comment perdre du poids.
2. Décrivez un repas de famille chez vous. Est-ce qu'il ressemble à un repas français?

CHAPITRE 10

The literary tenses [10.1]

The literary tenses studied in this chapter need not be learned for *active* use until you are required to write formal essays on a higher level. But it is vital to learn to recognize them when you see them, since they (especially the passé simple) are regularly used in writing. Be particularly careful not to confuse forms of the passé simple and the future:

PASSÉ SIMPLE	FUTURE
je parlai	je parlerai
tu parlas	tu parleras
il parla	il parlera
ils parl**èrent**	ils parl**eront**
ils fini**rent**	ils fini**ront**

Also watch for similar-appearing forms from different verbs, and make certain you know which they belong to:

il fit **(faire)**	il vit **(voir)**
il fut **(être)**	il vint **(venir)**

Forms like **il dit, il finit** are identical to the present of the same verbs. The context will tell you which is intended. But note that other verbs distinguish the two forms:

PRESENT	PASSÉ SIMPLE
il répond	il répondit
il écrit	il écrivit
il conduit	il conduisit
il lit	il lut

Il vit can be either the present of **vivre** or the passé simple of **voir**. Compare:

	PRESENT	PASSÉ SIMPLE
voir	il voit	il vit
vivre	il vit	il vécut

The third-person singular of the imperfect subjunctive (the only form in common use) is always identical to the passé simple, except for the circumflex accent, and the added -*t* in first-conjugation verbs:

PASSÉ SIMPLE	IMPERFECT SUBJUNCTIVE
il parla	il parlât
il fut	il fût
il vécut	il vécût
il vint	il vînt

Note that the result of the non-use of this tense in conversation is that there is no sequence of tenses in the subjunctive in the spoken language—that is, you do not have to shift the verb in the subordinate clause to a past tense when the main verb is past: *I was afraid he was lost* = **J'avais peur qu'il soit perdu** (with present subjunctive translating an English past tense). Of course, in formal literary style, this could be **J'avais peur qu'il fût perdu**. In speaking, the present subjunctive is used when the time *relative to the main verb* is contemporaneous or future. The past (compound) subjunctive denotes time previous to that of the main verb. Compare the indicative and subjunctive uses in spoken style:

je sais qu'il vient	je doute qu'il vienne
je sais qu'il viendra	je doute qu'il vienne (à l'avenir)
je sais qu'il est venu	je doute qu'il soit venu
je savais qu'il venait	je doutais qu'il vienne
je savais qu'il viendrait	je doutais qu'il vienne
je savais qu'il était venu	je doutais qu'il soit venu

Pouvoir and *savoir* [10.3]

The use of these verbs is at times a bit complex for speakers of English, because the verb "can" has many meanings, and is defective (there are no forms such as "I have could," etc.). Compare the following sentences:

I can do it now.	**Je peux le faire en ce moment.**
I can do it next week.	**Je pourrai le faire la semaine prochaine.**
I could do it if I wished.	**Je pourrais le faire si je voulais.**
I could do it when I was young, but I can't now.	**Je pouvais le faire quand j'étais jeune, mais je ne peux plus maintenant.**
I tried but I couldn't do it.	**J'ai essayé, mais je n'ai pas pu le faire.**
I could have done it once.	**J'aurais pu le faire à un moment donné.**
May I help you?	**Puis-je vous aider?**
He *may* be there.	**Il se peut qu'il soit là.**
He *might* know the answer.	**Il se pourrait qu'il sache la réponse.**
He may have left.	**Il se peut qu'il soit parti.**
You might have left a note.	**Vous auriez pu laisser un mot.**

In general, when English uses *could* or *might* with a compound infinitive (*have done*, etc.), French uses a compound tense of **pouvoir** with a simple infinitive. The same is true of **devoir** translating *should have*:

He could have done it.	**Il aurait pu le faire.**
He should have done it.	**Il aurait dû le faire.**

Could may be either conditional or past. If in doubt, substitute *be able* (*I was able* = past; *I would be able* = conditional). This may also help to distinguish **pouvoir** from **savoir** before infinitives, since **savoir** usually can be translated as *can* or *know how to*, but *be able* would be awkward or inappropriate.

I can't play the piano (= I don't know how to play the piano).
Je ne sais pas jouer du piano.
I can't play tonight; I have an exam. (= I'm not able to play tonight).
Je ne peux pas jouer ce soir; j'ai un examen.

The passé composé (or passé simple) of **savoir** and **pouvoir**, since it denotes an action that actually took place, may require a slightly different rendering in English:

J'ai pu finalement ouvrir ce tiroir.
I finally succeeded in opening that drawer (or *got that drawer open*).
Il a su se débrouiller tout seul.
He managed to get along by himself.

Adverbs [10.4]

Note that many adjectives cannot form adverbs in French. This happens especially when there is a corresponding *noun* in **-ment**. So, for example, the word **contentement** means *satisfaction, contentment* and is not usable as an adverb. Also, most past participles (**fatigué, fâché,** etc.) have no adverb. The sentence must be reworked:

They lived there contentedly for many years.
Ils y ont vécu, contents, pendant bien des années.
The cat purred contentedly.
Le chat ronronnait d'un air content.
He spoke angrily.
Il a parlé d'un ton fâché.

The expressions **d'une façon . . . , d'une manière . . . , d'un air . . . , d'un ton . . .** (watch the preposition!) are often useful substitutes for adverbs:

Il la regardait **d'une manière insolente.**
Il lui parlait **d'un ton hautain.**

DEVOIRS

A. Here is a passage written in the formal style, using the passé simple and the imperfect subjunctive. Rewrite it in the informal style, with passé composé and present subjunctive.

Ce jour-là, elle eut dix-huit ans. Ses parents lui firent un cadeau princier: ils lui offrirent un voyage en Europe. Elle accepta, naturellement, et partit deux semaines plus tard pour la France. Elle arriva à Paris sans avoir réservé une chambre d'hôtel, et ne put pas trouver de logement. Il fallut qu'elle s'adressât à un bureau d'accueil pour les jeunes étrangers, où l'on sut finalement lui trouver une chambre minable dans une petite pension. Elle eut beaucoup de peine à manger ce qu'on lui servait, et se hâta de quitter Paris le plus tôt possible. Mais plus tard elle apprit à aimer la France, et elle fut après tout très contente de son voyage.

B. Complete the following sentences with an appropriate adverb, or adverbial expression beginning with **d'une manière, d'une façon, d'un ton,** or **d'un air**. Give several possibilities, if you can think of them.

1. Elle parlait . . .   5. Ils m'ont regardé . . .
2. Il marchait . . .   6. Il criait . . .
3. Je travaille . . .   7. Cet homme conduit . . .
4. Nous vivons . . .   8. Tu manges . . .

C. *Translate.*
1. I doubted he would do it.
2. He was sorry she had had difficulties.
3. I can do it tomorrow.
4. She could travel if she had the money.
5. She couldn't have understood that if she hadn't been to France.
6. He was talking Russian, so I couldn't understand him.
7. Can you swim?

8. They may have gone home.
9. He's already left.
10. He always listened to me attentively.
11. She spoke to him angrily.
12. They'll be here soon.

D. *Thème d'imitation.*

When Joan finishes her third year in an American university, she will spend her vacation in a village of the Club Méditerranée. There she will meet again a very good friend she got to know at Aix.

He and she used to talk about a great variety of subjects. Everything was included: art, love, family, foreign policy, all the aspects of modern life in every country. Joan felt that her friend was interested in anything she could tell him about the United States.

When she had to leave, he asked for her address, and he has written frequently to her since her return. Back home she found she missed their conversations very much. Nothing had the same importance for her. She now looked at life with much greater objectivity.

E. *Composition.*

1. L'importance des voyages pour une meilleure compréhension de votre propre pays.
2. Racontez une histoire (vraie ou imaginée) au passé simple.

CHAPITRE 11

How to avoid the subjunctive [11.1]

Certain uses of the subjunctive are considered somewhat awkward in contemporary French. Statistical studies have shown that it is used in colloquial French mainly in a few specific cases (where, however, it *is* common): in particular, after **il faut que**, **vouloir que**, **avant que**, **pour que**, and **avoir peur que**. But even here, as shown by examples in the text, there are ways of avoiding it. The main thing is not to blunder into too many awkward and incorrect sentences when there are simpler ways of saying the same thing. For this purpose, avoid subordinate clauses where other possibilities exist (this will also enable you to avoid other complex tense forms):

> *Before you go, talk to me.*
> Avant de partir (Avant votre départ), parlez-moi.
> *I'm afraid you're right.*
> Je le regrette, mais vous avez sans doute raison.
> *As soon as I got up, the telephone rang.*
> Je m'étais à peine levé que le téléphone a sonné.
> *She called me so I wouldn't forget to bring the food.*
> Elle m'a appelé pour me rappeler que je devais apporter les provisions.

But Frenchmen do go on using the subjunctive—it is by no means dead, and is even extending its domain somewhat in formal style (for example, **après que** is now often seen with the subjunctive, in spite of the grammarians). So you do need to know it, if only to know when *not* to use it!

The verb *devoir* [11.2]

Like **pouvoir** and **savoir**, the verbs **devoir** and **falloir** can be tricky for English speakers because of the defective nature of the verbs *must, should,* etc., in English. The following hints may be helpful. In general, **falloir** expresses a somewhat stronger obligation than **devoir**, but this may not be true in every context: **Il faudrait que je fasse cela** and **Je devrais faire cela** both mean virtually the same thing: *I ought to do that.* But note the difference between:

Il faut que je fasse cela. I *must* do that.
Je dois faire cela. I am (supposed) to do that.

The forms of **devoir** are used as follows:

Je dois I have to, am supposed to, am to (and will), I must (= probably am)
Je devrais I should, ought to (but probably won't)
Je devais I was supposed to, was to (but didn't)
J'ai dû I had to (and did), I must have
J'aurais dû I should have
J'avais dû I had had to
Je devrai I'll have to

Here are some examples, with English equivalents:

Je dois y aller; c'est essentiel.
I have to go (there); it's essential.
Je devrais y aller, mais je suis trop fatigué.
I ought to go, but I'm too tired.
Je devais y aller, mais j'ai oublié.
I was supposed to go, but I forgot to.
J'ai dû y aller, parce qu'elle me l'a demandé.
I had to go, because she asked me to.
J'aurais dû y aller, mais je n'avais pas le temps.
I should have gone, but I didn't have time.
J'avais dû finir mon travail avant d'y aller.
I had had to finish my work before going.
Il doit être là; je l'entends qui parle.
He must be there; I hear him talking.
Il a dû partir; en tout cas, il n'est plus là.
He must have left; anyway he's no longer there.

Falloir is used in similar ways, but does not have the probability meaning. Note that whenever the context is clear, **il faut** may be used with the infinitive without an expressed subject. This avoids the subjunctive. (The construction **il me faut faire quelque chose** is more or less archaic today. But **il me faut**

[**il lui faut**, etc.] with a noun is common: **Il me faut de l'argent.** = *I need money*.)

Il faut y aller.	*We've got to go.*
Il fallait partir.	*We (they, etc.) had to leave.*
Il aurait fallu te lever plus tôt.	*You should have gotten up earlier.*

Watch out for the negative. Compare:

Il ne faut pas faire ça.	*You mustn't do that.*
Vous n'êtes pas obligé de faire ça.	*You don't have to do that.*

Il ne faut pas expresses a prohibition, not merely a lack of obligation.

Même [11.4]

The translations of **même** are:

even:	Même le professeur était choqué.
	Even the teacher was shocked.
same:	Nous avons le même professeur.
	We have the same teacher.
. . . self:	Le professeur lui-même nous a aidés.
	The teacher himself helped us.
very, right:	J'habite dans le centre même.
	I live in the very center, right in the center.

DEVOIRS

A. Join the two ideas in each instance to form a single sentence.
MODÈLE: Je retourne à Rennes. Il le faut.
　　　　　Il faut que je retourne à Rennes.

1. Je vais en France. Il le faut.
2. Je fais partie d'un groupe. Ils le voulaient.
3. Elle est partie. Je le regrettais.
4. Vous êtes heureux. Je le sais.
5. Elle va enseigner le français. Je suis très heureux.
6. Elle sera présente. Je le désire.
7. Vous allez réussir. Je le crois.
8. Vous allez réussir. Je le souhaite.

B. Here are some sentences with imperfect or pluperfect subjunctives, appropriate only to a somewhat stilted formal style. Express the same ideas in a different way, more suited to a colloquial or informal situation.

MODÈLE: Bien que vous fussiez là, j'avais un peu peur.
Malgré votre présence, j'avais un peu peur. (or)
Vous étiez là, mais j'avais un peu peur quand même.

1. Bien qu'elle fût partie, la situation était toujours tendue.
2. Bien que vous me l'eussiez dit, je l'avais oublié.
3. Quoiqu'elle fût malade, elle continuait à travailler.
4. Ils étaient désolés que les petits commerces disparussent.
5. Nous tenions absolument à ce qu'ils fussent là.
6. Elle était très contente qu'il eût fait tant de progrès.

C. *Translate.*

1. I was happy she was going to be there.
2. We were sorry you left.
3. She was very surprised that he had failed.
4. You *must* do that before tomorrow.
5. I really ought to question them.
6. They are to answer the questions before they leave.
7. She was supposed to be here now.
8. You should have left me a note.
9. We had to change trains at Lyon.
10. You must surely have seen him.
11. Even his friends didn't believe it.
12. He finished it that very day.
13. We went to the same university.
14. I hope he'll repeat that; I can't remember it.
15. You mustn't talk like that; it isn't necessary to shout, either.

D. *Thème d'imitation.*

Even teachers of French can profit from a visit to France. Bernard had already taught for a year in an American high school when he took his first trip to France. The American government paid all his expenses and those of about sixty young teachers for two months so that they would return home with an increased competence in the language and culture.

Since they already spoke French fluently, they were well received by the people of the town where they were studying. Each student participated in a small study group which was to do research on a particular contemporary problem. Bernard's group chose to study small local businesses. In France, as everywhere, there is a tendency for small shops to disappear and to be replaced by a smaller number of large enterprises.

To find out about this they had to gain the confidence of many merchants. These all were very happy to explain their problems. They seemed delighted that anyone should be interested in them.

E. *Composition.*

1. Le problème du petit commerçant dans le monde contemporain.
2. Règles de conduite d'un touriste à l'étranger. ("Il faut . . . ," "il ne faut pas. . . .")

CHAPITRE 12

Verb plus infinitive [12.1]

A few verbs have a different meaning, according to the preposition (or lack of preposition) which follows them before an infinitive:

> Je viens faire quelque chose. (Je viendrai la chercher.)
> *I am coming to do something. (I'll come and get her.)*
> Je viens **de** faire quelque chose.
> *I have just done something.*
> Il a manqué tomber (*ou*) Il a manqué de tomber.
> *He almost fell.*
> Ne manquez pas de venir nous voir.
> *Don't forget to come and see us.*

Note also the nuance which separates:

> Ils ont décidé d'aller en France.
> *They decided to go to France.*
> Ils se sont décidés à parler au patron.
> *They made up their minds to speak to the boss.*

However, quite often different prepositions may be used without changing the meaning at all. Do not be surprised in reading to find such combinations as **commencer de**, **aimer à** (or even **aimer de**). The tables in Chapter 12 represent the most common current usage, which you should adopt. Other prepositions represent regional or archaic usage, inappropriate under ordinary circumstances.

Vouloir [12.4]

Vouloir is often used to translate the English *will* or *would* when these do not have future or conditional meaning, but refer to willingness to do something:

> *Will you help me, please?*
> Voulez-vous m'aider, s'il vous plaît?
> *He wouldn't go with her; he was too tired.*
> Il n'a pas voulu l'accompagner; il était trop fatigué.

The forms **je voudrais** and **j'aurais voulu** are usually translated "I'd like" or "I'd have liked" to do something:

> Je voudrais essayer cette robe.
> *I'd like to try on that dress.*
> Il aurait voulu voyager.
> *He'd have liked to travel.*

(Familiar French also uses **j'aimerais** and **j'aurais aimé** in such cases.)

The present, **je veux**, should not normally be used; it expresses a strong desire for something and, in conversation, implies that you are giving an order. Use rather the more polite **je voudrais**, **j'aimerais bien**, or other circumlocutions. Some of the shadings with **vouloir** are shown in the following examples.

> Je veux ce morceau de viande.
> *I want that piece of meat* (and intend to get it!).
> Je voudrais ce morceau de viande, s'il vous plaît.
> *I want (I'd like) that piece of meat, please.*
> Nous voulons partir tout de suite.
> *We want to leave right now!*
> Voulez-vous nous excuser?
> *Do you mind if we leave?*
> Je veux que vous m'aidiez maintenant.
> *I want you to help me now* (and you'd better do it!).
> Pourriez-vous m'aider un peu?
> *Could you help me out a little?*

Distinguish between the past tenses of **vouloir**. The passé composé [**il a voulu**] normally implies that he not only wanted to do something but actually tried to do it. The imperfect [**il voulait**] does not necessarily suggest that the act was attempted:

> Il a voulu se lever, mais il n'a pas pu.
> *He tried to get up, but he couldn't.*
> Il voulait partir, mais sa femme voulait rester, et ils ont décidé d'attendre un peu.
> *He wanted to leave, but his wife wished to stay, and they decided to wait a bit.*

Vouloir bien translates *to be willing*. Note also **aimer bien** = *to like* (*pretty well*). Compare **aimer beaucoup** = *to like* (*love*) *a lot*.

> —Voulez-vous m'accompagner?   —Je veux bien.
> *"Will you come with me?"*   *"I'm willing."*
> J'aime bien ce roman.
> *I like this novel* (but not overwhelmingly).
> J'aime beaucoup ce roman.
> *I like this novel a lot.*

DEVOIRS

A. Express the following ideas by using an appropriate form of **venir** or **venir de** plus the infinitive.

> MODÈLE: Il l'a fait il y a quelques minutes.
> *Il vient de le faire.*

1. Il est arrivé tout récemment.
2. Il est là pour m'aider.
3. Je suis ici pour vous dire un mot.
4. Vous avez vu Pat il y a un instant?
5. Approchez pour m'expliquer ce qui s'est passé.
6. On a fait les lits juste avant notre arrivée.

B. Add the given expressions to the sentence **lire ce livre**. Use the appropriate preposition, if any.

> MODÈLE: Je vais . . .
> *Je vais lire ce livre.*

1. J'ai commencé . . .
2. J'ai fini . . .
3. J'ai hésité . . .
4. Il m'a dit . . .
5. Il a fallu . . .
6. Aimeriez-vous . . . ?
7. Dépêchez-vous . . .
8. Aidez-moi . . .
9. On m'a défendu . . .
10. On m'a ordonné . . .
11. J'ai essayé . . .
12. J'ai réussi . . .

C. *Translate.*

1. I decided to come and see you.
2. He told me to wash the dishes.
3. Help me to do this exercise.
4. She begged me to invite her to my house.
5. They taught me to make beds.
6. I don't permit them to speak English.
7. I heard him leave.
8. He saw that house built.

9. The customs man saw Mr. Chevalier hide the cigarettes.
10. She asked to see him.
11. She asked me to leave the room.
12. Will you stop complaining?
13. I'm willing, if you'll go away.
14. I left my coat at the Chevalier's house.
15. I'll have to leave you here; will you forgive me?

D. *Thème d'imitation.*

Pat spent a summer *au pair* in a French home. In exchange for room and board she was expected to help out around the house. The extent and nature of what she was supposed to do were not quite clear. There was a maid who came every morning. Was Pat to make beds and do the dishes? After all, she wasn't a servant!

The first thing the parents wanted was for her to teach the children English. That was much more difficult than they supposed. The children had their own friends and preferred to play with them rather than stay with Pat and listen to her talk English, which they did not understand at all. She took them for walks, helped them do their homework, taught them games which they played indoors and out. But she had to give up trying to speak English. When she left them at the end of her stay, she had the impression that the parents were very disappointed that their children had made no progress.

E. *Composition.*

1. Le travail du ménage. Qu'est-ce qu'une femme doit faire pour tenir sa maison? Est-ce le devoir du mari de l'aider?
2. Vous avez chez vous une jeune Française au pair. Comment la traiteriez-vous? Qu'est-ce que vous lui feriez faire?

CHAPITRE 13

Conditional sentences [13.1]

English is less rigorous in the usage of conditional tenses than is French. The *if*-clause may have a number of different constructions: "if you come, if you will come, if you came, if you were to come, if you would come," etc. In this type of sentence French has one definite rule: the future and the conditional tenses may not be used after **si** in a subordinate clause. So, an English sentence like: "If you would only talk to him, he might decide to help us" must become *Si seulement vous lui parliez* (or *vous vouliez lui parler*), *il se déciderait peut-être à nous aider.* The nuances of difference between the English constructions might be rendered as follows:

if you do it	si vous le faites
if you will do it	si vous voulez le faire
if you did it	si vous le faisiez
if you were to do it	si (par hasard) vous le faisiez
if you would do it	si vous le faisiez, si vous vouliez (bien) le faire
if you had done it	si vous l'aviez fait
if you'd have done it	si vous l'aviez fait, si vous aviez voulu le faire

If the **si**-clause is in the imperfect or the pluperfect, the main clause of the sentence can be in the conditional or past conditional. If the **si**-clause is in the present, other tenses can be used in the main clause:

Si vous le faites, je le ferai aussi.
                 dites-le-moi d'avance.
                 vous aurez fini avant le dîner.
(You may or may not decide to do it.)

Si vous le faisiez, je le ferais aussi.

vous en seriez content.

vous auriez terminé dans le délai prévu.

(It is less certain that you will do it.)

Si elle était là, elle trouverait ça beau.

(But she isn't here.)

Si vous l'aviez fait, vous auriez compris son discours.

vous seriez content maintenant.

(But you didn't do it.)

The passé composé is rare after the conditional **si**, and occurs only in sentences like:

Si vous avez fini avant dix heures, venez chez moi.

S'il l'a fait, il ne m'en a rien dit.

Note that **si** is also used for indirect questions; in this case, i.e. when **si** can be translated as *whether*, the **si**-clause may be in any tense:

Je ne sais pas si elle **viendra** demain.

(*Compare:* Si elle **vient** demain, elle pourra nous aider.)

Je ne savais pas s'il le **ferait**.

(*Compare:* S'il le **faisait**, je serais content.)

Prepositions [13.2]

The use of prepositions is, of course, arbitrary in many respects, as we have already seen concerning the infinitive. You simply have to learn what preposition is used with certain words; it may or may not correspond to the English construction. But note the following:

In English, we frequently use simple verbs like *go, come, take, get* combined with adverbial or prepositional particles to denote direction. For example: *get up, get down, get out, get in, go away, take away, come into, get into*, etc. In most cases, French requires a specific verb for each of these uses, often combined with a neutral preposition whose nature depends on the following word. Check a dictionary if in doubt, but here are a few examples:

go	up	**monter**
	down	**descendre**
	away	**partir, s'en aller (de)**
	in	**entrer (dans)**
	out	**sortir (de)**
get	up	**se lever**
	down	**descendre**
	away	**s'éloigner**
	in	**monter (dans, sur, à)**
	out	**descendre**
	on	**monter (dans, sur, à)**
	off	**descendre (de)**

To get on a train or *into a car* = **monter dans (un train, une voiture)**; *to get off a train* or *out of a car* = **descendre (d'un train, d'une voiture)**. *To get on a bicycle* = **monter à bicyclette** or **sur une bicyclette (un vélo)**; *to get off* = **descendre d'une bicyclette (d'un vélo)**. *To get into, out of a boat* would be **embarquer dans, débarquer d'un bateau**. *Go on* would probably be **continuer**; *Come on!* might be **allons donc!** It is necessary, then, to treat these English verb-plus-particle combinations as a unit—they can rarely be translated separately.

A hint about the preposition **en**, which often gives trouble. **En** is almost never used when followed by the definite article (except in one or two fixed expressions: **en l'air, en l'honneur de**). If an article is required, **en** must be replaced by **dans** or **à**:

en France	*but*	dans la France du 19ᵉ siècle
en taxi	*but*	dans le taxi que nous avons pris
en quel siècle	*but*	au siècle de Louis XIV

Inversion [13.3]

Most inversions of verb and subject belong to the more elegant level of French, and are avoided in familiar conversation. So, instead of **Peut-être reviendront-ils**, it is generally more natural to say **Peut-être qu'ils reviendront** or **Ils reviendront peut-être**. Similarly, instead of **Aussi réussira-t-il mieux**, one would be more likely to say **Donc il réussira mieux**.* In general, if in doubt, avoid starting a sentence with any expression requiring an inversion. The more natural place for such words is after the verb.

DEVOIRS

A. Add to each of the following sentences one of these conditional clauses: **Si j'ai le temps, Si j'avais le temps**, or **Si j'avais eu le temps**, as appropriate.

MODÈLE: j'irais au cinéma.
Si j'avais le temps, j'irais au cinéma.

1. j'assisterais au concert.
2. je vais l'aider.
3. je serais venu vous voir.
4. je lirais ce livre.
5. je vous aiderai.
6. je fais une promenade dans l'après-midi.

---

*Watch out for **aussi** at the beginning of the sentence. In that position, it does not mean *also* but *so*. Put it after the verb if you want to say *also*, or use **de plus, d'ailleurs**, etc.

7. j'aurais appris le russe.

8. je regarderais la télévision.

B. Convert the following indirect questions into two types of conditional sentences, as in the example.

MODÈLE: Je ne sais pas si elle viendra.

Si elle vient, je serai content.

Si elle venait, je serais content.

1. Je ne sais pas s'il le fera.
2. Je ne sais pas si vous irez en France.
3. Je ne sais pas si c'est possible.
4. Je ne sais pas si je réussirai.
5. Je ne sais pas si je pourrai y retourner.
6. Je ne sais pas si elle apprendra à parler français.

C. Insert the proper preposition into the following sentences.

MODÈLE: Je vais répondre ——— la lettre.

Je vais répondre à la lettre.

1. Il est monté ——— le train.
2. Nous sommes entrés ——— la salle.
3. Il est descendu ——— courant.
4. Elle a fini ——— s'y habituer.
5. Ils sont venus ——— taxi.
6. Ils ont laissé leurs affaires ——— le taxi.
7. J'aime beaucoup monter ——— bicyclette.
8. J'ai emprunté ce parapluie ——— ma sœur.
9. Il s'est déguisé ——— Pierrot.
10. J'ai pris ces papiers ——— votre table.

D. *Translate.*

1. If you would help me, I could finish sooner.
2. If he were to go back there, he wouldn't stay at their house.
3. I don't know if she'll be there.
4. If you've finished, I'd like to start doing the dishes.
5. He stole some money from his parents.
6. Get in the car; it's time to go.
7. You don't really think so? Yes, I do.
8. Maybe when you come back you'll speak French better.
9. I've never heard of that.
10. After returning the book to the library, he got on his bicycle and returned home.

E. *Thème d'imitation.*

Madame Chevalier told the journalist that on the whole they were satisfied with Pat's visit. However, she thought Pat could have helped more with the housework. She hardly even helped the children set the table. She did have the children make cut-outs and showed them how to cook hot dogs on an outdoor grill. But instead of teaching them to speak English, she spent evening after evening watching TV and practiced her French by talking to the local merchants and farmers.

Basically, all that is not important. Pat is a very nice girl. She was very patient with the children. But when she first came, Mme Chevalier had never seen anyone who felt so out of place. For days she hardly dared open her mouth for fear of making a mistake in grammar. It's very strange: when she left she seemed very sad at leaving the family. Yet since she went home she has never written them a letter.

F. *Composition.*

1. Comment je changerais le monde si j'étais dictateur.
2. Composez la lettre que Pat Williams aurait dû écrire aux Chevalier.

CHAPITRE 14

Reading problems

The principal difficulties you will encounter in reading French will come from two sources: misinterpretations of the syntax of complex sentences, and questions of word meaning. The text has given examples of the first type of problem: confusion caused by the many meanings of **que**, **ne** (which by itself may be either negative or positive), and so on. Remember to watch out for inversions of the subject after **que**: **l'homme que connaît mon père** = *the man my father knows* whereas **l'homme qui connaît mon père** = *the man who knows my father*. Pay attention to the subject **il**, which may be either personal or impersonal: **Il reste** = *He's staying*. **Il me reste dix francs** = *I have ten francs left*. **Il est arrivé à dix heures** = *He got here at 10:00*. **Il est arrivé un accident** = *An accident has happened*. In almost every case the alternative interpretation (*He arrived an accident*) would be meaningless, so the context makes things clear.

Make sure you know the meaning of verb tense forms, and don't confuse imperfects with conditionals, futures with passés simples. Watch out for pluperfect subjunctives (**il eût fait**) used in a conditional sense (*he would have done*). Prepositions can be another source of confusion if translated too literally. In most cases, again, the context will tell you what is meant, but watch for contrasts such as **un verre à eau** (*a water-glass*) and **un verre d'eau** (*a glass of water*); **dans le nord de la France** (*in the north of France*) and **au nord de la France** (*to the north of France*).

As for the problem of word meanings, we can offer only general advice and suggestions. The safest principle is to remember that no word in one language exactly corresponds to a word in another language. Even when a word seems to mean the same thing, it may not have the same connotation (evoke the same emotional reaction) or be used in the same figurative ways. Get in the habit of checking word meanings in a good all-French dictionary, so that you get a true definition instead of an approximate translation. (All translations are approximate!) French is a particularly treacherous language for the speaker of English, because there are so many words that look the same and often do mean nearly the same thing as their English counterpart. Watch for obvious false cognates, such as the ones below, but also remember that even words with roughly the same meaning may not always be used in identical ways. Here is a list of some of the words most likely to trip up an unwary reader:

achever	*to finish, complete*
actuel, actuellement	*present, at present*
assister	*to attend*
blesser	*to wound*
chance	*luck*
conférence	*lecture*
crier	*to shout*
défendre	*to forbid* (also *to defend*)
figure	*face*
front	*forehead*
habits	*clothes*
ignorer	*to be unaware of, not to know*
injure, injurier	*insult, to insult*
large	*wide*
lecture	*reading*
librairie	*bookstore*
location	*rental, reservation* (of train seat, etc.)
monnaie	*(small) change*
occasion; d'occasion	*opportunity* (also *occasion*); *secondhand*
office	*pantry*
or	*now . . .* (introducing sentence)
parent	*relative* (but **mes parents** = *my parents*)
peine	*trouble*
pièce	*(stage)play, room*
phrase	*sentence*
place	*(town) square, room* (to do something), *seat*
plat	*dish, course* (of meal)
prétendre	*to claim*
rentes	*pension, unearned income*
rester	*to stay, remain*
rude	*rough*
sensible	*sensitive*
supporter	*to bear, stand* (something)
sympathique	*nice*
user	*to wear out* (but **user de** = *to make use of*)

A good reinforcement exercise would be to look up the false cognates in an English–French dictionary, and find the correct French translation for words like *actually*, *figure*, *to rest*, etc.

DEVOIRS

A. Translate the following sentences into English.

1. Il lui restait deux choses à faire.
2. Il s'est passé quelque chose.
3. Je ne vais en France, après tout, que pour acquérir une culture générale.
4. Nous n'avons plus que deux heures pour finir cette leçon.
5. C'est plus beau que je ne l'avais cru.
6. Ils ne peuvent prétendre d'être intelligents.
7. Je crains que vous ne soyez trop sensible.
8. Or, il n'osera vous parler, à moins que vous ne l'encouragiez un peu.
9. Plus je fais de lectures, plus je me rends compte de ce que j'ignore.
10. Tu vas me manquer beaucoup.
11. Ce pays se trouve au nord de la France.
12. Actuellement, la location des places dans les trains est facile.
13. Je vais à la librairie me procurer les livres qu'il me faut.
14. Nous avons eu l'occasion d'assister à la représentation de cette pièce; nous avons eu de la chance.
15. Ils portent des habits usés.
16. Servez-vous de ce plat.

B. Insert an appropriate word to complete the following sentences.

1. Dans le bombardement il y a eu deux cents morts et quatre cent trente ——.
2. Cet homme est impossible. Je ne peux pas le ——.
3. Comment —— -vous ma robe?
4. Je suis arrivé en retard, et j'ai —— mon autobus.
5. Il ne me reste plus qu'un billet de cent francs. Avez-vous la ——?
6. Il ne travaille pas. Il vit de ses ——.
7. Cette pièce nous —— de salle à manger.
8. J'ai trouvé la France très sympathique. Je m'y suis ——.
9. La table a deux mètres de long et un mètre cinquante de ——.
10. Je ne sais pas comment finir cette ——.

C. *Translate.*

1. I enjoy traveling.
2. How do you like this university? I like it fairly well.
3. I've only ten pages left to read.

4. He missed her when she went to Europe.
5. What's that machine for?
6. That's a monument most tourists fail to visit.

D.   *Thème d'imitation.*

Paul Carter told Jean, the journalist, about the difficulties he had when he spent every summer with his French grandparents. When he was eight, nine, and ten years old he forgot during the winter in the United States the French he had spoken fluently the previous summer. Every June he went back to his family in Burgundy and found himself at the mercy of his little cousins. They did not realize how great an effort Paul had to make at first to talk to them in their language. Whenever he made a mistake in grammar, they made fun of him. Mistakes in gender they found particularly amusing. Moreover, he still occasionally uses the wrong gender, but fortunately adults are less cruel than children and nobody laughs any more.

The summer when he acted as guide to American tourists, he found that his studies had served him well. The laughter of his little cousins had not hurt him at all.

E.   *Composition.*

1. Trouvez-vous qu'il est important de parler une langue sans faire de fautes? Quelle est votre attitude envers des étrangers qui parlent mal l'anglais?
2. Faites une critique de ce livre ou de ce cours. Qu'est-ce qui vous a plu ou déplu? Qu'est-ce qui vous a manqué?

APPENDICE II.

verbes

VERBES RÉGULIERS

	1ʳᵉ CONJUGAISON	2ᵉ CONJUGAISON	3ᵉ CONJUGAISON
Infinitif	**parler**	**choisir**	**attendre**
Participe présent	parlant	choisissant	attendant
Participe passé	parlé	choisi	attendu
Présent	je parle tu parles il parle nous parlons vous parlez ils parlent	je choisis tu choisis il choisit nous choisissons vous choisissez ils choisissent	j'attends tu attends il attend nous attendons vous attendez ils attendent
Présent du subjonctif	que je parle que tu parles qu'il parle que nous parlions que vous parliez qu'ils parlent	que je choisisse que tu choisisses qu'il choisisse que nous choisissions que vous choisissiez qu'ils choisissent	que j'attende que tu attendes qu'il attende que nous attendions que vous attendiez qu'ils attendent
Imparfait	je parlais tu parlais il parlait nous parlions vous parliez ils parlaient	je choisissais tu choisissais il choisissait nous choisissions vous choisissiez ils choisissaient	j'attendais tu attendais il attendait nous attendions vous attendiez ils attendaient
Futur	je parlerai tu parleras il parlera nous parlerons vous parlerez ils parleront	je choisirai tu choisiras il choisira nous choisirons vous choisirez ils choisiront	j'attendrai tu attendras il attendra nous attendrons vous attendrez ils attendront
Conditionnel	je parlerais tu parlerais il parlerait nous parlerions vous parleriez ils parleraient	je choisirais tu choisirais il choisirait nous choisirions vous choisiriez ils choisiraient	j'attendrais tu attendrais il attendrait nous attendrions vous attendriez il attendraient
Impératif	parle parlons parlez	choisis choisissons choisissez	attends attendons attendez
Passé composé	j'ai parlé tu as — il a — nous avons — vous avez — ils ont —	j'ai choisi tu as — il a — nous avons — vous avez — ils ont —	j'ai attendu tu as — il a — nous avons — vous avez — ils ont —

Plus-que-parfait	j'avais parlé tu avais — il avait — nous avions — vous aviez — ils avaient —	j'avais choisi tu avais — il avait — nous avions — vous aviez — ils avaient —	j'avais attendu tu avais — il avait — nous avions — vous aviez — ils avaient —
Conditionnel passé	j'aurais parlé tu aurais — il aurait — nous aurions — vous auriez — ils auraient —	j'aurais choisi tu aurais — il aurait — nous aurions — vous auriez — ils auraient —	j'aurais attendu tu aurais — il aurait — nous aurions — vous auriez — ils auraient —
Passé du subjonctif	que j'aie parlé que tu aies — qu'il ait — que nous ayons — que vous ayez — qu'ils aient —	que j'aie choisi que tu aies — qu'il ait — que nous ayons — que vous ayez — qu'ils aient —	que j'aie attendu que tu aies — qu'il ait — que nous ayons — que vous ayez — qu'ils aient —
Passé simple	je parlai tu parlas il parla nous parlâmes vous parlâtes ils parlèrent	je choisis tu choisis il choisit nous choisîmes vous choisîtes ils choisirent	j'attendis tu attendis il attendit nous attendîmes vous attendîtes ils attendirent
Imparfait du subjonctif	que je parlasse que tu parlasses qu'il parlât que nous parlassions que vous parlassiez qu'ils parlassent	que je choisisse que tu choisisses qu'il choisît que nous choisissions que vous choisissiez qu'ils choisissent	que j'attendisse que tu attendisses qu'il attendît que nous attendissions que vous attendissiez qu'ils attendissent
Passé antérieur	j'eus parlé tu eus — il eut — nous eûmes — vous eûtes — ils eurent —	j'eus choisi tu eus — il eut nous eûmes — vous eûtes — ils eurent —	j'eus attendu tu eus — il eut — nous eûmes — vous eûtes — ils eurent —
Plus-que-parfait du subjonctif	que j'eusse parlé que tu eusses — qu'il eût — que nous eussions — que vous eussiez — qu'ils eussent —	que j'eusse choisi que tu eusses — qu'il eût — que nous eussions — que vous eussiez — qu'ils eussent —	que j'eusse attendu que tu eusses — qu'il eût — que nous eussions — que vous eussiez — qu'ils eussent —

VERBES À CHANGEMENTS ORTHOGRAPHIQUES

acheter

Participe présent	achetant
Participe passé	acheté
Présent	j'achète, tu achètes, il achète, nous achetons, vous achetez, ils achètent
Présent du subjonctif	que j'achète, que tu achètes, qu'il achète, que nous achetions, que vous achetiez, qu'ils achètent
Imparfait	il achetait, nous achetions, ils achetaient
Futur	il achètera, nous achèterons, ils achèteront
Conditionnel	il achèterait, nous achèterions, ils achèteraient
Passé simple	il acheta, ils achetèrent

appeler (rappeler)

Participe présent	appelant
Participe passé	appelé
Présent	j'appelle, tu appelles, il appelle, nous appelons, vous appelez, ils appellent
Présent du subjonctif	que j'appelle, que tu appelles, qu'il appelle, que nous appelions, que vous appeliez, qu'ils appellent
Imparfait	il appelait, nous appelions, ils appelaient
Futur	il appellera, nous appellerons, ils appelleront
Conditionnel	il appellerait, nous appellerions, ils appelleraient
Passé simple	il appela, ils appelèrent

commencer (et tous les verbes se terminant par -cer)

Participe présent	commençant
Participe passé	commencé
Présent	je commence, tu commences, il commence, nous commençons, vous commencez, ils commencent
Présent du subjonctif	que je commence, que tu commences, qu'il commence, que nous commencions, que vous commenciez, qu'ils commencent
Imparfait	il commençait, nous commencions, ils commençaient
Futur	il commencera, nous commencerons, ils commenceront
Conditionnel	il commencerait, nous commencerions, ils commenceraient
Passé simple	il commença, ils commencèrent

espérer (compléter, préférer, protéger, répéter, etc.)

Participe présent	espérant
Participe passé	espéré
Présent	j'espère, tu espères, il espère, nous espérons, vous espérez, ils espèrent
Présent du subjonctif	que j'espère, que tu espères, qu'il espère, que nous espérions, que vous espériez, qu'ils espèrent
Imparfait	il espérait, nous espérions, ils espéraient
Futur	il espérera, nous espérerons, ils espéreront
Conditionnel	il espérerait, nous espérerions, ils espéreraient
Passé simple	il espéra, ils espérèrent

essayer (de même que les autres verbes en -ayer, et les verbes en -oyer et -uyer)*

Participe présent	essayant
Participe passé	essayé
Présent	j'essaie, tu essaies, il essaie, nous essayons, vous essayez, ils essaient
Présent du subjonctif	que j'essaie, que tu essaies, qu'il essaie, que nous essayions, que vous essayiez, qu'ils essaient
Imparfait	il essayait, nous essayions, ils essayaient
Futur	il essaiera, nous essaierons, ils essaieront
Conditionnel	il essaierait, nous essaierions, ils essaieraient
Passé simple	il essaya, ils essayèrent

jeter

Participe présent	jetant
Participe passé	jeté
Présent	je jette, tu jettes, il jette, nous jetons, vous jetez, ils jettent
Présent du subjonctif	que jette, que tu jettes, qu'il jette, que nous jetions, que vous jetiez, qu'ils jettent
Imparfait	il jetait, nous jetions, ils jetaient
Futur	il jettera, nous jetterons, ils jetteront
Conditionnel	il jetterait, nous jetterions, ils jetteraient
Passé simple	il jeta, ils jetèrent

---

*NOTE: Les formes régulières (*j'essaye, j'essayerai*, etc.) existent pour les verbes en **-ayer** seulement.

lever (mener, emmener, geler, etc.)

Participe présent	levant
Participe passé	levé
Présent	je lève, tu lèves, il lève, nous levons, vous levez, ils lèvent
Présent du subjonctif	que je lève, que tu lèves, qu'il lève, que nous levions, que vous leviez, qu'ils lèvent
Imparfait	il levait, nous levions, ils levaient
Futur	il lèvera, nous lèverons, ils lèveront
Conditionnel	il lèverait, nous lèverions, ils lèveraient
Passé simple	il leva, ils levèrent

manger (et les autres verbes en -**ger**)

Participe présent	mangeant
Participe passé	mangé
Présent	je mange, tu manges, il mange, nous mangeons, vous mangez, ils mangent
Présent du subjonctif	que je mange, que tu manges, qu'il mange, que nous mangions, que vous mangiez, qu'ils mangent
Imparfait	il mangeait, nous mangions, ils mangeaient
Futur	il mangera, nous mangerons, ils mangeront
Conditionnel	il mangerait, nous mangerions, ils mangeraient
Passé simple	il mangea, ils mangèrent

VERBES IRRÉGULIERS*

aller

Participe présent	allant
Participe passé	allé
Présent	je vais, tu vas, il va, nous allons, vous allez, ils vont
Présent du subjonctif	que j'aille, que tu ailles, qu'il aille, que nous allions, que vous alliez, qu'ils aillent
Imparfait	il allait
Futur	il ira
Impératif	va, allons, allez
Passé simple	il alla, ils allèrent

---

*NOTE: En ce qui concerne l'imparfait et le futur, nous n'indiquerons que la troisième personne du singulier. Les terminaisons de ces temps sont toujours régulières. Nous ne mentionnerons pas le conditionnel, qui se forme toujours avec le radical futur.

s'asseoir*

Participe présent	s'asseyant
Participe passé	assis
Présent	je m'assieds, tu t'assieds, il s'assied, nous nous asseyons, vous vous asseyez, ils s'asseyent
Présent du subjonctif	que je m'asseye, que tu t'asseyes, qu'il s'asseye, que nous nous asseyions, que vous vous asseyiez, qu'ils s'asseyent
Imparfait	il s'asseyait
Futur	il s'assiéra
Impératif	assieds-toi, asseyons-nous, asseyez-vous
Passé simple	il s'assit, ils s'assirent

avoir

Participe présent	ayant
Participe passé	eu
Présent	j'ai, tu as, il a, nous avons, vous avez, ils ont
Présent du subjonctif	que j'aie, que tu aies, qu'il ait, que nous ayons, que vous ayez, qu'ils aient
Imparfait	il avait
Futur	il aura
Impératif	aie, ayons, ayez
Passé simple	il eut, ils eurent

boire

Participe présent	buvant
Participe passé	bu
Présent	je bois, tu bois, il boit, nous buvons, vous buvez, ils boivent
Présent du subjonctif	que je boive, que tu boives, qu'il boive, que nous buvions, que vous buviez, qu'ils boivent
Imparfait	il buvait
Futur	il boira
Impératif	bois, buvons, buvez
Passé simple	il but, ils burent

---

*NOTE: Une autre conjugaison existe pour ce verbe: *je m'assois, tu t'assois, il s'assoit, nous nous assoyons, vous vous assoyez, ils s'assoient*. Ces formes sont moins employées.

conduire (construire, traduire, etc.)

Participe présent	conduisant
Participe passé	conduit
Présent	je conduis, tu conduis, il conduit, nous conduisons, vous conduisez, ils conduisent
Présent du subjonctif	que je conduise, que tu conduises, qu'il conduise, que nous conduisions, que vous conduisiez, qu'ils conduisent
Imparfait	il conduisait
Futur	il conduira
Impératif	conduis, conduisons, conduisez
Passé simple	il conduisit, ils conduisirent

connaître (paraître, etc.)

Participe présent	connaissant
Participe passé	connu
Présent	je connais, tu connais, il connaît, nous connaissons, vous connaissez, ils connaissent
Présent du subjonctif	que je connaisse, que tu connaisses, qu'il connaisse, que nous connaissions, que vous connaissiez, qu'ils connaissent
Imparfait	il connaissait
Futur	il connaîtra
Impératif	connais, connaissons, connaissez
Passé simple	il connut, ils connurent

courir

Participe présent	courant
Participe passé	couru
Présent	je cours, tu cours, il court, nous courons, vous courez, ils courent
Présent du subjonctif	que je coure, que tu coures, qu'il coure, que nous courions, que vous couriez, qu'ils courent
Imparfait	il courait
Futur	il courra
Impératif	cours, courons, courez
Passé simple	il courut, ils coururent

craindre (éteindre, joindre, peindre, etc.)

Participe présent	craignant
Participe passé	craint
Présent	je crains, tu crains, il craint, nous craignons, vous craignez, ils craignent
Présent du subjonctif	que je craigne, que tu craignes, qu'il craigne, que nous craignions, que vous craigniez, qu'ils craignent
Imparfait	il craignait
Futur	il craindra
Impératif	crains, craignons, craignez
Passé simple	il craignit, ils craignirent

croire

Participe présent	croyant
Participe passé	cru
Présent	je crois, tu crois, il croit, nous croyons, vous croyez, ils croient
Présent du subjonctif	que je croie, que tu croies, qu'il croie, que nous croyions, que vous croyiez, qu'ils croient
Imparfait	il croyait
Futur	il croira
Impératif	crois, croyons, croyez
Passé simple	il crut, ils crurent

cueillir

Participe présent	cueillant
Participe passé	cueilli
Présent	je cueille, tu cueilles, il cueille, nous cueillons, vous cueillez, ils cueillent
Présent du subjonctif	que je cueille, que tu cueilles, qu'il cueille, que nous cueillions, que vous cueilliez, qu'ils cueillent
Imparfait	il cueillait
Futur	il cueillera
Impératif	cueille, cueillons, cueillez
Passé simple	il cueillit, ils cueillirent

devoir

Participe présent	devant
Participe passé	dû (*fém.* due)

Présent	je dois, tu dois, il doit, nous devons, vous devez, ils doivent
Présent du subjonctif	que je doive, que tu doives, qu'il doive, que nous devions, que vous deviez, qu'ils doivent
Imparfait	il devait
Futur	il devra
Impératif	dois, devons, devez
Passé simple	il dut, ils durent

dire

Participe présent	disant
Participe passé	dit
Présent	je dis, tu dis, il dit, nous disons, vous dites, ils disent
Présent du subjonctif	que je dise, que tu dises, qu'il dise, que nous disions, que vous disiez, qu'ils disent
Imparfait	il disait
Futur	il dira
Impératif	dis, disons, dites
Passé simple	il dit, ils dirent

dormir

Participe présent	dormant
Participe passé	dormi
Présent	je dors, tu dors, il dort, nous dormons, vous dormez, ils dorment
Présent du subjonctif	que je dorme, que tu dormes, qu'il dorme, que nous dormions, que vous dormiez, qu'ils dorment
Imparfait	il dormait
Futur	il dormira
Impératif	dors, dormons, dormez
Passé simple	il dormit, ils dormirent

écrire

Participe présent	écrivant
Participe passé	écrit
Présent	j'écris, tu écris, il écrit, nous écrivons, vous écrivez, ils écrivent
Présent du subjonctif	que j'écrive, que tu écrives, qu'il écrive, que nous écrivions, que vous écriviez, qu'ils écrivent

Imparfait	il écrivait
Futur	il écrira
Impératif	écris, écrivons, écrivez
Passé simple	il écrivit, ils écrivirent

envoyer

Participe présent	envoyant
Participe passé	envoyé
Présent	j'envoie, tu envoies, il envoie, nous envoyons, vous envoyez, ils envoient
Présent du subjonctif	que j'envoie, que tu envoies, qu'il envoie, que nous envoyions, que vous envoyiez, qu'ils envoient
Imparfait	il envoyait
Futur	il enverra
Impératif	envoie, envoyons, envoyez
Passé simple	il envoya, ils envoyèrent

être

Participe présent	étant
Participe passé	été
Présent	je suis, tu es, il est, nous sommes, vous êtes, ils sont
Présent du subjonctif	que je sois, que tu sois, qu'il soit, que nous soyons, que vous soyez, qu'ils soient
Imparfait	il était
Futur	il sera
Impératif	sois, soyons, soyez
Passé simple	il fut, ils furent

faire

Participe présent	faisant
Participe passé	fait
Présent	je fais, tu fais, il fait, nous faisons, vous faites, ils font
Présent du subjonctif	que je fasse, que tu fasses, qu'il fasse, que nous fassions, que vous fassiez, qu'ils fassent
Imparfait	il faisait
Futur	il fera
Impératif	fais, faisons, faites
Passé simple	il fit, ils firent

falloir

Participe passé	fallu
Présent	il faut
Prés. du subjonc.	qu'il faille
Imparfait	il fallait
Futur	il faudra
Passé simple	il fallut

lire

Participe présent	lisant
Participe passé	lu
Présent	je lis, tu lis, il lit, nous lisons, vous lisez, ils lisent
Présent du subjonctif	que je lise, que tu lises, qu'il lise, que nous lisions, que vous lisiez, qu'ils lisent
Imparfait	il lisait
Futur	il lira
Impératif	lis, lisons, lisez
Passé simple	il lut, ils lurent

mettre (permettre, promettre)

Participe présent	mettant
Participe passé	mis
Présent	je mets, tu mets, il met, nous mettons, vous mettez, ils mettent
Présent du subjonctif	que je mette, que tu mettes, qu'il mette, que nous mettions, que vous mettiez, qu'ils mettent
Imparfait	il mettait
Futur	il mettra
Impératif	mets, mettons, mettez
Passé simple	il mit, ils mirent

mourir

Participe présent	mourant
Participe passé	mort
Présent	je meurs, tu meurs, il meurt, nous mourons, vous mourez, ils meurent
Présent du subjonctif	que je meure, que tu meures, qu'il meure, que nous mourions, que vous mouriez, qu'ils meurent

Imparfait	il mourait
Futur	il mourra
Impératif	meurs, mourons, mourez
Passé simple	il mourut, ils moururent

naître

Participe présent	naissant
Participe passé	né
Présent	je nais, tu nais, il naît, nous naissons, vous naissez, ils naissent
Présent du subjonctif	que je naisse, que tu naisses, qu'il naisse, que nous naissions, que vous naissiez, qu'ils naissent
Imparfait	il naissait
Futur	il naîtra
Impératif	nais, naissons, naissez
Passé simple	il naquit, ils naquirent

ouvrir (couvrir, offrir, souffrir)

Participe présent	ouvrant
Participe passé	ouvert
Présent	j'ouvre, tu ouvres, il ouvre, nous ouvrons, vous ouvrez, ils ouvrent
Présent du subjonctif	que j'ouvre, que tu ouvres, qu'il ouvre, que nous ouvrions, que vous ouvriez, qu'ils ouvrent
Imparfait	il ouvrait
Futur	il ouvrira
Impératif	ouvre, ouvrons, ouvrez
Passé simple	il ouvrit, ils ouvrirent

partir (mentir, sentir, sortir)

Participe présent	partant
Participe passé	parti
Présent	je pars, tu pars, il part, nous partons, vous partez, ils partent
Présent du subjonctif	que je parte, que tu partes, qu'il parte, que nous partions, que vous partiez, qu'ils partent
Imparfait	il partait
Futur	il partira
Impératif	pars, partons, partez
Passé simple	il partit, ils partirent

plaire (taire: *présent*, il tait)

Participe présent	plaisant
Participe passé	plu
Présent	je plais, tu plais, il plaît, nous plaisons, vous plaisez, ils plaisent
Présent du subjonctif	que je plaise, que tu plaises, qu'il plaise, que nous plaisions, que vous plaisiez, qu'ils plaisent
Imparfait	il plaisait
Futur	il plaira
Impératif	plais, plaisons, plaisez
Passé simple	il plut, ils plurent

pleuvoir

Participe présent	pleuvant
Participe passé	plu
Présent	il pleut
Prés. du subjonc.	qu'il pleuve
Imparfait	il pleuvait
Futur	il pleuvra
Passé simple	il plut

pouvoir

Participe présent	pouvant
Participe passé	pu
Présent	je peux (je puis), tu peux, il peut, nous pouvons, vous pouvez, ils peuvent
Présent du subjonctif	que je puisse, que tu puisses, qu'il puisse, que nous puissions, que vous puissiez, qu'ils puissent
Imparfait	il pouvait
Futur	il pourra
Passé simple	il put, ils purent

prendre (apprendre, comprendre, surprendre)

Participe présent	prenait
Participe passé	pris
Présent	je prends, tu prends, il prend, nous prenons, vous prenez, ils prennent

Présent du subjonctif	que je prenne, que tu prennes, qu'il prenne, que nous prenions, que vous preniez, qu'ils prennent
Imparfait	il prenait
Futur	il prendra
Impératif	prends, prenons, prenez
Passé simple	il prit, ils prirent

recevoir (apercevoir, concevoir, etc.)

Participe présent	recevant
Participe passé	reçu
Présent	je reçois, tu reçois, il reçoit, nous recevons, vous recevez, ils reçoivent
Présent du subjonctif	que je reçoive, que tu reçoives, qu'il reçoive, que nous recevions, que vous receviez, qu'ils reçoivent
Imparfait	il recevait
Futur	il recevra
Impératif	reçois, recevons, recevez
Passé simple	il reçut, ils reçurent

rire (sourire)

Participe présent	riant
Participe passé	ri
Présent	je ris, tu ris, il rit, nous rions, vous riez, ils rient
Présent du subjonctif	que je rie, que tu ries, qu'il rie, que nous riions, que vous riiez, qu'ils rient
Imparfait	il riait
Futur	il rira
Impératif	ris, rions, riez
Passé simple	il rit, ils rirent

savoir

Participe présent	sachant
Participe passé	su
Présent	je sais, tu sais, il sait, nous savons, vous savez, ils savent
Présent du subjonctif	que je sache, que tu saches, qu'il sache, que nous sachions, que vous sachiez, qu'ils sachent
Imparfait	il savait

Futur	il saura
Impératif	sache, sachons, sachez
Passé simple	il sut, ils surent

servir

Participe présent	servant
Participe passé	servi
Présent	je sers, tu sers, il sert, nous servons, vous servez, ils servent
Présent du subjonctif	que je serve, que tu serves, qu'il serve, que nous servions, que vous serviez, qu'ils servent
Imparfait	il servait
Futur	il servira
Impératif	sers, servons, servez
Passé simple	il servit, ils servirent

suffire

Participe présent	suffisant
Participe passé	suffi
Présent	je suffis, tu suffis, il suffit, nous suffisons, vous suffisez, ils suffisent
Présent du subjonctif	que je suffise, que tu suffises, qu'il suffise, que nous suffisions, que vous suffisiez, qu'ils suffisent
Imparfait	il suffisait
Futur	il suffira
Passé simple	il suffit, ils suffirent

suivre

Participe présent	suivant
Participe passé	suivi
Présent	je suis, tu suis, il suit, nous suivons, vous suivez, ils suivent
Présent du subjonctif	que je suive, que tu suives, qu'il suive, que nous suivions, que vous suiviez, qu'ils suivent
Imparfait	il suivait
Futur	il suivra
Impératif	suis, suivons, suivez
Passé simple	il suivit, ils suivirent

valoir

Participe présent	valant
Participe passé	valu
Présent	je vaux, tu vaux, il vaut, nous valons, vous valez, ils valent
Présent du subjonctif	que je vaille, que tu vailles, qu'il vaille, que nous valions, que vous valiez, qu'ils vaillent
Imparfait	il valait
Futur	il vaudra
Impératif	vaux, valons, valez
Passé simple	il valut, ils valurent

venir (devenir, revenir, tenir, contenir, etc.)

Participe présent	venant
Participe passé	venu
Présent	je viens, tu viens, il vient, nous venons, vous venez, ils viennent
Présent du subjonctif	que je vienne, que tu viennes, qu'il vienne, que nous venions, que vous veniez, qu'ils viennent
Imparfait	il venait
Futur	il viendra
Impératif	viens, venons, venez
Passé simple	il vint, ils vinrent

vivre

Participe présent	vivant
Participe passé	vécu
Présent	je vis, tu vis, il vit, nous vivons, vous vivez, ils vivent
Présent du subjonctif	que je vive, que tu vives, qu'il vive, que nous vivions, que vous viviez, qu'ils vivent
Imparfait	il vivait
Futur	il vivra
Impératif	vis, vivons, vivez
Passé simple	il vécut, ils vécurent

voir

Participe présent	voyant
Participe passé	vu
Présent	je vois, tu vois, il voit, nous voyons, vous voyez, ils voient

Présent du subjonctif	que je voie, que tu voies, qu'il voie, que nous voyions, que vous voyiez, qu'ils voient
Imparfait	il voyait
Futur	il verra
Impératif	vois, voyons, voyez
Passé simple	il vit, ils virent

vouloir

Participe présent	voulant
Participe passé	voulu
Présent	je veux, tu veux, il veut, nous voulons, vous voulez, ils veulent
Présent du subjonctif	que je veuille, que tu veuilles, qu'il veuille, que nous voulions, que vous vouliez, qu'ils veuillent
Imparfait	il voulait
Futur	il voudra
Impératif	veuille, veuillons, veuillez
Passé simple	il voulut, ils voulurent

APPENDICE III.

vocabulaire

A

(d')abord at first, first
abréger to cut short
absolu absolute
(s')abstenir to abstain
accélérateur *m.* accelerator
(s')accentuer to be accentuated
accepter to accept, agree to
accompagner to accompany, to go with
accomplir to accomplish, carry out
accord *m.* agreement; **d'accord** in agreement
(s')accorder to agree
accroître to increase, enlarge
accueillant welcoming
accueillir to welcome
acheter to buy
achever to finish
Acropole *f.* Acropolis
acteur *m.* actor
actif active
actualité *f.* current event, issue
actuel current, present; **à l'heure actuelle** at the present time
actuellement now, at present
addition *f.* bill
adhérent *m.* adherent, supporter, follower
adjectif *m.* adjective
admettre to admit; **être admis** to pass an exam
administration *f.* administration, management
admirer to admire
adopter to adopt
adorer to adore, be passionately fond of
adresse *f.* address
(s')adresser à to address, speak to
adulte adult
adverbe *m.* adverb
aérien air
aéroport *m.* airport
affaire *f.* business, affair; *pl.* things, possessions
affamé starving
affecter to affect
affectueux affectionate
affirmatif affirmative
affirmation *f.* affirmation, statement
affirmer to affirm, assert
affolement *m.* panic
affreux frightful, hideous
affubler to dress up in
afin de in order to
afin que so that
africain African
Afrique du Nord *f.* North Africa
âge *m.* age

âgé old, aged
agence *f.* agency; **agence de voyages** travel agency
agir to act; **il s'agit de** it's a question of, it concerns
agressif aggressive
agriculteur *m.* farmer
aide *f.* help
aider to help
aigu acute
(d')ailleurs moreover, besides
aimable pleasant, nice
aimer to like; **aimer mieux** to prefer
aîné *m.* oldest
ainsi so, there; **ainsi que** (just) as
air *m.* air, appearance; **avoir l'air** to seem; **en plein air** outdoors
ajouter to add
alimentation *f.* food, nourishment
Allemagne *f.* Germany
aller to go; **aller bien** to be well; **ça va** that's enough; it's OK
alors so, then; **alors que** while, whereas
alsacien Alsacian
altercation *f.* altercation, squabble
alternative *f.* alternative, option
altitude *f.* altitude, height
ambiguïté *f.* ambiguity
ambitieux(-euse) ambitious
âme *f.* soul, heart, feelings; **état d'âme** feelings
amende *f.* fine
amener to bring, lead
amer bitter
américain American
Amérique *f.* America
ami, amie friend; **un prêtre de leurs amis** a priest friend of theirs
amitié *f.* friendship
amour *m.* love
amoureux in love; *m.* lover; **tomber amoureux de** to fall in love with
amusant amusing, funny
amuser to amuse; **s'amuser (bien)** to have a good time, enjoy oneself
an *m.* year
analogue analogous, similar
ancien old, former
anglais English
Angleterre *f.* England
anglophone English-speaking
animal *m.* animal
animation *f.* animation
animé animated
animosité *f.* animosity
année *f.* year; **deux années de suite** two years in a row
annoncer to announce
antécédent *m.* antecedent

antérieur anterior
anticiper to anticipate, foresee
antiquaire *m.* antique dealer
août *m.* August
apercevoir to perceive, see
apostrophe *f.* apostrophe
apparaître to appear
apparemment apparently
appartenir to belong
appeler to call; **s'appeler** to be called, named
appendice *m.* appendix
appendicite *f.* appendicitis
(s')appliquer to apply
apporter to bring
apprécier to appreciate, value
apprendre to teach, learn
approbation *f.* approval
approfondir to deepen, study thoroughly; **approfondi** elaborate, careful
(s')appuyer to lean, press
après after; **d'après** according to; **après que** after
après-midi *m.* afternoon
arborer to hoist, display
architecture *f.* architecture
argent *m.* money
aristocratie *f.* aristocracy
aristocratique aristocratic
arracher to tear, pull away
arrangement *m.* arrangement
arranger to arrange
arrêt *m.* stop
(s')arrêter to stop
arrière *m.* back
arrivée *f.* arrival
arriver to arrive, happen, succeed
arrogance *f.* arrogance
art *m.* art
article *m.* article
artiste *m.* artist
aspect *m.* aspect
(s')asseoir to sit down
assez enough, quite
assiette *f.* plate
assister to be present, attend
asthmatique asthmatic
(s')attacher à to become fond of
atteindre to reach
attendre to wait (for); **s'attendre à** to expect
attente *f.* wait; **répondre à l'attente de quelqu'un** to come up to someone's expectations
attention *f.* attention, care; **attention (à)!** watch out (for); **faire attention** to pay attention

attitude *f.* attitude
attraper to catch
attrister to sadden
auberge *f.* inn; **auberge de la jeunesse** youth hostel
aucun no, none
aujourd'hui today
auparavant before
auprès de close to
aussi also, as, so
aussitôt que as soon as
autant as much (many), so much (many); **pour autant** for all that
autobus *m.* bus
automobiliste *m.* car-driver
auto-stop *m.* hitchhiking
autre other; **de part et d'autre** on both sides; **l'un après l'autre** one after the other
autrefois *m.* in the past
autrement otherwise; **autrement dit** in other words
auxiliaire auxiliary
avance *f.* advance
avant before
avantage *m.* advantage
avant-dernier penultimate, next-to-last
avant-hier day before yesterday
avec with
avènement *m.* advent
aventure *f.* adventure
avenue *f.* avenue
(s')avérer to prove
avertir to warn; **averti** experienced, aware
avion *m.* airplane
avis *m.* opinion; **changer d'avis** to change one's mind
avoir to have; to be (of feelings); **il y a** there is, are; **s'il y a lieu** if need be; **avoir de quoi . . .** to have enough money to . . .
avouer to admit, confess
avril *m.* April

B

bagages *m. pl.* baggage
banal commonplace
bande *f.* band
banlieue *f.* suburb
banquette *f.* bench, seat
bas low
baser to base
bateau *m.* boat
bavarder to chatter, gossip

beau beautiful, handsome, fine;
  faire beau to be fine (weather)
beaucoup very much, many
Bénédictin *m.* Benedictine (monk)
bénéfice *m.* profit
bénéficier to profit
besoin *m.* need; **avoir besoin** to need
bêtement stupidly, foolishly
bibliothèque *f.* library
bicyclette *f.* bicycle
bien *m.* good
bien well, very; **bien des** a great many;
  bien entendu of course; **bien que**
  although
bientôt soon
bière *f.* beer
bijou *m.* jewel
bilan *m.* balance sheet
bilingue bilingual
billet *m.* ticket
bizarre strange, funny
blanc white
blanchisseur *m.* laundryman
bleu blue
blond fair, blond
boire to drink
boîte *f.* box
bon good; **bon sens** common sense;
  faire bon to be nice (weather);
  (tout) bonnement simply
bonsoir *m.* goodnight, goodbye
bonté *f.* goodness
bord *m.* bank, shore; verge; **se mettre
  au bord de la route** to go stand beside
  the highway
boulangerie *f.* bakery
boulevard *m.* boulevard
Bourgogne *f.* Burgundy
bourru rude, surly
bousculer to jostle, bump into
bout *m.* extremity, end
bouteille *f.* bottle
boutique *f.* shop
bras *m.* arm
brave brave, gallant, nice
bref brief; *adv.* in brief
Bretagne *f.* Brittany
breton Breton
briller to shine
bruit *m.* noise; **bruit sec** loud bang
brusquement suddenly
brutal brutal, coarse
bruyant noisy
buffet *m.* (train station) restaurant
bureau *m.* office, desk
bureaucratie *f.* bureaucracy, officialdom
butte *f.* mound, small hill

C

ça that
cadeau *m.* gift
café *m.* coffee; café (restaurant)
cage *f.* cage
caillou *m.* pebble
caisse *f.* case
calme calm, quiet
calmer to calm
calorie *f.* calorie
camarade *m.* comrade, school-friend
camion *m.* truck
campagne *f.* country
camper to go camping
camping *m.* camping
Canada *m.* Canada
capable able, capable
capitale *f.* capital
car for
car *m.* bus
caractère *m.* character
caractéristique *f.* characteristic
carnet *m.* notebook
carotte *f.* carrot
carrément straightforwardly, bluntly
cas *m.* case
casquette *f.* peaked cap
casser to break
catégorie *f.* category
cathédrale *f.* cathedral
catholique Catholic
causatif causative
cause *f.* cause; **à cause de** because of
cave *f.* cellar
ceci this
cela that
célèbre famous
cent one hundred
centre *m.* center
cercle *m.* circle
cérémonie *f.* ceremony; **sans cérémonie**
  informal
cérémonieux formal
certain some, certain
certitude *f.* certainty
cesse *f.* ceasing; **sans cesse** unceasingly
cesser to stop, cease
chacun each
chambre *f.* room
chance *f.* (good) luck
changement *m.* change
changer to change
chant *m.* singing
chanter to sing
chapitre *m.* chapter
chaque each

charcuterie *f.* (pork) delicatessen
charger to charge, instruct; se charger
de to undertake
charmant charming
charme *m.* charm
chasser to hunt, drive out
chat *m.* cat
château *m.* chateau
chaud hot; avoir chaud to be warm,
hot (person); faire chaud to be hot
(weather)
chauffage *m.* heating
chauffeur *m.* driver
chef *m.* head, leader
chemin *m.* road; chemin de fer railroad
cheminée *f.* chimney
chemise *f.* shirt
cher expensive, dear
chercher to look for; aller chercher,
venir chercher to go for, come for;
to meet, call for, pick up
cheval *m.* horse
cheveu *m.* (a single) hair
chez at the home, office of; with, among
chien *m.* dog
chiffre *m.* figure, number, numeral
chinois Chinese
choisir to choose
choix *m.* choice
choquer to shock
chose *f.* thing
chou *m.* cabbage
chronologique chronological
chute *f.* fall
ci-dessous below
ci-dessus above
cigarette *f.* cigarette
cinéma *m.* cinema, moviehouse
cinq five
circonstance *f.* circumstance
citation *f.* quotation
Cité Universitaire student residences
citer to quote, cite
civilisation *f.* civilization
clair bright, clear
clairement clearly
clarifier to clarify
classe *f.* class
client *m.* customer, patient
cœur *m.* heart
coffre *m.* trunk (car)
coiffé wearing (on the head)
colère *f.* anger
coléreux quick-tempered
collège *m.* college
colonie *f.* colony; colonie de vacances
summer camp
combien de how much
combler to fill

comète *f.* comet
commander to order
comme as, like
commencement *m.* beginning
commencer to begin
comment how
commerçant *m.* merchant, tradesman
commerce *m.* business
commettre to commit
commun common
communiquer to communicate, impart
communiste *m.* communist
compagnie *f.* company
compagnon *m.* companion
comparaison *f.* comparison
comparatif comparative
comparer to compare
compartiment *m.* compartment
compatriote *m.* compatriot
compétence *f.* competence
compétitif competitive
complément *m.* complement, object
(of verbs)
complètement completely, totally
compléter to complete
compliment *m.* compliment
compliqué complicated
compliquer to complicate
complot *m.* plot
composé compound
(se) composer de to be composed of
compote *f.* compote, stewed fruit
compréhension *f.* understanding
comprendre to understand
compromis *m.* compromise
compte *m.* account; se rendre compte
to realize, understand
compter to count, number
concentration *f.* concentration
concentrer to concentrate
concerner to concern, affect
conclure to conclude, reach a conclusion
conclusion *f.* conclusion
concordance *f.* agreement; sequence
concurrence *f.* competition
condition *f.* condition; à condition que
on condition that
conditionnel *m.* conditional
conducteur *m.* driver
conduire to drive, take
conduite *f.* conduct
confectionner to make
conférence *f.* lecture, conference
confiance *f.* trust, confidence
confiant confident, trusting
confier to entrust
confirmation *f.* confirmation,
corroboration
confondre to confuse

confort *m.* comfort
confortable comfortable
confusion *f.* embarrassment, confusion
congé *m.* leave, holiday
congrès *m.* congress
conjonctif conjunctive
conjonction *f.* conjunction
conjugaison *f.* conjugation
connaissance *f.* acquaintance
connaître to know
consacrer to dedicate, devote
consécutif consecutive
conseil *m.* advice
conseiller to advise
consentir to consent
conservateur conservative
conserver to keep
considérer to consider
consigne *f.* baggage room, checkroom
consister to consist
consommateur *m.* consumer
consommer to consume
consonne *f.* consonant
constater to establish, find out
consternation *f.* consternation
constituer to constitute
construction *f.* construction
construire to build
consulter to consult
contact *m.* contact, touch
contemporain contemporary
contenir to contain
content glad, happy
contestataire *m.* activist
contestation *f.* dispute
contexte *m.* context
continent *m.* continent
continuer to continue
contraction *f.* contraction
contradiction *f.* contradiction
contrainte *f.* constraint, restraint
contraire adverse, opposed; **au contraire** on the contrary
contrairement à contrary to
contraste *m.* contrast
contraster to contrast
contre against; **par contre** on the other hand
contredire contradict
contribuer to contribute
contrôler to check
contrôleur *m.* ticket collector
convaincre to convince
convenir to suit, to be suitable
conversation *f.* conversation
copain *m.* pal, friend
correspondant corresponding
correspondre to correspond
corriger to correct

côté *m.* side; **à côté de** beside
coucher to put to bed; spend the night; **chambre à coucher** bedroom; **se coucher** to go to bed, set (sun)
coucher du soleil *m.* sunset
couloir *m.* corridor, hall
coup *m.* blow; **jeter un coup d'œil** to glance; **sur le coup** on the spot; **tout à coup** suddenly
coupable guilty
courage *m.* courage
courageux courageous
couramment fluently, generally
courant running; **le français courant** everyday French
courir to run
cours *m.* course; **au cours de** during; **avoir cours** to be current, usual; **suivre des cours** to take courses
course *f.* race
cousin *m.* cousin
coûter to cost; **coûter cher** to be expensive
couvert *m.* fork and spoon, place (at table); **mettre le couvert** to set the table
craindre to fear
crainte *f.* fear; **de crainte que** for fear that
crapule *f.* low scoundrel
crème *f.* cream, custard
crier to cry
critère *m.* criterion
critique *f.* criticism; *adj.* critical
critiquer to criticize
croire to believe
croisade *f.* crusade
cruel cruel
cuisine *f.* kitchen, cooking; **faire la cuisine** to cook
cuisinier *m.* cook
cultivateur *m.* farmer
cultivé cultivated, cultured
cure *f.* cure; **faire une cure** take a course of treatments
curiste *m.* person taking a cure
curiosité *f.* curiosity

D

dame *f.* lady
Danemark *m.* Denmark
danger *m.* danger
date *f.* date
davantage more
déboire *m.* disappointment
débraillé untidy, hardly decent
débrouillard resourceful

(se) débrouiller to manage, extricate oneself (from difficulties)
début *m.* beginning
décevoir to disappoint
déchirer to tear
décider to decide
décision *f.* decision
déclarer to declare
décoloré discolored, faded
déconcerter to upset, disconcert
découpage *m.* cut-out
découvrir to discover
décrire to describe
défendre to forbid, defend
définir to define
défini definite
définition *f.* definition
dégoût *m.* disgust
dégoûtant disgusting
dégoûté disgusted
degré *m.* degree
déguiser to disguise
déjà already
déjeuner *m.* lunch; **petit déjeuner** breakfast
déjeuner to have lunch
délavé washed out
demain tomorrow; **à demain** until tomorrow
demande *f.* request, application
demander to ask (for), want, desire; demand; **se demander** to wonder
demeurer to live
demi-heure *f.* half hour
démonstratif demonstrative
dent *f.* tooth
dépanner to repair and set going
départ *m.* departure, leaving
dépasser to pass
dépaysé homesick, out-of-place
(se) dépêcher to hurry
dépendre to depend
(se) déplacer to move about, travel
déplaire to displease
déplorable lamentable
déprimant depressing
déprimé depressed
depuis since; for
dérivé derivative
dériver to derive
dernier last
(se) dérouler to develop
dérouter to baffle, confuse
dès since, from, as early as; **dès que** as soon as
désaffecté put to another purpose, deconsecrated
descendre to get off, descend, come down, alight; stay (hotel)

description *f.* description
désespéré desperate
désespérer to despair, lose hope
désigner to designate, indicate
désir *m.* desire
désirer to desire, want
désolé very sorry
desserrer to unclench
dessert *m.* dessert
dessin *m.* (art of) drawing
destination *f.* destination
destiner to intend
désir *m.* desire
(se) détacher to break off
détail *m.* detail
détendre to relax
détériorer to deteriorate
déterminé definite
déterminer to determine; *gram.* to govern
détester to detest
détonner to clash
détour *m.* roundabout way, detour
détriment *m.* detriment
dette *f.* debt
deux two; **tous les deux** both of us, the two of us; **dîner à deux** dinner for two
deuxième second
dévaliser to rob
devant before, in front of
devenir to become
deviner to guess
devoir to have to, be supposed to, ought to, owe
devoir *m.* duty; homework, assignment
dévorer to devour
dialecte *m.* dialect
dialogue *m.* dialogue
dictionnaire *m.* dictionary
différence *f.* difference
différer to differ
difficulté *f.* difficulty
dimanche *m.* Sunday
diminuer to diminish
dîner to dine
dîner *m.* dinner
diplôme *m.* diploma
dire to say; **à vrai dire** as a matter of fact; **c'est-à-dire** that is to say; **entendre dire** to hear said; **vouloir dire** to mean; **dit** called
direct direct
directement directly
directeur, -trice director, head
direction *f.* direction
diriger to direct
discipline *f.* discipline
discours *m.* speech, discourse
discussion *f.* discussion, argument

disjoint disjunctive
disparaître to disappear
disparition *f.* disappearance
distinction *f.* distinction
distinguer to distinguish
distraction *f.* diversion
distribuer to distribute, give out
diviser to divide
dix ten
docteur *m.* doctor
doctorat *m.* doctorate
(se) documenter to document oneself,
    read up
dollar *m.* dollar
domestique *m.* servant
donc therefore, so
donner to give; **se donner du mal** to
    take pains, trouble
dormir to sleep
dos *m.* back; **sac à dos** backpack,
    rucksack
dossier *m.* documents, file
douane *f.* customs
douanier *m.* customs officer
doubler to double, pass (a car)
douche *f.* shower
doute *m.* doubt
douter to doubt; **se douter** to suspect
doux gentle, soft, fresh
douzaine *f.* dozen
drame *m.* drama
drap *m.* sheet
drapeau *m.* flag
dresser to set, arrange
droite right (hand)
durer to last

E

eau *f.* water
(s')écarter to move aside, avoid
échange *m.* exchange
échec *m.* failure, defeat
échelle *f.* ladder, scale
échevelé wild, disorderly
écho *m.* echo
éclater to burst; **pneu éclaté** blowout
écœuré disgusted, nauseated
école *f.* school
économique economical, inexpensive,
    economic
écouter to listen to
écrire to write
écriture *f.* writing
édifiant edifying
édition *f.* edition, editing
éducation *f.* education

effet *m.* effect; **en effet** indeed
effort *m.* effort
égal equal
également also
égalité *f.* equality
église *f.* church
égoïste selfish
égratigner to scratch
électeur *m.* voter
élection *f.* election
élégance *f.* elegance
élégant elegant
éléphant *m.* elephant
élève pupil, student
élever to raise, bring up
éliminer to eliminate
élision *f.* elision
élogieux laudatory
éloigné far
embardée *f.* lurch
(s')embarquer to embark
émission *f.* transmission, broadcast
emmener to lead, take away, out
émotion *f.* emotion
empêcher to prevent
empirique empirical
emploi *m.* use; job
employé *m.* employee
employer to use
emporter to take away
emprunter to borrow (**à** from)
enchantement *m.* magic
enchanter to enchant
enchanteur entrancing, charming
encore still, again; **pas encore** not yet
(s')endormir to fall asleep
endroit *m.* place; right side (of material)
enfance *f.* childhood
enfant *m.* child
enfin finally, in short, in fact; well
engager to engage, involve; hire;
    engagé involved; employed
énigme *f.* enigma, riddle
enlever to take off, away; remove
ennemi *m.* enemy
ennui *m.* worry, trouble
ennuyer to annoy, bother; bore
ennuyeux boring
énoncer to state, set forth
énorme enormous, huge
enquête *f.* inquiry, investigation
enquêter to hold an inquiry, investigate
enseignement *m.* teaching
enseigner to teach
ensemble *m.* whole
ensuite then
entendre to hear, understand
enthousiaste enthusiastic
entier entire, whole

entièrement entirely, quite
entourer to surround
entraîner to train; entail
entre between, among (st); **d'entre eux** of them
entrée *f.* entrance
entreprise *f.* enterprise, undertaking
entrer to enter
entrevoir to catch sight of, get an inkling of
entrevue *f.* interview
énumération *f.* enumeration
envers *m.* wrong side; back (of material)
envers toward
envie *f.* desire, longing; **avoir envie de** to want, feel like
envier to envy
environ about
environnant surrounding
environs *m. pl.* environs, surroundings
envisager to consider, contemplate
envoyer to send
épicerie *f.* grocery store
épistolaire by letter, epistolary
époque *f.* age, time, period
épouser to marry
équivoque equivocal
erreur *f.* error, mistake
escalier *m.* staircase
escrime *m.* fencing (sport)
espace *m.* space
Espagne *f.* Spain
espagnol Spanish
espérer to hope
espoir *m.* hope
essayer to try
essor *m.* rise, upsurge
est *m.* East
estimer to value; reckon
estudiantin student
établir to establish
(s')établir to become established, set up
établissement *m.* establishment
étage *m.* floor
état *m.* state, condition; **état d'âme** feeling
États-Unis *m. pl.* United States
été *m.* summer
étendre to extend, stretch out; **étendu** extensive
étendue *f.* extent
étonner to astonish
étranger *m.* stranger, foreigner; foreign country; *adj.* foreign
être to be; **en être à** to be up to
étriqué tight, cramped, narrow
étroit narrow
étude *f.* study; **voyage d'études** educational travel

étudiant *m.* student
étudier to study
européen European
évaluer to evaluate
(s')évertuer to do one's utmost
évident evident
évidemment of course
éviter to avoid
évolution *f.* evolution, development
évoquer to evoke, call forth
exactement exactly
examen *m.* examination
excellent excellent
excepté except
exception *f.* exception
excursion *f.* excursion
exemple *m.* example
exercice *m.* exercise
exiger to demand, insist upon
existence *f.* existence
exister to exist
expédition *f.* expedition
expérience *f.* experience
explétif expletive
explication *f.* explanation
expliquer to explain
exprès on purpose
expression *f.* expression; **expression toute faite** fixed expression, idiom
exprimer to express
extrêmement extremely

F

face *f.* face; **faire face à** to face, cope with
fâché angry
façon *f.* way
faillir to fail, almost (+ verb)
faim *f.* hunger; **avoir faim** to be hungry
faire to make, do, form, be (of weather); **faire attention** to pay attention; **faire faire** to have done; **faire du français** to study French; **faire part de quelque chose à quelqu'un** to inform someone of something; **faire une promenade** to take a walk; **faire venir** to send for; **Que faire?** What should we do?
fait *m.* fact; **du fait de** because of
falloir to be necessary, have to; **Il le faudra bien.** I'll have to.
fameux famous
familial family
familier familiar
famille *f.* family

fascinant fascinating
fatigue *f.* fatigue
fatigué tired
faute *f.* fault, mistake
faux false
faux-pas *m.* blunder, faux-pas
féminin *m.* feminine
femme *f.* woman, wife; **femme de ménage** maid, cleaning woman, houseworker
fenêtre *f.* window
fermer to close
feu *m.* fire
(se) fier à to trust
figer to fix, set
(se) figurer to imagine
fille *f.* girl, daughter
fin *f.* end
fin fine
final final
finir to finish; **finir par** to finally
fixe fixed, settled
fleur *f.* flower
foie *m.* liver
fois *f.* time; **une fois** once; **à la fois** at the same time
fonction *f.* function; **en fonction de** in terms of
fonctionnaire *m.* official, civil servant
fond *m.* bottom; **dans le fond** fundamentally
fondamental fundamental
fonder to found
force *f.* force, strength
forcer to force
formation *f.* formation
forme *f.* form
formel formal
former to form
formidable great
fort very; strong, loud
fortune *f.* fortune; **faire fortune** to make a fortune
fossé *m.* ditch; **fossé entre les générations** generation gap
foule *f.* crowd
frais *m. pl.* expenses
frais fresh, cool; **faire frais** to be cool (weather)
français French
France *f.* France
franco-américain Franco-American
francophone French-speaking
frapper to knock
frénétiquement frantically
frère *m.* brother
fréquemment frequently
fréquent frequent
frigorifié chilled

froid cold; **avoir froid** to be cold (person); **faire froid** to be cold (weather)
froissé rumpled
fromage *m.* cheese
frontière *f.* border, frontier
fruit *m.* fruit
fulgurant spectacular, exceedingly rapid
furieux furious
futur *m.* future (tense)

G

gagner to earn; put on, gain (weight)
gai gay
gaîté *f.* gaiety
gangster *m.* gangster
garage *m.* garage
garagiste service station attendant, mechanic
garçon *m.* boy, young man; waiter
garder to keep; **garder des enfants** to babysit
gare *f.* station
(se) garer to park
gastronomie *f.* gastronomy
gastronomique gastronomical
gâteau *m.* cake
gâter to spoil
gauche left (hand); awkward
gendarme *m.* policeman
gêne *f.* discomfort, embarrassment
général general
généralisation *f.* generalization
généraliser to generalize
génération *f.* generation
généreux generous, liberal
genou *m.* knee
genre *m.* kind, gender
gens *m. pl.* people
gentil nice, kind
gentiment nicely
géographie *f.* geography
géographique geographical
gérant *m.* manager
gérer to manage
gesticuler gesticulate
gobelet *m.* goblet, cup
gothique Gothic
gourmandise *f.* greediness
goût *m.* taste; **prendre goût à** to develop a taste for
goûter to taste
gouvernement *m.* government
grâce à thanks to
grammaire *f.* grammar
grammatical grammatical

grand   big, great, tall
grand-mère *f.*   grandmother
grand-parent *m.*   grandparent
gras   fat, fatty
gratin *m.*   baked dish topped with breadcrumbs and grated cheese
gratuit   free
grave   serious, grave
graver   to climb
grève *f.*   strike
griller   to grill, broil
grincheux   grumpy
gronder   to scold
gros   big;   **en gros**   roughly
groupe *m.*   group
grouper   to group
guère   not much, but little
guerre *f.*   war
guichet *m.*   (ticket) window
guide *m.*   guide

H

habile   clever, skilful, cunning
habitant *m.*   inhabitant
habiter   to live (in)
habitude *f.*   habit
habituel   habituel
habituer   to accustom;   **s'habituer à**   to get used to
hagard   haggard, wild
hardi   bold, daring
haut   high
héberger   to shelter
héritage *m.*   inheritance
hésiter   to hesitate
heure *f.*   hour, o'clock;   **à l'heure**   on time;   **à l'heure actuelle**   at the present time;   **de bonne heure**   early
heureux   happy
heurter   to run into
hibou *m.*   owl
hier   yesterday
histoire *f.*   story, history
historique   historical
hiver *m.*   winter
Hollande *f.*   Holland
homme *m.*   man;   **homme d'affaires**   businessman
honnête   honest
honneur *f.*   honor;   **faire honneur à**   to honor
honte *f.*   shame;   **avoir honte**   to be ashamed;   **faire honte**   to shame
hôpital *m.*   hospital
horloge *f.*   clock
horreur *f.*   horror;   **faire horreur**   to horrify

horrible   horrible
hôte *m.*   host
hôtel *m.*   hotel
houleux   stormy
huit   eight;   **huit jours**   one week
humeur *f.*   humor, mood
humide   damp
humour *m.*   humor
hurlement *m.*   howl, roar

I

ici   here
idée *f.*   idea;   **idée reçue**   cliché
identique   identical
identité *f.*   identity
idiomatique   idiomatic
illustrer   to illustrate
imagé   vivid
imaginer   to imagine
imbattable   unbeatable
imiter   to imitate
immédiatement   immediately, at once
immense   immense, huge
impératif   imperative
impérialiste *m.*   imperialist
impliquer   to imply, involve
impoli   impolite
importance *f.*   importance
importer   to be of importance;   **n'importe**   no matter, any;   **n'importe qui**   anyone at all
impression *f.*   impression
impressionner   to impress
imprudence *f.*   imprudence, rashness
incompréhension *f.*   lack of understanding
inconsciemment   unconsciously
inconvénient *m.*   disadvantage, drawback
incorrection *f.*   error
incroyable   incredible
inculte   uncultivated
indéfini   indefinite
indéterminé   undetermined, indefinite
indignation *f.*   indignation
indigné   indignant
indiquer   to indicate, point out
indulgence *f.*   indulgence
industrie *f.*   industry
industriel *m.*   manufacturer, industrialist
infaillible   infallible
infinitif *m.*   infinitive
influencer   to influence
information *f.*   inquiry
injurier   to abuse, call names
injurieux   abusive
injuste   unjust, unfair
innocence *f.*   innocence

innombrable innumerable, countless
innommable disgusting, unspeakable
inquiéter to worry
inscription *f.* registration
inscrire to register, enroll; **s'inscrire à** to sign up for
inséparable inseparable
insister to insist, persist
(s')installer to settle down
instant *m.* instant, moment
insulter to insult
insurrectionnel revolutionary, rebellious
intellectuel intellectual
intensité *f.* intensity
intention *f.* intention; **avoir l'intention** to intend
intercaler to put in
interchangeable interchangeable
intéressant interesting
intéresser to interest; **s'intéresser à** to be interested in
intérêt *m.* interest
interlocuteur *m.* interlocutor, speaker (engaged in conversation)
intermédiaire *m.* agent, intermediary; **par l'intermédiaire de quelqu'un** through someone
interpeller to call upon, challenge
interprète *m.* interpreter
interrogation *f.* questioning
interroger to question
interrompre to interrupt
intervenir to interpose
intervertir to invert
intimider to intimidate
intriguer to intrigue
introduire to introduce
inutile useless
inverse *f.* opposite, contrary; **en sens inverse** in the opposite direction
inversion *f.* inversion
invitation *f.* invitation
inviter to invite
irlandais Irish
irrégulier irregular
irriter to irritate
Italie *f.* Italy

J

jamais never
jambe *f.* leg
jardin *m.* garden
jatte *f.* bowl
jeter to throw; **jeter un coup d'œil** to glance
jeu *m.* game, play, gambling

jeune young
jeunesse *f.* youth
joli pretty
jouer to play
jouir to enjoy
joujou *m.* toy, plaything
jour day; **faire jour** to be light; **par jour** daily, per day; **tous les jours** every day
journal *m.* newspaper
journaliste *m.* journalist
journée *f.* day
joyeusement joyously
juillet *m.* July
juin *m.* June
jumeau *m.* twin
jurer to swear
jusqu'à as far as, up to; **jusqu'à ce que** until
juste just, fair; **au juste** exactly; **le juste milieu** the happy medium
justement precisely, just, exactly

L

là there
là-bas (over) there
lacune *f.* gap, blank
laisser to let, allow, leave
langue *f.* language; **la langue courante** everyday speech
laps *m.* lapse, space
larme *f.* tear
latin *m.* Latin
lavabo *m.* washbasin
(se) laver to wash
leçon *f.* lesson
lecture *f.* reading
légèrement slightly
lendemain *m.* next day
lentement slowly
lettre *f.* letter
(se) lever to get up
lexique *m.* vocabulary
liberté *f.* liberty
licence *f.* licence, permission
lieu *m.* place; **au lieu de** instead of; **avoir lieu** to take place; **s'il y a lieu** if need be
linguistique linguistic
lion *m.* lion
liqueur *f.* liqueur
lire to read
lit *m.* bed
littéraire literary
littérature *f.* literature
livre *m.* book

livreur *m.* delivery-man
local *m.* premises, building; *adj.* local
locution *f.* expression, phrase
logement *m.* lodging, housing
loger to live, be quartered
loi *f.* law
loin far
long long; **le long de** along
longtemps long, a long time
longuement at length
lorsque when
louer to rent
loyer *m.* rent
lundi *m.* Monday
luxueux luxurious
lycée *m.* secondary school

M

magasin *m.* shop, store
magnifique magnificent
mai *m.* May
main *f.* hand; **à la main** in hand
maint many (a)
maintenant now; **plus maintenant** no
  longer; **encore maintenant** still
maintenir to maintain
mais but
maison *f.* house; **à la maison** at home
maîtriser to master
mal *m.* evil; **avoir le mal de mer** to be
  seasick; **se donner du mal** to take
  pains, trouble
mal *adv.* bad, badly
malade sick
malaise *m.* uneasiness
malentendu *m.* misunderstanding,
  incomprehension
malgré in spite of; **malgré que** even
  though
malheur *m.* misfortune, bad luck
malhonnête dishonest
malpropre dirty, unsavory
Manche *f.* English Channel
mangeable edible
manger to eat
manière *f.* way
manque *m.* lack
manquer to lack; fail; be missing; miss;
  almost (+infinitive)
manteau *m.* coat
marche *f.* step
marché *m.* market; **bon marché** cheap;
  Marché Commun Common Market
marcher to walk; go; run (machinery);
  faire marcher to run, operate
mari *m.* husband

mariage *m.* wedding
(se) marier to be married
maritime maritime, sea
marquer to mark, indicate
masculin *m.* masculine
massage *m.* massage
matériel material
maths (mathématiques) *f. pl.* mathematics
matière *f.* matter, subject; **matières
  grasses** fats; **table des matières**
  table of contents
matin *m.* morning; **tous les matins**
  every morning
matinée *f.* morning
maussade sullen, peevish
mauvais bad
maximum *m.* maximum
méchant bad, evil, wicked, poor (quality)
mécontentement *m.* discontent
Méditerranée *f.* Mediterranean
méfiant suspicious
(se) méfier de to distrust
meilleur better
mélange *m.* mixture
mélodie *f.* melody, tune
membre *m.* member
même same, very, -self, even; **de même**
  in the same way; **de même que** as
  well as; **même si** even if; **tout de
  même** all the same, for all that
menacer to threaten
ménage *m.* household, housework;
  femme de ménage cleaning woman
mener to lead
menteur lying, mendacious
mentionner to mention
mer *f.* sea; **avoir le mal de mer** to be
  seasick
merci *f.* mercy
merci thank you
mère *f.* mother
merveilleux marvellous
mésaventure *f.* misadventure
mesurer to measure
méthode *f.* method
méticuleux meticulous
mètre *m.* meter
mettre to put (on); **mettre le couvert**
  to set the table; **mettre du temps à
  faire quelque chose** to take time to do
  something; **mettre (un mot) en valeur**
  to emphasize; **se mettre à** to begin,
  start; **se mettre au bord de la route**
  to go and stand beside the highway;
  se mettre à table to sit down to table;
  se mettre en colère to get angry;
  se mettre en route to start on one's
  way
meuble *m.* piece of furniture

(à) **mi-chemin** mid-way, half-way
microbus *m.* microbus
midi *m.* noon; South of France
mieux better; **aimer mieux** to prefer;
　tant mieux! so much the better! good!
milieu *m.* middle; **le juste milieu** the
　happy medium
mille *m.* thousand
minable shabby
minéral mineral
minuit *m.* midnight
minuscule minute, tiny
minute *f.* minute
minutieusement scrupulously
miroir *m.* mirror
mode *f.* fashion
modèle *m.* model, pattern
moderne modern
modifier to modify
moine *m.* monk
moins less; **à moins que** unless;
　au moins at least; **tout au moins**
　at (the very) least; **de moins en moins**
　less and less; **le moins** the least;
　plus ... moins the more ... the less
mois *m.* month
moment *m.* moment; **en ce moment**
　at present, just now
monde *m.* world, people
moniteur (trice) counsellor (in summer
　camp)
monsieur *m.* Mr., sir (form of address),
　gentleman
montagne *f.* mountain
monter to climb, get in (car)
montrer to show
monument *m.* monument
(se) moquer de to make fun of
moquerie *f.* mockery, ridicule
morceau *m.* piece
morte-saison *f.* off-season
mot *m.* word
moteur *m.* motor, engine
mourir to die
mouvement *m.* movement
moyen *m.* way, means; *adj.* middle,
　average
muet silent, mute
multitude *f.* multitude
mur *m.* wall
musée *m.* museum

N

naïf naive, guileless
naître to be born
naïveté *f.* simplicity

nappe *f.* tablecloth
nationalité *f.* nationality
nature *f.* nature
naturellement naturally
nécessaire necessary
négatif *m.* negative
neiger to snow
nerveux nervous
neuf new
neuf nine
neutre neuter
nez *m.* nose; **fermer la porte au nez de
　quelqu'un** to shut the door in some-
　one's face
ni neither; **ni ... ni** neither ... nor
nier to deny
niveau *m.* level
noir black
nom *m.* noun, name; **nom de famille**
　surname
nombre *m.* number
nombreux numerous
non no; **non pas** not
nonchalant nonchalant, unconcerned
notable *m.* distinguished person
note *f.* grade, note
noter to note
notion *f.* notion, idea
nourrir to feed
nouveau new; **de nouveau** again
nouvelle *f.* piece of news
nuit *f.* night
nullement not at all
numéro *m.* number
numéroter to number

O

obéir à to obey
objectif objective
objectivité *f.* objectivity
objet *m.* object
obligation *f.* obligation
obliger to oblige; **être obligé de** to
　have to
observer to observe
obstacle *m.* obstacle
occasion *f.* opportunity, chance; **à
　l'occasion de** on the occasion of
occuper to occupy; **s'occuper de** to go
　in for, be interested in, take care of
octobre *m.* October
œil *m.* eye; **jeter un coup d'œil (sur)**
　to glance (at)
offrir to offer
ombre *f.* shadow
omettre to omit, leave out

omission *f.* omission
oncle *m.* uncle
opération *f.* operation
opérer to operate; (s')opérer to take place
opinion *f.* opinion
opposé opposite
opposition *f.* opposition
optimiste *m.* optimist; *adj.* optimistic
or *m.* gold
ordonner to order
ordre *m.* order
oreille *f.* ear
organisation *f.* organization
organiser to organize
organisme *m.* organism
original original, fresh
originalité *f.* originality
orthographe *f.* spelling
oser to dare
ostentatoire ostentatious
ou or
où where
oublier to forget
ouest *m.* west
oui yes
outil *m.* tool
ouvrage *m.* work
ouvrier *m.* workman
ouvrir to open; à bras ouverts with open arms

P

pain *m.* bread
pair equal; au pair with board and lodging but no salary
panne *f.* breakdown; tomber en panne to have a breakdown, engine trouble
pantalon *m.* pants
papier *m.* paper
paragraphe *m.* paragraph
paraître to appear
paralyser to paralyse
parce que because
parcourir to go over, examine (cursorily)
pardonner to pardon
parent *m.* relative, parent
parisien Parisian
parlementer to parley
parler to speak; entendre parler to hear of
parmi among
parole *f.* (spoken) word
part *f.* share, portion; à part aside, apart, separate; d'autre part on the other hand; de part et d'autre on

both sides; faire part de quelque chose à quelqu'un to inform someone of something; prendre part à to take part in, share in
partager to share; (se) partager to divide
parti *m.* (political) party
participe *m.* participle
participer to participate
particule particle
particulier private, particular
particulièrement particularly
partie *f.* part; être de la partie to join, be invited; faire partie de quelque chose to be a part of something
partiel partial
partir to leave; à partir de from
partitif partitive
partout everywhere; un peu partout just about everywhere
parvenir to reach, succeed
pas *m.* step, pace; au pas at a walking pace
pas not; pas du tout not at all
passager *m.* passenger
passé *m.* past; passé antérieur past anterior; passé composé past indefinite; passé simple past definite
passeport *m.* passport
passer to spend (time), pass; passer un examen to take an exam; se passer to happen, go by; se passer de to do without
passif passive
pâté *m.* paté (prepared meat or fish, often in pastry)
patience *f.* patience
patient patient
patriote patriotic
patron *m.* proprietor, owner, boss
pauvre poor
pauvreté *f.* poverty
payer to pay for
pays *m.* country
peindre to paint
peine *f.* trouble; à peine scarcely, hardly
pénalité *f.* penalty
pendant during, for; pendant que while
pénible hard, painful
péninsule *f.* peninsula
penser to think
pension *f.* room and board
pente *f.* slope, incline
perdre to lose; du temps perdu a waste of time
père *m.* father
péremptoire peremptory
péril *m.* peril, danger

périple *m.* circuit, trip around (a country)
permettre to permit
permission *f.* permission
personnage *m.* character, individual
personne *f.* person
personne *pron.* nobody
personnel personal
perspective *f.* perspective
pessimiste *m.* pessimist; *adj.* pessimistic
petit little, small
peu little, not very, un-; **un peu**
a little, rather; **un peu partout** just
about everywhere
peur *f.* fear; **avoir peur** to be afraid;
de peur que for fear that
peut-être perhaps
phénomène *m.* phenomenon
photo(graphie) *f.* photo(graph)
philanthrope *m.* philanthropist
phonétique *f.* phonetics
phrase *f.* sentence
piano *m.* piano
pièce *f.* room
pied *m.* foot; **à pied** on foot
pierre *f.* stone
pire worse
pis worse; **tant pis!** so much the
worse! too bad! it can't be helped!
pitié *f.* pity
pittoresque picturesque
place *f.* place, position; **sur place** on
the spot
placer to place, put
plage *f.* beach
plaindre to pity; **à plaindre** to be pitied
(se) plaindre to complain
plainte *f.* complaint
plaire to please; **se plaire** to be happy,
enjoy
plaisanterie *f.* joke
plaisir *m.* pleasure
plan *m.* plane
plantureux copious
plat *m.* dish (container or contents)
plein full; **en plein air** outdoors
pleurer to cry
pleuvoir to rain
pluie *f.* rain
plupart *f.* most
pluriel *m.* plural
plus more, most, plus; no more; **de plus**
moreover; **plus maintenant** no
longer; **plus ... moins** the more ...
the less; **plus ... plus** the more ...
the more
plusieurs several
plus-que-parfait *m.* pluperfect
plutôt rather, sooner
pneu *m.* tire; **pneu éclaté** blow-out

poétique poetical
poids *m.* weight
point *m.* point; **point de vue** point of
view
poisson *m.* fish; **faire une queue de
poisson** to cut in on, cut off
poli polite
politesse *f.* politeness
politique *f.* politics, policy; *adj.* political
population *f.* population
porte *f.* door
porter to carry; wear; take
portrait *m.* portrait, picture; **portrait
ressemblant** good likeness
Portugal *m.* Portugal
poser to put, pose, ask
positif positive; **affirmation positive**
affirmative statement
position *f.* position
possédé *m.* possessed
possesseur *m.* possessor, owner
possessif possessive
possibilité *f.* possibility
poste *m.* post, job
pou *m.* louse
pour for; **pour que** so that
pourboire *m.* tip
pourquoi why
poursuite *f.* pursuit
poursuivre to pursue
pourvu que provided that, let's hope that
pousser to push; utter; extend
pouvoir to be able; **il n'en peut plus**
he is tired out; **il se peut que** it is
possible that
pouvoir *m.* power
pratique *f.* practice, application; *adj.*
practical
précédent preceding, previous
précéder to precede
prêcher to preach
(se) précipiter to dash
précis exact, definite
préciser to specify
précision *f.* precision, precise details
préférable preferable
préférer to prefer
premier first; **au premier étage** on the
second floor
prendre to take; **prendre cinq kilos** to
put on eleven pounds; **prendre goût à**
to develop a taste for; **prendre quelque
chose à quelqu'un** to take something
from someone; **prendre un verre** to
have a drink; **Qu'est-ce qui te prend?**
What's the matter with you?
prénom *m.* first, Christian name
prénommer: il se prénommait his first
name was

préparation *f.* preparation
préparer to prepare
préposé *m.* official in charge
préposition *f.* preposition
près close, near; **à peu près** more or less; **de très près** from close up, at close range
présence *f.* presence
présent *m.* present (time)
présenter to introduce, present
président *m.* president
presque almost
pressé in a hurry
(se) presser to hurry
prêt ready
prétendre to claim, maintain
prêter to lend; give rise to
prêtre *m.* priest; **un prêtre de leurs amis** a priest friend of theirs
preuve *f.* proof
prévenir to warn
prier to pray, ask, beg
principal principal
principe *m.* principle; **en principe** as a rule
printemps *m.* spring
prise *f.* grip, hold; **être aux prises avec** to be at grips with, in conflict, face to face with
prison *f.* prison
privé private
prix *m.* price
problème *m.* problem
procéder to proceed
prochain next
proche near, close
procurer procure, get
produire to produce; **se produire** to happen
professeur *m.* professor, teacher
profession *f.* profession
profit *m.* profit, benefit; **tirer profit de** to make use of
profiter to take advantage
profondément profoundly
profondeur *f.* depth
programme *m.* program
progrès *m.* progress
progressiste progressive
projet *m.* plan, project
projeter to plan
(se) prolonger to continue
promenade *f.* walk
promesse *f.* promise
promettre to promise
pronom *m.* pronoun
pronominal *gram.* reflexive
prononcer to pronounce, say

prononciation *f.* pronunciation
propice favorable
proportion *f.* proportion
proposer to propose
proposition *f.* proposal, clause
propre clean, proper, own
proprement properly
propriétaire *m. or f.* owner, landlord
prosaïquement prosaically
prospère prosperous
prospérité *f.* prosperity
protestant Protestant
protestation *f.* protest
prouver to prove
province *f.* province
provision *f.* provision, supply
provoquer to provoke, cause
prudent prudent, careful
public public
publicité *f.* advertising
puisque since
pur pure

Q

quai *m.* platform, quay
qualificatif qualifying
qualité *f.* quality
quand when
quant à as for
quantité *f.* quantity; **une grande quantité de** lots of
quartier *m.* quarter, neighborhood
quatrième fourth
que ... ou non whether . . . or not
quelconque any (whatever)
quelque some, any, a few
quelque chose something
quelquefois sometimes
question *f.* question
questionnaire *m.* questionnaire
questionner to ask questions
queue *f.* tail; **faire la queue** wait in line; **faire une queue de poisson** to cut in on, cut off
quiconque whoever
quitter to leave
quoi what; **assez de quoi** enough money
quoique although
quotidien daily

R

raccompagner to go back with
racheter to buy back

raconter to tell
radical *m. gram.* root, stem
rafraîchissement *m.* refreshment
raison *f.* reason; **avoir raison** to be right
rajeunir to rejuvenate
ralentir to slow down
ramener to take back
randonnée *f.* excursion
rapide fast
rapidement quickly
rappeler to remind; **se rappeler** to remember
rapport *m.* relation, connection
rapporter to report, relate; bring back; **se rapporter** to agree; refer
rapprochement *m.* bringing together
rare rare; **rarement** seldom
rassasier to satisfy, sate
rattraper to catch up to
ravi delighted, overjoyed
ravissant delightful
réaction *f.* reaction
réagir to react
réaliser to realize
réalité *f.* reality
recette *f.* recipe
recevoir to receive; **idée reçue** cliché
recherche *f.* search, searching; research
réciproque reciprocal, mutual
récit *m.* account, narrative
recommander to recommend
récompenser to reward
(se) réconforter to cheer up
reconnaissant grateful
reconnaître to recognize
recours *m.* recourse
récréation *f.* recreation
récupérer to recover
redonner to give back
réellement really
refaire to recast, do again
référence *f.* reference
réfléchi reflexive
réfléchir to reflect, think
refléter to reflect
réflexion *f.* reflection
réfrigérateur *m.* refrigerator
refuser to refuse
regarder to look at; consider
régime *m.* diet, regimen
région *f.* region
régional regional
régionalisme *m.* regionalism
règle *f.* rule
règlement *m.* regulation
regret *m.* regret
regretter to regret, to be sorry; to miss

régulièrement regularly
(se) réjouir to rejoice, be glad
relatif relative
relation *f.* relation, connection
relief *m.* relief
relier to bind, join, relate
religion *f.* religion
relire to reread
remarque *f.* remark; notice
remercier to thank
remonter to get back in
remplacer to replace
remporter to carry, take away; gain
rencontrer to meet
rendez-vous *m.* appointment, date
rendre to give back, return; **rendre service** to be useful, help; **rendre visite** to pay a visit; **se rendre à** to go to; **se rendre compte** to realize, understand
renforcer to reinforce, strengthen
renoncer to give up
renseignement *m.* (piece of) information
(se) renseigner to find out about
rentrer to re-enter, come, go in again; **rentrer en possession de** to regain possession of
renverser to knock over
réorganiser to reorganize
réparateur *m.* repairer, mender
réparation *f.* repairs
réparer to repair
repartir to set out again
repas *m.* meal
repasser to come back again, go over again
répéter to repeat
répondre to answer; **répondre à l'attente de quelqu'un** to come up to someone's expectations
réponse *f.* answer
reportage *m.* reporting, set of articles on a subject
repos *m.* rest
(se) reposer to rest
reprendre to go back to, take again
représentation *f.* performance; image, picture
reproduire to reproduce
république *f.* republic
réputation *f.* reputation
résider to reside, consist
résoudre to solve
respectivement respectively
respirer to breathe
ressemblant like, alike; **portrait ressemblant** good likeness
ressembler to resemble

ressortir to come out, appear, stand out
restaurant *m.* restaurant
reste remainder
rester to remain, stay; **il vous reste trois minutes** you have three minutes left
résultat *m.* result
résulter to result
rétablir re-establish
retard *m.* delay; **avoir du retard** to be late (train, bus); **être en retard** to be late (person)
retarder to delay
retenir to retain
retiré remote
(se) retirer to retire, withdraw
retour *m.* return
retourner to return, go back; turn, turn over
rétrécir to narrow
retrouver to rediscover, meet, find again
réussir to succeed
rêve *m.* dream; **faire un rêve** to have a dream
revenir to return, come back
révision *f.* review
revoir to see again
(se) révolter to revolt, rebel
revue *f.* review
riche rich
richesse *f.* wealth
rien nothing
rigide rigid
rigueur *f.* rigor, severity; **de rigueur** indispensable, obligatory; **tenir rigueur** to refuse to relent, hold it against
rire to laugh
rire *m.* laughter
risquer to risk, chance
rive *f.* bank; **rive droite** right bank; **rive gauche** left bank
rivière *f.* river
roi *m.* king
rôle *m.* role
romain Roman
roman *m.* novel
roman Romanesque
romantique romantic
rondelet roundish, plumpish
rouge red
rougir to blush
rouler to roll; run (car); travel
route *f.* route, highway; **se mettre en route** to start on one's way
rude primitive, hard
rudimentaire rudimentary
rue *f.* street
russe Russian

S

sac *m.* sack, bag; **sac à dos** backpack, rucksack
sage wise, good
saint *m.* saint
saisir to seize
saison *f.* season
salade *f.* salad
sale dirty
salir to get dirty
salle *f.* room
saluer to greet
samedi *m.* Saturday
sandale *f.* sandal
sanglot *m.* sob; **éclater en sanglots** to burst into tears
sans without; **sans que** without
santé *f.* health
sarcasme *m.* sarcasm
satisfaction *f.* satisfaction
satisfaisant satisfactory
sauce *f.* sauce
saucisse *f.* sausage
saucisson *m.* sausage
sauf except
sauvage wild
savant learned, clever, able
savoir to know
savoir-faire *m.* ability, tact
savoureux tasty
scandalisé scandalized
scène *f.* scene
scientifique scientific
scolaire school
sec dry; sharp; **bruit sec** loud bang
second second
secondaire secondary
secrétaire *m.* secretary
séjour *m.* stay, visit
selon according to; **selon que** according as, according to, whether
semaine *f.* week; **en semaine** during the week
semblable like
sembler to seem
semestre *m.* semester
séminaire *m.* seminar
sens *m.* sense, meaning; direction; **en sens inverse** in the opposite direction
sensationnel sensational
sensible sensitive
sensibilité *f.* feeling, sensibility
sentiment *m.* feeling
sentir to feel; taste; smell
séparation *f.* separation
séparatiste separatist

séparément separately
séparer to separate
septembre *m.* September
série *f.* series, succession, set
serviable obliging, willing to help
service *m.* service; **rendre service** to be useful, help
servile servile
servir to serve, to be useful; **servir à** (+ infinitive) to be used for; **servir de** (+ noun) to be used as, replace; **se servir de** to use; **Servez-vous!** Help yourself!
seul alone, only
seulement only; **non seulement** not only
sévère strict
sexe *m.* sex
si if, so; yes (in answer to negative question)
signataire signatory
silence *m.* silence
sillage *m.* wake, track
similitude *f.* likeness, similarity
simple simple, definite (tense)
simultanéité *f.* simultaneousness
singulier *m.* singular
siroter to sip
situation *f.* situation, job, condition
situer to place, locate
socialiste *m.* socialist
sociologique sociological
sœur *f.* sister
soif *f.* thirst; **avoir soif** to be thirsty
(se) soigner to take care of oneself
soin *m.* care
soir *m.* evening
soit (present subjunctive of **être**): **que ce soit** let it be
soit ... soit either ... or
soixantaine *f.* about sixty
soleil *m.* sun
solide solid, trustworthy
solution *f.* solution
sombre dark
somme *f.* sum; **en somme** in short
sommeil *m.* sleep; **avoir sommeil** to be sleepy
sonner to ring, strike
sort *m.* fate
sorte *f.* kind
sortie *f.* exit, going out
sortir to go out
sou *m.* sou (5 centimes)
souffrir to suffer
souligner to underline
soupe *f.* soup
sourire to smile
sous under

soutenir to sustain; **soutenu** unremitting, unflagging
souvenir *m.* memory, souvenir
(se) souvenir to remember
souvent often
spatial spacial
spécial special
spécialiste *m.* specialist
spécialité *f.* specialty
spectaculaire spectacular
splendide splendid, resplendent
sport *m.* sport
stationnaire stationary
statue *f.* statue
statut *m.* rule, status
structure *f.* structure
stupide stupid, dull-witted, foolish
subjonctif *m.* subjunctive
subordination *f.* subordination
subordonner to subordinate
subsister (to continue) to exist
substituer to substitute
substitution *f.* substitution
(se) succéder to succeed, follow after
succès *m.* success
Sud *m.* South
suffire to be sufficient, suffice
suffisamment sufficiently
suggestion *f.* suggestion
Suisse *f.* Switzerland
suite *f.* continuation, consequence, sequel; **deux années de suite** two years in a row; **par la suite** later on, afterwards
suivant following
suivre to follow; **à suivre** to be continued; **suivre des cours** to take courses
sujet *m.* subject
superbe superb
superlatif *m.* superlative
supermarché *m.* supermarket
superviser to supervise
supporter to bear, stand
supposer to suppose, imagine
supposition *f.* supposition
supprimer to suppress, leave out, delete
sûr safe, sure
sûreté *f.* safety; **en sûreté** safe
surmener to overwork
surprendre to surprise
surprise *f.* surprise
surtout above all, particularly
survenir to happen, occur
survivre to survive
sympathique likable, attractive
synonyme *m.* synonym

T

table *f.* table
tableau *m.* picture
taille *f.* stature, dimensions
(se) taire to keep quiet
tandis que while
tant so much; **tant la foule était dense**
so crowded was it; **tant mieux!** so
much the better! good!; **tant que**
as much as; **tant pis!** too bad!
what a pity!
tante *f.* aunt
tantôt . . . tantôt now . . . now; at one
time . . . at another time
tard late
tasse *f.* cup
tâtonner to feel one's way, grope
tel: M. un tel Mr. so and so
tel que such as, like
téléphone *m.* telephone
téléphoner to telephone
télévision *f.* television
tellement so much
temps *m.* time; tense; weather;
du temps perdu a waste of time
tendance *f.* tendency
tendre tender, early (age)
tendre to tend; stretch
tenir to hold; **tenir à ce que** to insist
that; **tenir à quelque chose** to value,
prize something; **tenir une promesse**
to keep a promise; **tenir rigueur**
to hold it against
tennis *m.* tennis
tente *f.* tent
tenter to tempt; attempt
tenue *f.* behavior, dress
terminaison *f.* ending
terminer to finish
terrain *m.* ground; **sur le terrain** on
the spot
terriblement terribly
terrine *f.* pâté prepared in an earthenware
dish
texte *m.* text
thé *m.* tea
thermal thermal
timbre *m.* stamp
timide timid
tirer to draw; **tirer profit de** to make
use of
titre *m.* title
tomber to fall, collapse; **tomber en
panne** to have a breakdown
ton *m.* tone
tort *m.* wrong; **avoir tort** be wrong
tortue *f.* tortoise

torture *f.* torture
tôt early
total total
toujours always; **pour toujours** forever
tour *m.* circuit; **faire le tour** to go
around
touriste *m.* tourist
touristique tourist
tourner to turn; **tourner la phrase**
to rephrase
tournure *f.* turn of phrase
tout all, any, every, everything; **à toute
vitesse** at full speed; **tout à coup**
suddenly; **tout à fait** quite, entirely,
altogether; **toute une année** a whole
year; **tout de suite** at once; **tout en**
while, although; **tout le monde**
everybody, every one; **tout premier**
very first
tout *m.* whole
toutefois however
trace *f.* trace, trail
tracer to trace, draw
tradition *f.* tradition
traduction *f.* translation
traduire to translate
tragédie *f.* tragedy
train *m.* train; **être en train de** to be
engaged in, busy
trait *m.* feature, trait, line; **trait d'union**
hyphen
traiter to treat
trajet *m.* journey
trame *f.* texture, web
trancher to slice, settle once and for all
transformation *f.* transformation, change
transformer to transform, change
transport *m.* transport; **transports en
commun** public transportation
transporter to transport, carry
travail *m.* work; **travail domestique**
household work
travailler to work
travailleur hard-working
traversée *f.* crossing
traverser to cross
travestir to travesty, disguise
trembler to tremble, shake
très very
trésor *m.* treasure
tricoter to knit
triste sad
tristesse *f.* sadness
trois three
troisième third
trôner to occupy a place of honor
trop too many, much
trouver to find, think; **se trouver** to be,
feel

typifier to typify
typique typical
tyranniser to tyrannize over
tyrannique tyrannical

U

un one; **l'un après l'autre** one after the
 other; **les uns ... les autres** some ...
 others
uniforme *m.* uniform
uniquement only, solely
(s')unir to unite
universitaire university; **Cité Universitaire**
 student residences
université *f.* university
usage *m.* use
usé worn out
utile useful
utiliser to use
utilité *f.* usefulness

V

vacances *f. pl.* holidays, vacation
vague vague
vaisselle *f.* dishes
valeur *f.* value, worth; **mettre (un mot)**
 en valeur to emphasize
valise *f.* suitcase
valoir to be worth; **valoir mieux** to be
 better
variable variable
variation *f.* variation
varier to vary
vase *m.* vase
vaste vast, broad
veille *f.* day before
vendeur *m.* seller, salesman
vendre to sell
venir to come; **venir de** to have just;
 faire venir to send for
verbe *m.* verb
véridique veracious, true-to-life
vérifier to check
véritable real, true
verre *m.* glass; **prendre un verre** to
 have a glass (of wine), drink
vers toward
vert green
veste *f.* coat, jacket
vêtement *m.* garment; *pl.* clothes

veuve *f.* widow
viande *f.* meat
vide empty
vider to empty
vie *f.* life
vieux old
village *m.* village
ville *f.* city, town
vin *m.* wine
vingtaine *f.* about twenty
visite *f.* visit
visiter to visit
visiteur *m.* visitor, caller
vite quickly, fast
vitesse *f.* speed; **en vitesse** with all
 speed
vivacité *f.* intensity, vividness, liveliness
vivre to live
vocabulaire *m.* vocabulary
vœu *m.* vow
voici here is, are
voilà there; there is, are
voir to see; **qui en ont vu d'autres** who
 know it all; **voyons!** now look here!
voisin *m.* neighbor
voiture *f.* car
voix *f.* voice
vol *m.* flight; theft; **au vol** on the wing
voler to steal, swindle; **se faire voler**
 to get cheated
voleur *m.* thief
volonté *f.* will
volontiers willingly, readily
vouloir to wish, want; **vouloir bien**
 consent, be willing; **vouloir dire** to
 mean; **en vouloir à** to be annoyed,
 angry at
voyage *m.* trip; **agence de voyages**
 travel agency; **voyage d'études**
 educational travel
voyager to travel
voyageur *m.* traveler
voyelle *f.* vowel
vrai real, true; **à vrai dire** as a matter
 of fact
vraiment really
vue *f.* view; **garder à vue** to keep a
 close watch on; **point de vue** point
 of view

Y

yeux (œil) *m. pl.* eyes

INDEX GRAMMATICAL